中外经典文库

黄侃文选

洪治纲　主编

上海大学出版社
·上海·

图书在版编目(CIP)数据

黄侃文选 / 洪治纲主编. —上海：上海大学出版社，2023.3
　(中外经典文库)
　ISBN 978-7-5671-4643-3

Ⅰ. ①黄… Ⅱ. ①洪… Ⅲ. ①黄侃(1886-1935)-文集 Ⅳ. ①C53

中国国家版本馆 CIP 数据核字(2023)第 050556 号

统　筹　刘　强
责任编辑　贺俊逸
封面设计　柯国富
技术编辑　金　鑫　钱宇坤

中外经典文库
黄侃文选
洪治纲　主编
上海大学出版社出版发行
(上海市上大路 99 号　邮政编码 200444)
(https://www.shupress.cn　发行热线 021-66135112)
出版人　戴骏豪

*

南京展望文化发展有限公司排版
上海华业装潢印刷厂有限公司印刷　各地新华书店经销
开本 890mm×1240mm　1/32　印张 10　字数 233 千
2023 年 3 月第 1 版　2023 年 3 月第 1 次印刷
ISBN 978-7-5671-4643-3/C·145　定价 48.00 元

版权所有　侵权必究
如发现本书有印装质量问题请与印刷厂质量科联系
联系电话：021-56475919

目录 CONTENTS

文心雕龙札记

题辞及略例 …… 003
原道第一 …… 005
征圣第二 …… 012
宗经第三 …… 015
正纬第四 …… 018
辨骚第五 …… 022
明诗第六 …… 025
乐府第七 …… 032
诠赋第八 …… 056
颂赞第九 …… 067
议对第二十四 …… 072
书记第二十五 …… 078
神思第二十六 …… 088
体性第二十七 …… 091
风骨第二十八 …… 095
通变第二十九 …… 098
定势第三十 …… 103
情采第三十一 …… 106
镕裁第三十二 …… 108
声律第三十三 …… 111
章句第三十四 …… 120
丽辞第三十五 …… 154
比兴第三十六 …… 163
夸饰第三十七 …… 167
事类第三十八 …… 177
练字第三十九 …… 180
隐秀第四十 …… 185

指瑕第四十一 …… 188
养气第四十二 …… 192
附会第四十三 …… 194
总术第四十四 …… 197
序志第五十 …… 205
附录：物色第四十六 …… 210

说文略说

论文字初起之时代 …… 223
论文字制造之先后 …… 225
论六书起源及次第 …… 227
论变易孳乳二大例上 …… 229
论变易孳乳二大例下 …… 231
论俗书滋多之故 …… 233
论六书条例为中国一切字所同循不仅施于说文 …… 235
论字体之分类 …… 237
论字书编制递变一 …… 239
论字书编制递变二 …… 241
论字书编制递变三 …… 243
论字书编制递变四 …… 245
论字书编制递变五 …… 247
论说文所依据上 …… 249
论说文所依据中 …… 251
论说文所依据下 …… 254
论自汉迄宋为说文之学者 …… 260

其他

礼学略说 …… 273
汉唐玄学论 …… 301
春秋名字解诂补谊 …… 307
释侠 …… 313

文心雕龙札记

该著 1927 年由北京文化学社出版,除《题辞及略例》外,计有《序志第五十》《神思第二十六》至《总术第四十四》共 20 篇;1935 年《文艺丛刊》纪念专号,计有《原道第一》至《书论第二十五》共 11 篇,合计共 31 篇。

题辞及略例

论文之书,尠有专籍。自桓谭《新论》*、王充《论衡》,杂论篇章。继此以降,作者间出,然文或湮阙,有如《流别》《翰林》之类;语或简括,有如《典论》《文赋》之俦。其敷陈详核、征证丰多、枝叶扶疏、原流粲然者,惟刘氏《文心》一书耳。虽所引之文,今或亡佚,而三隅之反,政在达材。自唐而下,文人踵多,论文者至有标橥门法,自成部区,然纠察其善言,无不本之故记。文气、文格、文德诸端,盖皆老生之常谈,而非一家之眇论。若其悟解殊术,持测异方,虽百喙争鸣,而要归无二。世人忽远而崇近,遗实而取名,则夫阳刚阴柔之说,起承转合之谈,吾俦所以为难循,而或者方矜为胜义。夫饮食之道,求其可口,是故咸酸大苦,味异而皆容于舌函;文章之嗜好,亦类是矣,何必尽同?今为讲说计,自宜依用刘氏成书,加之诠释;引申触类,既任学者之自为,曲畅旁推,亦缘版业而散见。如谓刘氏去今已远,不足诵说,则如刘子玄《史通》以后,亦罕嗣音,论史法者,未闻庋阁其作;故知滞于迹者,无向而不滞,通于理者,靡适而不通。自愧迂谨,不敢肆为论文之言,用是依旁旧文,聊资启发,虽无卓尔之美,庶几以弗畔为贤。如其弼违纠缪,以俟

---

* 1929年亚细亚书局《文学论集》版,下有小注:见严可均全文中。

雅德君子。*

《文心》旧有黄注，其书大抵成于宾客之手，故纰缪弘多，所引书往往为今世所无，展转取载而不著其出处，此是大病。今于黄注遗脱处偶加补苴，亦不能一一征举也。

瑞安孙君《札迻》有校《文心》之语，并皆精美，兹悉取以入录。

今人李详审言，有《黄注补正》，时有善言，间或疏漏，兹亦采取而别白之。

《序志》篇云：选文以定篇。然则诸篇所举旧文，悉是彦和所取以为程式者，惜多有残佚，今凡可见者，并皆缮录，以备稽考。惟除《楚辞》《文选》《史记》《汉书》所载，其未举篇名，但举人名者，亦择其佳篇，随宜迻写。若有彦和所不载，而私意以为可作楷栾者，偶为抄撮，以便讲说，非敢谓愚所去取尽当也。**

---

* "庶几……君子"，1929年版作：庶几以免戾为贤。若夫补其罅漏，张皇幽眇，是在吾党之有志者矣。

** 此段据1929年版补入。

原道第一

原道 《序志》篇云:《文心》之作也,本乎道。案彦和之意,以为文章本由自然而生,故篇中数言自然,一则曰心生而言立,言立而文明,自然之道也。再则曰,夫岂外饰,盖自然耳。三则曰,谁其尸之,亦神理而已。寻绎其旨,甚为平易。盖人有思心_{思心二字见《尚书洪范》},即有言语,既有言语,即有文章,言语以表思心,文章以代言语,惟圣人为能尽文之妙,所谓道者,如此而已。此与后世言文以载道者,截然不同。详淮南王书有《原道》篇,高诱注曰:原,本也。本道根真,包裹天地,以历万物,故曰原道,用以题篇。此则道者,犹佛说之如,其运无乎不在,万物之情,人伦之传,孰非道之所寄乎?《韩非子·解老》篇曰:道者,万物之所然也,万理之所稽也。理者,成物之文也;道者,万物之所以成也。故曰:道理之者也。物有理不可以相薄,物有理不可以相薄,故理之为物之制万物各异理而道尽。稽万物之理,故不得不化,不得不化,故无常操,无常操,是以死生气禀焉,万智斟酌焉,万事废兴焉。《庄子·天下》篇曰:古之所谓道术者,果恶乎在?曰:无乎不在。案庄韩之言道,犹言万物之所由然。文章之成,亦由自然,故韩子又言,圣人得之,以成文章。韩子之言,正彦和所祖也。道者玄名也,非著名也,玄名故通于万理。而庄子且言道在矢溺。今曰文以载道,则未知所载者,即万物之所由然乎?抑别有所谓一家之道乎?如前之说,本文章之公理,无庸标揭,以自殊于人;如后之说,则亦道其所道而已,文章之事,不如此狭隘也。夫堪舆天地之道之内,号物之数曰万,其条理纷纭,人鬓蚕丝,犹将不足方物,今置一理以为道,而曰文非此不可作,非独昧于言之本,其亦胶滞而罕通矣。察其表则为窾言,察其里初无胜义。使文章之事,愈消愈削,浸成为一种枯槁之形,而世之为文者,亦不复揅究学术,研寻真知,而惟此窾言之尚。然则阶之厉者,非文以载道之说而又谁乎?通儒顾宁人生平笃信文以载道之言,至不肯为李二曲之母作志,斯则矫枉之过,而非通方之谈。方来君子,庶无憪焉。

俯察含章 《易·上经·坤六三爻辞》:含章可贞。王弼说为含美而可正,是以美释章。

草木贲华 《易·释文》引傅氏云:贲,古斑辩字,文章貌。王肃符文反。此类隔切,音如虎贲之贲。云:有文饰黄白貌。

和若球锽 《书·皋陶谟》曰:戛击鸣球,球玉磬也。锽,《说文》曰:钟声。《广韵》作镬,云大钟。

形立则章成矣 故知文章之事,以声采为本。彦和之意,盖为声采由自然生,其雕琢过甚者,则浸失其本,故宜绝之,非有专隆朴质之语。

肇自太极 《易·系辞上》韩注曰:太极者,无称之称,不可得而名取,有之所极,况之太极者也。据韩义,则所谓形气未分以前为太极,而众理之归,言思俱断,亦曰太极,非陈抟半明半昧之太极图。

乾坤两位,独制文言,言之文也,天地之心哉 《周易音义》曰:文言,文饰卦下之言也。《正义》引庄氏曰:文谓文饰,以乾坤德大,故特文饰以为文言。案此二说,与彦和意正同。仪征阮君因以推衍为《文言说》,而本师章氏非之。今并陈二说于左。决之以己意。

文言说《揅经室三集》二

古人无笔砚纸墨之便,往往铸金刻石,始传久远;其著之策简者,亦有漆书刀削之劳,非如今人下笔千言,言事甚易也。许氏《说文》:直言曰言,论难曰语;《左传》曰:言之无文,行之不远;此何也?古人以简策传事者少,以口舌传事者多,以目治事者少,以口耳治事者多。故同为一言,转相告语,必有愆误,原注:《说文》:言从口从辛。辛,愆也。是必寡其词,协其音,以文其言,使人易于记诵,无能增改;且无方言俗语杂于其间,案此语误。始能达意,始能行远。此孔子于《易》所以著《文言》之篇也。古人歌诗箴铭谚语,凡有韵之文,皆此道也。谨案:音韵与言语并兴,而文字尚在其后。《尔雅·释训》主子训蒙,子子孙孙以下,用韵者三十二条,亦此道也。案陈伯弢先生谓:训即大司乐,以乐语教国子与道,讽诵言语之道,又即道盛德至善之道,此义真精确无伦。孔子于乾坤之言,自名曰文,此千古文章之祖也。为文章者,不务协音以成韵,修词以达远,使人易诵易记,而惟以单行之语,纵横恣肆,动辄千言万字,不知此乃古人所谓直言之言,论难之语,非言之有文者也。案此数言可证阮君此文,实具救弊之苦心,惟古人言语亦有音节,亦须润色修饰,故大司乐称以乐语教言语,而仲尼亦曰:言之无文,行而不远也。非孔子之所谓文也。《文言》数百字,几于句句用韵。孔子于此,发明乾坤之蕴,诠释四德之名,几费修辞之意,冀达意外之言。原注:《说文》曰:词,意内言外也。盖词小言也,非文也。文言曰,修辞立其诚。《说文》曰:修,饰也,词之饰者,乃得为文,不得以词即文也。案此语亦稍误。言语有修饰,文章亦有修饰,而皆称之文。其修饰者,虽言文亦文;其不修饰者,虽名曰文,而非文也。要使远近易诵,古今易传,公卿大夫皆能记诵。以通天地万物,以警国家身心,不但多用韵,抑且多用偶。案此数言诚为精谛。即如乐行、忧违,偶也。长人、合礼,偶也。和义、干事,偶也。庸言、庸行,偶也。闲邪、善世,偶也。进德、修业,偶也。知至、知终,偶也。上位、下位,偶也。同声、同气,偶也。水湿、火燥,偶也。云龙、风虎,偶也。本天、本地,偶也。无位、无民,偶也。勿用、在田,偶也。潜藏、文明,偶也。道革、位德,偶也。偕极、天则,偶也。隐见、行成,偶也。学聚、问辨,偶也。宽居、仁行,偶也。合德、合明,偶也。合序、合吉凶,偶也。先天、后天,偶也。存亡、得丧,偶也。余庆、余殃,偶也。直内、方外,偶也。通理、居体,偶也。凡偶皆文也。于物两色相偶而交错之,乃得名曰文,文即象其形也。原注:《考工记》曰:青与白谓之文,赤与黑谓之章。《说文》曰:文,错画也,象交文。然则千古之文,莫大于孔子之言《易》。案此论又信矣。孔子以用韵比偶之法,错综其言,而自名之曰文,何后人必欲反孔子之道,而自命曰文,且尊之曰古也!

案阮君尚有《书梁昭明太子文选序后》,及《与友人论古文书》,皆推阐其说。又其子福有《文笔对》。《文笔对》太长,兹节录二文于左:_{并见《揅经室三集》二。}

书梁昭明太子文选序后

昭明所选,名之曰文,盖必文而后选也,非文则不选也。经也,史也,子也,皆不可专名之为文也。案此言亦微误,经、史、子亦有文有质,其文者安得不谓之文哉?故昭明《文选序》后三段,特明其不选之故,必沉思翰藻,始名之为文,始以入选也。或曰:昭明必以沉思翰藻为文,于古有征乎?曰:事当求其始,凡以言语著之简策,不必以文为本者,皆经也,史也,子也。案此语亦未谛。韵语不必著简策,又经史皆有文,《尚书·尧典》偶语甚多,《诗》三百篇全为文事,《老子》亦用韵用偶。言必有文,专名之曰文者,自孔子《易文言》始。案此不如用庄、陆之说为正,取于文饰以为文言,非文言以前竟无文饰。《传》曰:言之无文,行之不远。故古人言贵有文。孔子《文言》,实为万世文章之祖,此语又不误。此篇奇偶相生,音韵相和,如青白之成文,如咸韶之合节,非清言质说者比也,非振笔纵书者比也,非诘屈涩语者比也。是故昭明以为经也,史也,子也,非可专名之为文也;专名为文,必沉思翰藻而后可也。自齐梁以后,溺于声律,案此语最为分明,骈体之单为古文,以此致之。彦和《雕龙》,渐开四六之体,至唐而四六更卑,然文体不可谓之不卑,而文统不得谓之不正。自唐宋韩苏诸大家以奇偶相生之文为八代之衰而矫之按奇偶相生,文之正体曰八家,谓为衰,此语未确,于是昭明所不选者,反皆为诸家所取,故其所著者,非经即子,非子即史,案以此评八家,攻之反以誉之矣。求其合于昭明所谓文者鲜矣。案以下有数语略之。如必以比偶非文之古者而卑之,则孔子自名其言曰文者,一篇之中,偶句凡四十有八,韵语凡三十有五,岂可以为非文之正体而卑之乎?下略。

与友人论古文书

夫势穷者必变,案此上有数行删去。情弊者务新,文字矫厉,每求相胜,其间转变,实在昌黎。昌黎之文,矫《文选》之流弊而已。案此语亦有疵,文起八代之衰,乃后人以誉昌黎者,昌黎未尝以此自任也。天监以还,文渐浮诡,昌黎所革,只此而已。阮之矫《文选》之流弊,与文起八代之衰,皆非知言。以下尚有数行略去。

原道第一 | 009

案阮氏之言，诚有见于文章之始，而不足以尽文辞之封区。本师章氏驳之，见《国故论衡·文学总略》篇。以为《文选》乃裒次总集，体例适然，非不易之定论；又谓文笔文辞之分，皆足自陷，诚中其失矣。窃谓文辞封略，本可弛张，推而广之，则凡书以文字，著之竹帛者，谓之文，非独不论有文饰与无文饰，抑且不论有句读与无句读，此至大之范围也。故《文心·书记》篇，杂文多品，悉可入录。再缩小之，则凡有句读者皆为文，而不论其文饰与否，纯任文饰，固谓之文矣，即朴质简拙，亦不得不谓之文。此类所包，稍小于前，而经传诸子，皆在其笼罩。若夫文章之初，实先韵语；传久行远，实贵偶词；修饰润色，实为文事；敷文摛采，实异质言；则阮氏之言，良有不可废者。即彦和泛论文章，而《神思》篇已下之文，乃专有所属，非泛为著之竹帛者而言，亦不能遍通于经传诸子。然则拓其疆宇，则文无所不包，揆其本原，则文实有专美。特雕饰逾甚，则质日以漓，浅陋是崇，则文失其本。又况文辞之事，章采为要，尽去既不可法，太过亦足召讥，必也酌文质之宜而不偏，尽奇偶之变而不滞，复古以定则，裕学以立言，文章之宗，其在此乎？

河图孕乎八卦，洛书韫乎九畴　《汉书·五行志》曰：刘歆以为庖羲氏继天而王，受《河图》，则而画之，八卦是也。禹治洪水，赐《洛书》，法而陈之，《洪范》是也。又曰：初一曰五行，已下凡此六十五字，皆《洛书》本文。彦和云：《洛书》韫乎九畴。正同此说。纪氏谓彦和用《洛书》配九宫，说同于卢辩，是又不详考之言。

唐虞文章　案彦和以"元首载歌""益稷陈谟"属之文章，则文不用礼文之广谊。

业峻鸿绩　案业绩同训功，峻鸿皆训大，此句位字，殊违常轨。

剬诗缉颂　李详云：案张守节《史记正义·论字例》云：制字作剬。缘少古字，通共用之。《史》《汉》本有此古字者，乃为好本。

据此则剬即制字，既不可依《说文》训剬为齐，亦不必辨制剬相似之讹，谨按李说是也。

观天文以极变 《易·贲·彖》传曰：观乎天文，以察时变；观乎人文，以化成天下。

发辉事业 《周易·乾》音义曰：发挥，音辉，本亦作辉，义取光辉也。

道沿圣以垂文，圣因文而明道 物理无穷，非言不显，非文不传，故所传之道，即万物之情，人伦之传，无小无大，靡不并包。纪氏又傅会载道之言，殊为未谛。

道心惟微 此荀子引道经之言，而梅赜伪古文刊以入《大禹谟》，其辩详见太原阎君《尚书古文疏证》。

征圣第二

征圣 此篇所谓宗师仲尼以重其言。纪氏谓为装点门面,不悟宣尼赞《易》、序《诗》、制作《春秋》,所以继往开来,惟文是赖。后之人将欲隆文术于既颓,简群言而取正,微孔子复安归乎?且诸夏文辞之古,莫古于《帝典》,文辞之美,莫美于《易传》。一则经宣尼之刊著,一则为宣尼所自修。研论名理,则眇万物而为言;董正史文,则先百王以垂范,此乃九流之宗极,诸史之高曾,求之简编,明证如此。至于微言所寄,及门所传,贵文之辞,尤难悉数。详自古文章之名,所包至广,或以言治化,或以称政典,或以目学艺,或以表辞言,必若局促篇章,乃名文事,则圣言于此为隘,文术有所未宏。周监二代,郁郁乎文,此以文言治化也。文王既没,文不在兹,此以文称政典也。馀力学文,此以文目学艺也。文以足言,此以文表辞言也。论其经略,宏大如此,所以牢笼传记,亭毒百家,譬之溟渤之宽,众流所赴,玑衡之运,七政攸齐,征圣立言,固文章之上业也。近代惟阮君伯元知尊奉文言,以为万世文章之祖,犹不悟经史子集一概皆名为文,无一不本于圣,徒欲援引孔父,以自宠光,求为隆高,先自减削,此固千虑之一失。然持校空言理气,臆论典礼,以为明道,实殊圣心者,贯三光而洞九泉,曾何足以语其高下也!

辞欲巧 郑曰:巧,谓顺而说也。孔疏言辞欲得和顺美巧,不违逆于理,与巧言令色之巧异。案此《诗》所谓"有伦有脊"者也。《毛传》:伦,道也。脊:理也。

或简言以达旨四句　文术虽多,要不过繁简隐显而已,故彦和征举圣文,立四者以示例。

丧服举轻以包重　黄注:所谓缌不祭,《曾子问》篇文。小功不税,《檀弓》篇文。郑注曰:日月已过,乃闻丧而服曰税,大功以上然,小功轻不服。《丧服小记注》:税者,丧与服不相当之言。

邠诗联章以积句　《七月》一篇八章,章十一句,此风诗之最长者。

儒行缛说以繁辞　据郑注,则《儒行》所举十有五儒,加以圣人之儒,为十六儒也。

昭晰　孙君云:元本晰作晢,晢为晰之借,晰乃晣之讹。《说文》日部:昭晢,明也,《易》曰,明辩晢也。《释文》云:晢又作晣。后《正纬》《明诗》《总术》篇昭晰字,元本皆作晢。按彦和用经字多异于今本,如发挥作发辉是也。

四象　彦和之意,盖与庄氏同,故曰四象精义以曲隐。《正义》引庄氏曰:四象,谓六十四卦之中有实象、有假象、有义象、有用象。

辞尚体要,弗惟好异　伪古文《尚书·毕命》篇:政贵有恒,辞尚体要,不惟好异。梅氏《传》:辞以体实为要,故贵尚之,若异于先王,君子所不尚。

虽精义曲隐　案自《易》称辨物正言,至正言共精义并用,乃承四象二语,以辨隐显之宜,恐人疑圣文明著,无宜有隐晦之言,故申辨之。盖正言者,求辨之正,而渊深之理,适使辨理坚强。休要者,制辞之成,而婉妙之文,益使辞致娇美。非独隐显不相妨碍,惟其能隐,所以为显也。然文章之事,固有宜隐而不宜显者,《易》理邃微,自不能如《诗》《书》之明茢,《春秋》简约,自不能如传记之周详,必令繁辞称说,乃与体制相乖。圣人为文,亦因其体而异,《易》非典要,故多陈几深之言,史本策书,故简立褒贬之法,必通此意,而后可与谈经;不然,视《易》为卜筮之庾辞,谓《春秋》为断烂之朝报,惑经疑孔之弊,滋多于是矣。

衔华佩实 此彦和《征圣》篇之本意。文章本之圣哲,而后世专尚华辞,则离本浸远,故彦和必以华实兼言。孔子曰:质胜文则野,文胜质则史,文质彬彬,然后君子。包咸注曰:野如野人,言鄙略也。史者,文多而质少;彬彬者,文质相半之貌。审是,则文多者固孔子所讥,鄙略更非圣人所许,奈之何后人欲去华辞而专崇朴陋哉?如舍人者,可谓得尚于中行者矣。

宗经第三

宗经 《汉书·儒林传序》：六艺者，王教之典籍，先王致郅治之成法也。盖古之时，道术未裂，学皆在于王官；王泽既竭，学亦分散，其在于诗书礼乐者，唯宣尼能明之。宗经者，则古昔称先王，而折衷于孔子也。夫六艺所载，政教学艺耳，文章之用，隆之至于能载政教学艺而止。挹其流者，必撢其原，揽其末者，必循其柢。此为文之宜宗经一矣。经体广大，无所不包，其论政治典章，则后世史籍之所从出也；其论学术名理，则后世九流之所从出也；其言技艺度数，则后世术数方技之所从出也。不睹六艺，则无以见古人之全，而识其离合之理。此为文之宜宗经二矣。杂文之类，名称繁赜，循名责实，则皆可得之于古。彦和此篇所列，无过举其大端。纪氏谓强为分析，非是。若夫九能之见于《毛诗》，六辞之见于《周礼》，尤其渊源明白者也。此为文之宜宗经三矣。文以字成，则训故为要；文以义立，则体例居先，此二者又莫备于经，莫精于经。欲得师资，舍经何适？此为文之宜宗经四矣。谨推刘旨，举此四端，至于经训之博厚高明，盖非区区短言所能扬榷也。

皇世三坟至**大宝咸耀** 此数语用伪孔《尚书·序》义。彼文曰：《春秋左氏传》曰：楚左史倚相能读三坟五典八索九丘，即谓上世帝王遗书也，先君孔子生于周末，睹史籍之烦文，惧览者之不一，遂乃定礼乐,明旧章,删《诗》为三百篇,约史记而修《春秋》,赞《易》道以黜八索,述职方以除九丘。

书标七观 案七观所属之篇,皆在伏生二十九篇内,若信为孔子之语,何以不及百篇?疑此为伏生傅益之言,非今古文之通说也。

诗列四始 《诗·序》举风、雅、颂之后,即云是谓四始,诗之至也。郑云:始谓王教兴衰所由。则始即指风、雅、颂,非谓《关雎》为风始等也。《齐诗》四始,尤与《毛诗》四始不同。

旨远辞文二句 《正义》曰。其旨远者,近道此事,远明彼事,是其旨意深远,若龙战于野,近言龙战,乃远明阴阳斗争,圣人变笔,是其旨远也。其辞文者,不直言所论之事,乃以义理明之,是其辞文饰也,若黄裳元吉,不直言得中居职,乃云黄裳,是其辞文也。韩康伯注曰:变化无恒,不可为典要。故其言曲而中也。其事肆而隐者,事显而理微也。

书实记言四句 《艺文志》曰:《书》者,古之号令。号令于众,其言不立具,则听受施行者弗晓。古文读应《尔雅》,故通今语而可知也。

诂训同书 《诗疏》曰:毛以《尔雅》之作,多为释《诗》,而篇有《释诂》《释训》,故依雅训而为《诗》立传。据此,则《诗》亦须通古今语而可知,故曰诂训同书。

婉章志晦 此左氏义。上文五石六鹢之辞,乃公羊说。其实《春秋》精义并不在此。欲详其说,宜览杜元凯《春秋经传集解序》。

览文如诡 案《尚书》所记,即当时语言,当时固无所谓诡也。彦和此语,稍欠斟酌。然韩退之亦云周《诰》殷《盘》,佶屈聱牙矣。

论说辞序,则易统其首 谓《系辞》《说卦》《序卦》诸篇为此数体之原也。寻其实质,则此类皆论理之文。

诏策章奏,则书发其原　谓《书》之记言,非上告下,则下告上也。寻其实质,此类皆论事之文。

赋颂歌赞,则诗立其本　谓《诗》为韵文之总汇。寻其实质,此类皆敷情之文。

铭诔箴祝,则礼总其端　此亦韵文,但以行礼所用,故属《礼》。

纪传铭朱云:当作移。**檄,则春秋为根**　纪传乃纪事之文,移檄亦论事之文耳。

禀经以制式二句　此二句为《宗经》篇正意。

体有六艺　此乃文能宗经之效。六者之中,尤以事信体约二者为要:折衷群言,俟解百世,事信之征也;芟夷烦乱,剪截浮辞,体约之故也。

正纬第四

正纬 《说文》曰：谶，验也。案谶之为物，皆执后事以验前文，非由前文以得后事。《老子》所谓前识，《中庸》所谓前知，皆持玄理以推测后事，非能明照方来，若数毛发于盘水也。左氏所载童谣之应，如鸲鹆来巢，火中取虢，咸由后事比合前文，然谣谚始作之时，必不知有鲁、虢之事。盖人事虽繁，皆在思虑之内，文义虽众，皆具因禅之能，展转分合，虽五经常语，未始不可作百代谶词用也。古世人神杂糅，故隆于禨祥，迄周而旧污未涤，春秋史官所记，尚侈陈豫察之言，要之非圣人所作也。谶纬之隆，始于阴阳家；以明谶之术说经，始于道听途说之今文学；以谶为纬，淆乱经文，始于哀平以来曲学阿世之儒。何以明其然也？晚周学派六家，老子言有道之国，其鬼不神。又言前识者，道之华而愚之首也。则道家不得有谶。《中庸》言素隐行怪，吾不为之。子不语怪力乱神，夫子言天道不可得闻，则儒家不得有谶。墨子虽尊天明鬼而非命，非命者，事不得前定，则墨家不得有谶。名家检正形名，无谂之言则绝，亦不得有谶。法家出于老子，而旁取名家，施于人事，而贵随时，亦不得有谶。唯独阴阳家本出于司天之官，而末流营于禨祥，泥于小数。邹衍深观阴阳消息，而作怪迂之变，《终始》《大圣》之篇十余万言，抽巫祝之绪，而下为方士辟利原，瀛海九州之说，令世主甘心至死而不悟；秦时方士入海者，还奏"亡秦者胡"之谶，始皇将死，复有璧遗滈池之讹言，此皆方士之诈讹，而实滥觞于邹衍矣。南公之谶曰：楚虽三户，亡秦必楚。南公亦阴阳家也。张苍为秦柱下史，故不得不从时主所好而治阴阳，贾生传之，则五曹官制以著，顾其致用，独在五德终始之说耳。观贾生《鹏赋》之辞曰：命不可说，孰知其极？是知前知之谈，通儒所未笃信也。武皇好神仙，与秦政异世同蔽，董仲舒既以引经治狱授张汤，又身为巫师，作土龙以求雨，彼固工于揣摩人主之情者也。汉主好儒，兼好神仙，儒与神仙虽不合，于阴阳则有可缘饰者，故推阴阳以说《春秋》。今《春秋繁露》有《阴阳位》《阴阳终始》诸篇，明其以邹子南公之道逸书于儒籍矣。仲舒虽不得志，又以大愚见消于其徒，然其说则已深入于汉主之心，神仙之福未来，而巫蛊之祸踵起，甲兵兴于阙下，储贰缢于穷阎，则仲舒有以致之也。然盛汉之时，谈阴阳者，其能不过推灾异，淫鬼神，而犹不敢淆乱先王之典籍，故刘向校书，不见有纬。图书秘记之目，此即纬家所谓《河图》《洛书》本文。厪在天文家。当时颂美朝廷者，其能事亦尽于称说符命。自王莽引经作谶，以伏戎于莽为己之应，当世阿谀苟合之士，始欲窜乱圣经以投主好，然五经明白近人事，作伪傅会，其事甚难，由是引旧谶而益新文，变其名曰纬，以为经显纬隐，而皆出自圣人，斯足以营惑观者，通人讨核，谓纬候起自哀平，此至确之言，案以时事人情而合者也。光武以刘氏苗裔兴，远同少康之光复，本不待纬候以自崇，然亲见王莽假符命四十二章以愚民，故亦欲假符命以明刘氏之当再立，赤伏符之至，适会其时，光武虽心知其伪，而亦不得不端拜以受矣。既以纬兴，即宜尊纬，君信于上，臣和于下，于是纬之力超越于经。西汉之儒说经，不过非圣意，而犹近人情，东汉之儒则直以神道代圣言，以神保待孔子，以图谶目圣经，于是《春秋》为汉制法之说昌，微言大义由此斩矣。

虽有骨鲠之士辨论其失,而习俗移人,贤者不免,康成大师,笃信图谶,至于为纬作注。《六艺论》云:六艺皆图所生。凡所注书,征引《易说》《诗说》,皆纬书也。降及宋孝武世,始禁图谶,然郑学既行,为郑学者不得不兼明图谶,是故图谶之学,在汉则用以趋时,而在六朝则资以考古。刘氏生于齐世,其时纬学犹未尽衰,故不可无以正其失,所献四诤,洵为剀明。自隋焚图纬,此学遂亡,纵有残余,只供博览,近世今文学者于谶纬亦不能钩潜发微,徒依阿旧说而已。因读刘文,善其精允,复为推论如上。

纬书今存者,有《乾凿度》二卷、《稽览图》二卷、《辨终备》一卷、《通卦验》二卷、《是类谋》一卷、《坤灵图》一卷,皆《易》纬也。明孙毂辑《古微书》,无河洛纬。清赵在翰辑《七纬》,皆甄录佚文,可备参考。说《易》纬者,张惠言有《易纬略义》。

神龟见而洪范耀 九畴本于《洛书》,故庄子谓之《九雒》。先儒不言龟负,惟《中候》及诸纬言之,《洪范》伪《孔传》乃用其说,刘又用伪孔说也。

孝论 即《孝经》《论语》。

倍擿千里 孙云:此与下文倍摘字并与适通。《方言》云:适,牾也。倍适,犹背迕矣。

八十一篇,皆托于孔子 据《隋志》,则托于孔子者,只七经纬耳。

或说阴阳,或序灾异 其端皆开自仲舒,观《五行志》及《仲舒传》可见。

桓谭疾其虚伪 《后汉书》载谭论谶事,录之如左:

> 是时帝方信谶,多以决定嫌疑。《方术传序》云:光武尤信谶言,士之赴趣时宜者,皆驰骋穿凿争谈之也。故王梁、孙咸,名应图箓,越登槐鼎之

任。谭复上疏曰云云。帝省奏，愈不悦。其后有诏会议灵台所处，帝谓谭曰：吾欲谶决之何如？谭默然良久，曰：臣不读谶。帝问其故。谭复极言谶之非经。帝大怒，曰：桓谭非圣无法，将下斩之。谭叩头流血，良久乃得解。

尹敏戏其深瑕 案戏字不误。《后汉书·儒林传》曰：帝以敏博通经记，令校图谶，使蠲去崔发所为王莽箸录次比。敏对曰：谶书非圣人所作，其中多近鄙别字，颇类世俗之辞，恐疑误后生。帝不纳。敏因其阙文增之曰，君无口，为汉辅。帝见而怪之，召敏问其故。敏对曰：臣见前人增损图书，敢不自量，窃幸万一。帝深非之。此文所谓戏，即增阙事也。

张衡发其僻谬 案平子检核伪迹，至为精当，今录《后汉书》传所序于左：

> 初，光武善谶，及显宗肃宗，因祖述焉。自中兴以后，儒者争学图纬，兼复附以妖言。衡以图纬虚妄，非圣人之法，乃上疏曰云云。

无益经典，而有助文章 此言甚谛。然如《易纬》所说，有足以证明汉师说《易》者，《书纬》亦有可以考古历法者，未可谓于说经毫无所用也。

辨骚第五

班固曰：赋者，古诗之流也。自变风终陈夏，而六诗不见采于国史。然歌咏胸怀，本于民性，声诗之作，未遽废颓。寻检左氏内外传文，所载当世讴詈，不一而足：若南蒯之歌，昭公十二年。莱人之歌，哀公五年。齐人之歌，哀公二十一年。申叔仪之歌，哀公十三年。以及鲁人之讥臧孙，郑人之诵子产，其结言位句，与三百篇固已小殊，而大体无别。是知诗句有时而变通，诗体相承而无革。降及战代，楚国多材，屈子诞生于旧郢，孙卿退老于兰陵，《史记正义》：兰陵县属东海郡。案今山东兖州府峄县东五十里。并为辞人之宗，开赋体之首。观孙卿所作赋及佹诗，是四言为多，而《成相》之辞，则句度长短傮互。屈子《天问》《大招》及《九章》诸乱辞，亦尽四言，惟《离骚》《远游》之类，织以长句，而间以语词，后世遂以此体为《楚辞》所独具。检《国语》载晋惠公改葬共世子，臭达于外，国人诵之曰：贞之无报也，孰是人斯而有是臭也！贞为不听，信为不诚，国斯无刑，偷居幸生。不更厥贞，大命其倾！威兮怀兮，各聚尔有，以待所归兮。猗兮违兮，心之哀兮！岁之二七，其靡有征兮。若狄公子，吾是之依兮。镇抚国家，为王妃兮。此先于屈子二百余年，而其句度已长于旧式。《史记》载优孟歌孙叔敖事，亦先于屈子，又南土之旧音也。然则屈子之作，其意等于《风》《雅》，《史记》：《国风》好色而不淫，《小雅》怨诽而不乱,若《离骚》者可谓兼之。而其体沿自讴谣。自承宣尼删订之绪馀,而下作宋、贾、马、扬之矩矱。论其大名,则并之于诗,察其分流,则别称为赋。班固之论,可谓深察名号,推见原流者已。自彦和论文,别骚于赋,盖欲以尊屈子,使《离骚》上继《诗经》,非谓骚赋有二。观《诠赋》篇云:灵均唱骚,始广声貌。是仍以《离骚》为赋矣。《隋书·经籍志》别《楚辞》于总集,意盖亦同舍人。观其序辞云:王逸集屈原以下迄刘向云云,是仍以《楚辞》为总集矣。惟昭明选文,以《楚辞》所录为骚,斯为大失,后之览者,宜悉其违戾焉。《楚辞》是赋,不可别名为骚。《离骚》二字,亦不可截去一字。纪评至谛。

淮南作传 案《国风》好色而不淫已下至与日月争光可也数语,今见《史记·屈原传》。知史公作传,即取《离骚传序》之文。

羿浇二姚,与左氏不合 案班孟坚《序》讥淮南王安作《传》,说羿、浇、少康、二姚、有娀、佚女,皆各以所识,有所增损,非讥屈子用事与左氏不合。彦和此语盖有误。

汉宣嗟叹 见《汉书·王褒传》。

孟坚谓不合传 误如前举。

虽取熔经意,亦自铸伟词 二语最谛。异于经典者,固出自铸其词;同于《风》《雅》者,亦再经镕涷,非徒貌取而已。

招魂招隐 《招隐》宜从《楚辞补注》本作《大招》。

卜居标放言之致 李云:陈星南云:《论语·微子》篇,隐居放言。《集解》引包曰。放,置也,不复言世务。案《卜居》有云:吁嗟默默,谁知吾之廉贞?故彦和以放言美之。侃案:《卜居》命龟之辞,繁多不飙,故曰放言。放言犹云纵言。陈解未谛。

中巧者猎其艳辞 中巧犹言心巧。

酌奇而不失其真,玩华而不坠其实 彦和论文,必以存真实为主,亦鉴于楚艳汉侈之流弊而立言。其实屈宋之辞,辞华者其表仪,真实者其骨干,学之者遗神取貌,所以有伪体之讥。试取贾生《惜誓》、枚乘《七发》、相如《大人》、扬雄《河东》诸篇细玩之,可以悟摹拟屈宋之法。盖此诸篇,莫不工于变化,非夫沿袭声调,剽剥采藻所敢印跂也。

  彦和以前,论《楚辞》之文,有淮南王《离骚传序》、太史公《屈原传》、《汉书·艺文志·诗赋略序》、班孟坚《离骚序》、《离骚赞序》、王逸《楚辞章句序》及诸篇小序、《楚辞章句》十六卷。自屈原赋二十五篇为七卷,其余为《九辨》《招魂》《大招》《惜誓》《招隐士》《七谏》《哀时命》《九怀》《九叹》;附以王逸自作《九思》,为十七卷。宋洪兴祖《补注》最善。朱熹《集注》改易旧章,不为典要。清世惠定宇、戴东原二君并有《屈原赋注》。戴注曾见之,惠注未见。言《楚辞》音者,《隋志》录五家。又云隋时有释道骞善读之,能为楚声,音韵清切,至今传《楚辞》者,皆祖骞公之音。寻《汉书》言九江被公能为《楚辞》,召见诵读。尔则《楚辞》之重楚音,其来旧矣。五家之音虽佚,然劳商遗响,激楚余声,千载下于方语中得之。

明诗第六

　　古昔篇章，大别之为有韵无韵二类，其有韵者，皆诗之属也。其后因事立名，支庶繁滋，而本宗日以瘠削，诗之题号，由此隘矣。彦和析论文体，首以《明诗》，可谓得其统序。然篇中所论，亦但局于雅俗所称为诗者，则时序所拘，虽欲复古而不可得也。品物词人，尽于刘宋之季，自尔迄今，更姓十数，诗体屡变，好尚亦随世而殊，谈诗之书，充盈篇幅，溯观舍人之论，殆无不以为已陈之刍狗者。傍有记室《诗品》，班弟《诗才》，只限梁武之世，所举诸人，今日或不存只字，此与彦和之诗，皆运而往矣。自我观之，诗体有时而变迁，诗道无时而可易，欲求上继风雅，下异讴呇，革下里之庸音，绍词人之正辙，则固有共循之术焉。曰：本之情性，协之声音，振之以文采，齐之以法度而已矣。历观古今诗人成名者，罔不如此。夫然，故彦和、仲伟之论，虽去今辽邈，而经纬本末，自有其期，年耆者又乌得而废之者哉？诗体众多，源流清浊，诚不可以短言尽。往为《诗品讲疏》，亦未卒业，兹但顺释舍人之文云尔。

　　诗者，持也　《古微书》引《诗》纬《含神雾》文。

　　黄帝云门，理不空弦　理不空弦者，以其既得乐名，必有乐词也。

　　至尧有大唐之歌　唐一作章。《尚书大传》云：报事还归，二年谇然，乃作《大唐之歌》。郑注曰：《大唐之歌》，美尧之禅也。据此文，是《大唐》乃舜作以美尧，则作大章者为是。《乐记》曰：大章，章之也。郑注曰：尧乐名。

九序惟歌 伪《大禹谟》文。

五子咸怨 伪《五子之歌》文。

顺美匡恶 《诗谱序》：论功颂德，所以将顺其美；刺过讥失，所以匡救其恶。

秦皇灭典，亦造仙诗 《史记·秦始皇本纪》：三十六年，使博士为《仙真人》诗，及行所游天下，传令乐人歌弦之。案上文三十五年卢生说始皇曰：真人者，入水不濡，入火不爇，凌云气，与天地久长。于是始皇曰：吾慕真人。自谓真人，不称朕。

辞人遗翰至五言之冠冕也 往作《诗品讲疏》，于此辨之甚析，兹录如左：

《文心雕龙·明诗》篇曰：又《古诗》佳丽，或称枚叔。徐陵《玉台新咏》有枚乘诗八首，谓《青青河畔草》一、《西北有高楼》二、《涉江采芙蓉》三、《庭中有奇树》四、《迢迢牵牛星》五、《东城高且长》六、《明月何皎皎》七、《行行重行行》八，此皆在《十九首》中。《玉台》又有《兰若生春阳》一首，亦云枚乘作。其《孤竹》一篇，则傅毅之辞，《后汉书》：傅毅字武仲，当明章时。《孤竹》，谓十一首中之《冉冉孤生竹》一篇也。比采而推，两汉之作乎。《文选》李善《注》云：古诗，盖不知作者，或云枚乘，疑不能明也。诗云：驱车上东门，《阮嗣宗咏怀诗注》引《河南郡图经》曰：东有三门，最北头曰上东门。案：此东都城门名也，故疑为东汉人之辞。又云：游戏宛与洛，《古诗注》曰，《汉书》南阳郡有宛县。洛，东都也。案张平子《南都赋》注引挚虞曰：南阳邯治宛，在京之南，故曰南都。《南都赋》曰：夫南阳者，真所谓汉之旧都者也。诗以宛洛并言，明在东汉之世。此则兼辞东都，非尽是乘明矣。寻李《注》所言，是古有以《十九首》皆枚乘所作者，故云非尽是乘。孝穆撰诗，但以《十九首》之九首为乘所作，亦因其余句多与时序不合尔。案《明月皎夜光》一诗,其称节序,皆是太初未改历以前之言,诗云玉衡指孟冬,而上云促织鸣东壁,下云秋蝉鸣树间,玄鸟逝安适,是此孟冬正夏正之孟秋,若在改历以还,称节序者不应如此,然则此诗乃汉初之作矣。又《凛凛岁云暮》一诗,言凉风率已厉,凉风之至,候在孟秋,《月令》:孟秋之月,凉风至。而此云岁暮,是亦太初以前之词也。推而论之,五言之作,在西汉则歌谣乐府为多,而辞人文士犹未肯相率模效,李都尉从戎之士,班婕妤宫女之流,当其感物兴歌,初不殊于谣谚,然风人之旨,感慨之言,竟能擅美当时,垂范来世,推其原始,故亦闾里之声也。按《汉书·艺文志》云:自孝武立乐府而采歌谣,于是有代赵之讴,秦楚之风,皆感于哀乐,缘情而发,亦可以观风俗,知厚薄云。歌诗二十八家中,除诸不系于地者,有吴楚、汝南歌诗,燕代讴,雁门、云中、陇西歌诗,邯郸、河间歌诗,齐郑歌诗,淮南歌诗,左冯翊、秦歌诗,京兆尹、秦歌诗,河东、蒲阪歌诗,洛阳歌诗,河南、周歌诗,河南周歌声曲折。周谣歌诗,周谣歌诗声曲折。周歌诗,南郡歌诗,都凡十馀家,此与陈诗观风初无二致。然则汉世歌谣之有十馀家,无殊于《诗》三百篇之有十五《国风》也。挚仲治《文章流别论》曰:古诗有三言四言五言六言七言九言,大率以四言为体,而时有一句二句杂在四言之间,后世演之,遂以为篇。古诗之三言者,振振鹭、鹭于飞之属是也,汉郊庙歌多用之。唐山夫人《安世房中歌》安其所、丰草葽、雷震震诸篇,皆三言。《郊祀歌》练时日、太乙况、天马徕诸篇皆三言。五言者,谁谓雀无角、何以穿我屋之属是也,案当举《郊特牲》伊耆氏《蜡辞》草木归其泽一句,为诗中五言之始见者。于俳谐倡乐多用之。凡非大礼所用者,皆俳谐倡乐,此中兼有乐府所载歌谣。六言者,我姑酌彼金罍之属是也,乐府亦用之。如《悲歌》:悲歌可以当泣、远望可以当归二句。《猛虎行》:饥不从猛虎食,暮不从野雀栖二句。又《上留田行》前四句,皆以六言成句者也。七言者,交交黄鸟止于桑之属是也,案从鸟字断句亦可,宜举昔也日蹙国百里二句。于俳谐倡乐亦用之。乐府中多以七字为句,如鼓吹铙歌中,千秋万岁乐无极、江有香草目以兰。此外不能悉举。古诗之九言者,洞酌彼行潦挹彼注兹之属是也,案此仍从潦字断句,《诗》三百篇实无九言,当举《卜居》之与波上下偷以全吾躯(句末乎字为助声)、《九辩》之吾固知其龃龉而难入。不入歌谣之章。案《鸟生》篇:唶我秦氏家有游荡子,及白鹿乃在上林西苑中,皆九言。所谓不入歌谣之章者,盖因其希见尔。以挚氏之言推之,则五言固俳谐倡乐所多有,《艺文志》所列诸方歌谣,皆在俳谐倡乐之内。而《文心雕龙》《明诗》篇猥云:成帝品录,三百馀篇,朝章国采,亦云周备,而辞人遗翰,莫见五言。此以当世文士不为五言,并疑乐府歌诗亦无五言也。今考西汉之世为五言有主名者,李都尉班婕妤而外,有虞美人《答项王歌》、见《楚汉春秋》。卓文君《白头吟》、李延年歌、前四语。苏武诗四首。其无主名者,乐府有《上陵》、前数语。《有所思》、篇中多五言。《鸡鸣》《陌上桑》《长歌行》《豫章行》《相逢行》《长安有狭邪行》《陇西行》《步出夏门行》《艳歌何尝行》《艳歌行》《怨歌行》《上留田》里中有啼儿一首。《古八变歌》《艳歌》《古咄唶歌》。此中容有东汉所造,然武帝乐府所录,宜多存者。歌谣有《紫宫谚》、长安为尹赏作歌、无名人诗八首、《上山采蘼芜》一、《四坐且莫喧》二、《悲与亲友别》三、《穆穆清风至》四、《橘柚垂华实》五、《十五从军征》六、《新树兰蕙葩》七、《步出城东门》八。以上诸篇,或见《乐府诗集》,或见《诗纪》。古诗八首,五言四句,如采葵莫伤根之类。大抵淳厚清婉,其辞近于《国风》,不杂以赋颂,此乃五言之正轨矣。自建安以来,文人竞作五言,篇章日富,然闾里歌谣,则犹远同汉风,试观所载清商曲辞,五言居其什九,托意造句,皆与汉世乐府共其波澜,以此知五言之体肇于歌谣也。彦和云不见五言,此乃千虑之一失。惟仲伟断为炎汉之制,其鉴审矣。

清典可味 典一作曲。纪云:曲字是,字作婉字解。李详云:梅庆生凌云本并作清曲。《御览》八百九十三引张衡怨诗曰:秋兰,嘉美人也,嘉而不获,故作是诗也。此是诗序,诗与黄引同。

仙诗缓歌 黄引《同声歌》当之,纪氏讥之,是也。

暨建安之初至**此其所同也** 此节转录《诗品讲疏》释之如左:

> 详建安五言,毗于乐府。魏武诸作,慷慨苍凉,所以收束汉音,振发魏响。文帝弟兄所撰乐府最多,虽体有所因,而词贵独创,声不变古,而采自己舒,其余杂诗,皆崇藻丽,故沈休文曰:至于建安,曹氏基命,三祖陈王,咸蓄盛藻,甫乃以情纬文,以文被质。言自此以上质胜于文也。若其述欢宴,愍乱离,敦友朋,笃匹偶,虽篇题杂沓,而同以苏李古诗为原,文采缤纷,而不能离闾里歌谣之质,故其称景物则不尚雕镂,叙胸情则唯求诚恳,而又缘以雅词,振其英响,斯所以兼笼前美,作范后来者也。自魏文已往,罕以五言见诸品藻,至文帝《与吴质书》,始称公幹五言诗之善者妙绝时人。盖五言始兴,惟乐歌为众,辞人竞效,其风隆自建安,既作者滋多,故工拙之数可得而论矣。

何晏之徒,率多浮浅 晏诗《诗纪》载拟古失题二首。

江左篇制至**挺拔而为俊矣** 此节转录《诗品讲疏》释之如左:

> 《谢灵运传论》曰:在晋中兴,玄风独扇,为学穷于柱下,博物止乎七篇,驰骋文辞,义殚乎此。自建武愍帝年号暨于义熙,安帝年号历载将百,虽比响联辞,波属云委,莫不寄言上德,托意玄珠,遒丽之辞,无闻焉尔。《继晋阳秋》宋永嘉太守檀道鸾撰,书已佚,此见《困学纪闻》及《文选注》引。曰:自司马相如、王褒、扬雄诸贤,世尚赋颂,皆体则诗骚,傍综百家之言。及至建安,而诗章大盛。逮乎西朝之末,潘陆之徒,虽时有质文,而宗归不异也。正始中,王弼、何晏好庄老玄胜之谈,而俗遂贵焉。至过江,佛理尤盛,故郭璞五言,始会合道家之言而韵之。许询

及太原孙绰，转相祖尚，又加以三世之辞，而风骚之体尽矣。询、绰并为一时文宗，自此学者悉化之。据檀道鸾之说，是东晋玄言之诗，景纯实为之前导，特其才气奇肆，遭逢险艰，故能假玄言以写中情，非夫钞录文句者所可拟况。若孙、许之诗，但陈要妙，情既离乎比兴，体有近于伽陀，徒以风会所趋，仿效日众，览《兰亭集》诗，诸篇共旨，所谓琴瑟专一，谁能听之？达志抒情，将复焉赖？谓之风骚道尽，诚不诬也。《文心雕龙·时序》篇曰：自中朝贵玄，江左弥盛，因谈余气，流成文体，是以世极迍邅，而辞意夷泰，诗必柱下之旨归，赋乃漆园之义疏，故知文变染乎世情，兴废系乎时序，原始以要终，虽百世可知也。此乃推明崇尚玄虚之习，成于世道之艰危。盖恬憺之言，谬悠之理，所以排除忧患，消遣年涯，智士以之娱生，文人于焉托好，虽曰无用之用，亦时运为之矣。

又案：袁孙诸诗，传者甚罕，《文选》载有江文通《拟孙廷尉》诗，可以知其大概。

宋初文咏至**此近世之所竞也** 此节转录《诗品讲疏》释之如左：

《宋书·谢灵运传》曰：灵运博览群书，文章之美，江左莫逮。论曰：爰逮宋氏，颜谢腾声，灵运之兴会标举，延年之体裁明密，并方轨前秀，垂范后昆。《文心雕龙·明诗》篇曰：宋初文咏，体有因革，庄老告退，而山水方滋，俪采百字之偶，争价一句之奇，情必极貌以写物，辞必穷力而追新，此近世之所竞也。案孙许玄言，其势易尽，故殷谢振以景物，渊明杂以风华，浸欲复规洛京，上继邺下。康乐以奇才博学，大变诗体，一篇既出，都邑竞传，所以弁冕当时，扢扬雅道。于时俊彦，尚有颜鲍二谢之伦，谢瞻、谢惠连。要皆取法中朝，力辞轻浅，虽偶伤刻饰，亦矫枉之理也。夫极貌写物，有赖于深思，穷力追新，亦资于博学，将欲排除肤语，洗荡庸音，于此假涂，庶无迷路。世人好称汉魏，而以颜谢为繁巧，不悟规摹古调，必须振以新词，若虚响盈篇，徒生厌倦，其为蔽害，与剿绝玄语者政复不殊。以此知颜谢之术，乃五言之正轨矣。

四言正体，五言流调　挚虞《文章流别论》曰：雅音之韵，四言为正，其余虽备曲折之体，而非音之正也。

诗有恒裁八句　此数语见似肤廓，实则为诗之道已具于此，随性适分四字，已将古今家数派别不同之故包举无遗矣。

离合之发　兹录孔融《离合诗》一首以备考：

离合作郡姓名字诗

渔父屈节，水潜匿方；离鱼字。与时进止，出行施张。离日字，二字合成鲁。吕公矶钓，阖口渭旁；离口字。九域有圣，无土不王。离或字。二字合成国。好是正直，女回于匡；离子字。海外有截，隼逝鹰扬。离乙字。二字合成孔。六翮将奋，羽仪未彰；离禺字。蛇龙之蛰，俾也可忘。离虫字。二字合成融。玫璇隐耀，美玉韬光。去玉成文，不须合。无名无誉，放言深藏；离与字。按辔安行，谁谓路长。离手字。二字合成举。

回文所兴二句　李详云：《困学纪闻》十八评诗云：《诗苑类格》谓回文出于窦滔妻所作。《文心雕龙》云：又傅咸有回文反复诗，温峤有回文诗，皆在窦妻前。翁元圻注引《四库全书总目》宋桑世昌《回文类聚》四卷，《艺文类聚》载曹植《镜铭》，回环诵之，无不成文，实在苏蕙以前。详案梅庆生音注本云：宋贺道庆作四言回文诗一首，计十一句，四十八言，从尾至首读亦成韵，而道原无可考，恐原为庆字之误。侃案：道庆之前，回文作者已众，不得定原字为庆字之误。

乐府第七

古者诗歌不别,览《虞书》《毛诗序》《乐记》《乐记》曰:凡音之起。由人心生也,人心之动,物使之然也,感于物而动,故形于声,声相应,故生变,变成方,谓之音,比音而乐之,及干戚羽旄,谓之乐。又曰:诗,言其志也,歌,咏其声也,舞,动其容也。三者本于心,然后乐气从之。《正义》曰:先心后志,先志后声,先声后舞,声须合于宫商,舞须应于节奏,乃成于乐,是故然后乐气从之。则可知矣。《汉书·艺文志》亦云:诵其言谓之诗,咏其声谓之歌。《宋书·乐志》云:歌者乐之始,舞又歌之次,歌咏舞蹈,所以宣其喜心,喜而无节,则流淫莫反,故圣人以五声和其性,以八音节其流,而谓之乐。然则乐以节歌,歌以咏诗,诗虽有不歌者,《艺文志》引传曰:不歌而诵谓之赋。而歌未有非诗者也。刘向校书,以诗赋与六艺异略,故其歌诗亦不得不与六艺之诗异类。然观《艺文志》所载,有乐府所采歌谣,吴、楚、汝南歌诗已下,至南郡歌诗。有郊庙所用乐章,《泰一杂甘泉寿宫歌诗》十四篇,《宗庙歌诗》五篇,此即郊祀歌十九首。又有《诸神歌诗》《送迎灵颂歌诗》二家。有歌咏功烈乐章,《汉兴以来兵所诛灭歌诗》十四篇。有帝者自撰歌诗,《高祖歌诗》。又《出行巡狩及游歌诗》,盖武帝作。又《李夫人及幸贵人歌诗》,疑亦武帝所作。有材人名倡所作歌诗,《诏赐中山靖王子哙及孺子妾冰未央材人歌诗》,谓以未央材人所作诗赐哙及冰也。又《黄门倡车忠等歌诗》十五篇。有杂歌诗,杂各有主名歌诗、杂歌诗,又《临江王及愁思节士歌诗》。此则凡诗皆以入录。以其可歌,故曰歌诗。刘彦和谓子政品文，诗与歌别。殆未详考也。及后文士撰诗者众，缘事立体，不尽施于乐府，然后诗之与歌始分区界。其号称乐府而不能被管弦者，实与缘事立题者无殊，徒以蒙乐府之名，故亦从之入录。盖诗与乐府者，自其本言之，竟无区别，凡诗无不可歌，则统谓之乐府可也；自其末言之，则惟尝被管弦者谓之乐，其未诏伶人者，远之若曹陆依拟古题之乐府，近之若唐人自撰新题之乐府，皆当归之于诗，不宜与乐府淆溷也。《汉书·礼乐志》惟载《房中歌》《郊祀歌》，《宋书·乐志》稍广之，自郊庙享宴大射铙歌相和舞曲莫不悉载，然亦限于乐府所用而止。《隋书·经籍志》总集类有《古乐府》八卷，《乐府歌辞钞》一卷，《歌录》十卷，《古歌录钞》二卷，《晋歌章》八卷，《吴声歌辞曲》一卷，《陈郊庙歌辞》二卷，《乐府新歌》十卷，《乐府新歌》二卷，而梁王书复有乐府歌诗以下十馀部，其所收宽狭今不可知，要之以但载乐府所用者为正。其有并载因题拟作，若后之《乐府诗集》者，盖期于博观，而非所以严区画也。郭茂倩曰：凡乐府歌辞，有因声而作歌者，若魏之三调歌诗，因弦管金石造歌以被之，是也。有因歌而造声者，若清商吴声诸曲，始皆徒歌，既而被之弦管，是也。<small>案此本《宋书·乐志》文。</small>有有声有辞者，若郊庙、相和、铙歌、横吹等曲是也。有有辞无声者，若后人之所述作，未必尽被于金石是也。案彦和作《乐府》篇，意主于被弦管之作，然又引及子建、士衡之拟作，则事谢丝管者亦附录焉。故知诗乐界画，漫汗难明，适与古初之义相合者已。今略区乐府以为四种：一乐府所用本曲，若汉相和歌辞，江南东光乎之类是也。二依乐府本曲以制辞，而其声亦被弦管者，若魏武依《苦寒行》以制《北上》、魏文依《燕歌行》以制《秋风》是也。三依乐府题以制辞，而其声不被弦管者，若子建、士衡所作是也。四不依乐府旧题，自创新题以制辞，其声亦不被弦管者，若杜子美《悲陈陶》诸篇、白乐天《新乐府》是也。从诗歌分途之说,则惟前二者得称乐府,后二者虽名乐府,与雅俗之诗无殊。从诗乐同类之说,则前二者为有辞有声之乐府,后二者为有辞无声之乐府,如此复与雅俗之诗无殊。要之乐府四类,惟前二类名实相应,其后二类,但有乐府之名,无被管弦之实,亦视之为雅俗之诗而已矣。

彦和此篇大旨,在于止节淫滥。盖自秦以来,雅音沦丧,汉代常用,皆非雅声。魏晋以来,陵替滋甚,遂使雅郑混淆,钟石斯缪。彦和闵正声之难复,伤郑曲之盛行,故欲归本于正文。以为诗文果正,则郑声无所附丽,古之雅声虽不可复,古之雅咏固可放依。盖欲去郑声,必先为雅曲。至如魏氏三祖所为,犹且谓非正响。推此以观,则简文赋咏,志在桑中,叔宝耽荒,歌高绮艳,隋炀艳篇,辞极淫绮,弥为汉魏之罪人矣。彦和生于齐世,独能抒此正论,以挽浇风,洵可谓卓尔之才矣。然郑声之生,亦本自然,而厌雅喜俗,古今不异,故正论虽陈,听者藐藐,夫惟道古之君子,乃能去奇响以归中和矣。《周礼·大司乐》:凡建国,禁其淫声、过声、凶声、慢声。注曰:淫声,若郑卫也。过声,失哀乐之节。凶声,亡国之声,若桑间濮上。慢声,惰慢不恭。据此,是淫、过、凶、慢之声,历代所有,特以政化清明,故抑而不作耳。及后礼乐崩坏,教化陵夷,则虽君子亦耽俗乐。故魏文侯闻古乐则惟恐卧,听郑卫之音则不知倦。子夏讥新乐进俯退俯,奸声以滥,溺而不止,及优侏儒,獶杂子女,不知父子。是知乐音之有奇衺,自上世而已然。启子太康之锵鸣筦磬,已非正声。在后孔甲好音,殷辛为淫声以变正声,是音之不雅,自古有之矣。雅颂既亡,弥复猖獗,历代虽或规存古乐,而不足以夺时所慕尚者。至于今日,乐器俗,乐声亦俗,而独欲为雅辞,归于正义,此必不可得之数也。君子咏都人士之诗,所以寄怀于出言有章之君子也。

自汉魏有杂曲,至于隋唐,其作渐繁。唐之燕乐,尤称为盛,后遂称其歌词者曰词。宋之燕乐亦杂用唐声调而增广之,于是宋词遂为极多,于乐府外又别立题署,实则词亦乐府之流也。凡填词但依古调为之者,与前世拟乐府无异,盖虽依其平仄,仍未能被诸管弦。正言其体,特长短句之诗耳。以其制篇择辞有殊于雅俗之诗,因而别为区域。然则七言殊于五言,律诗异乎古体,又何不可判画之有？故凡有声之词宜归乐府之条,无声之词宜附近体之列,如此则名实俱当矣。

录古乐府之书,史志以《宋书》为最详最精。其书所录,自晋宋郊庙宴享之诗,及晋世所用相和曲、舞曲、鼓吹、铙歌,莫不备载,《晋书》特依放之耳。《南齐书·乐志》所载乐词,止于郊庙燕享之辞,其余不录,盖以歌辞至繁,难可尽录乎？总集以宋郭茂倩《乐府诗集》所录为最备,其推考源流,解释题号,又至该洽,求古乐府者,未有能舍是书者也。今先顺释舍人之文,次录《乐府诗集》每类序说于后。古乐府部署变迁,盖可得其较略矣。

涂山歌于候人至**西音以兴** 此本《吕氏春秋·音初》篇。案观此,则后世依古题以制辞亦昉于古,涂山有候人之歌,其后《曹风》亦有《候人》之篇,则《曹风》依放涂山也。有娀有燕燕之歌,其后《邶风》亦有《燕燕》之篇,则《邶风》依放有娀也。孔甲有《破斧之歌》,其后《豳风》有《破斧》之篇,则《豳风》依放孔甲也。然其制题相同,托意则异。庄子言:《折扬》《皇荂》,入于里耳。寻其本,则《折扬》者,非即《雅诗》之《折柳樊圃》乎？《皇荂》者,非即《雅诗》之《皇皇者华》乎？汉鼓吹铙歌有《朱鹭》,朱鹭,鸟也,而何承天私造乐府曰《朱路》,朱路,车也。汉有《上邪》,邪,语辞也,何承天曰:《上邪》,邪曲也。此则但取声音,不问义旨,用彼旧题,抒我新意,盖其法由来久矣。

情感七始 《汉书·律历志》引《书》曰:予欲闻六律五声八音

七始咏。古文作在治忽、郑作在治曶。释之曰：七始，天地四时，人之始也。《大传》曰：七始，天统也。郑注曰：七始，谓黄钟、太蔟、大吕、南吕、姑洗、应钟、蕤宾也。案《汉志》以林钟为地始，郑以大吕为地始。盖《汉志》以林钟为地正，而郑以大吕为地统。《隋志》用《汉志》说。《房中歌》七始华始，正用《书》义。此则七音之起，起自虞时。而《国语》说武王克商，于是乎有七律。韦昭曰：七律为音器，用黄钟为宫，太蔟为商，姑洗为角，林钟为徵，南吕为羽，应钟变宫，蕤宾变徵也。是二变为武王所加。《左传·昭廿五年》疏云：此二变者，旧乐无之，声或不会，而以律和其声，调和其声，使与五者谐会，谓之七音由此也。武王始加二变，周乐有七音耳，以前未有七。案七始咏为今文异文，未可信，据《国语》说，昭明若此。盖七音实始于武王，《周礼》曰文之以五声，文略故也。

武帝崇礼，始立乐府　此据《汉书·礼乐志》文。《乐府诗集》则云：孝惠时，夏侯宽为乐府令，始以名官，至武帝乃立乐府云。

朱马以骚体制歌　案朱马为字之误。《汉书·礼乐志》云：以李延年为协律都尉，多举司马相如等数十人，造为歌赋。《佞幸传》亦云：是时上欲造乐，令司马相如等作诗颂，延年辄承意弦歌所造诗，谓之新声曲。据此，朱马乃司马之误。

桂华杂曲　即目《房中歌》。《房中歌》第七曰《桂华》。

赤雁群篇　即目《郊祀歌》。《郊祀歌·象载瑜》十八。太始三年，行幸东海，获赤雁作。

暨后郊庙四句　案《后汉书·曹褒传》：显宗即位，曹充上言，请制礼乐，帝善之，诏曰：今且改太乐官曰太子乐，诗歌曲操，以俟君子。据此，后汉之乐一仍先汉之旧。《宋书·乐志》：汉明帝初，东平宪王制舞歌一章，荐之光武之庙。案《武德舞歌》诗见《乐府诗集》。又章帝自作食举诗四篇，后汉乐词之可考者仅此。

至于魏之三祖至韶夏之郑曲　《宋书·乐志》载《相和歌辞》。

《驾六龙》、当《气出倡》。《厥初生》、当《精列》。《天地间》、当《度关山》。《惟汉二十二世》、当《薤露》。《关东有义士》、当《蒿里行》。《对酒歌太平时》、当《对酒》。《驾虹蜺》、当《陌上桑》。皆武帝作。《登山而远望》、当《十五》。《弃故乡》、当《陌上桑》。皆文帝作。又晋荀勖撰《清商三调》，旧词施用者：《平调》则《周西》《短歌行》。《对酒》《短歌行》。为武帝词。《秋风》《燕歌行》。《仰瞻》《短歌行》。《别日》《燕歌行》。为文帝词。《清调》则《晨上》《秋胡行》。《北上》《苦寒行》。《愿登》《秋胡行》。《蒲生》《塘上行》。为武帝词。《悠悠》《苦寒行》。为明帝词。《瑟调》则《古公》《善哉行》。《自惜》《善哉行》。为武帝词。《朝日》《善哉行》。《上山》《善哉行》。《朝游》《善哉行》。为文帝词。《我徂》《善哉行》。《赫赫》《善哉行》。为明帝词。此外武帝有《碣石》《大曲·步出夏门行》。文帝有《西山》《大曲·折杨柳行》。《园桃》《大曲·煌煌京洛行》。明帝有《夏门》《大曲·步出夏门行》。《王者布大化》《大曲·棹歌行》。诸篇。陈王所作，被于乐者亦十馀篇。盖乐词以曹氏为最富矣。彦和云三调正声者，三调本周《房中曲》之遗声。《隋书》曰：《清乐》其始即《清商三调》是也。并汉来旧曲，乐器形制并歌章古词，与魏三祖所作者，皆被于史籍。平陈后获之。高祖听之，善其节奏，曰：此华夏正声也。然则三调之为正声，其来已久。彦和云三祖所作为郑曲者，盖讥其词之不雅耳。

傅玄晓音三句　案《晋书·乐志》曰：武帝受命，泰始二年，诏郊祀明堂礼乐权用魏仪，但改乐章，使傅玄为之辞，凡十五篇。又傅玄造四厢乐歌三首，晋鼓吹曲二十二首，舞歌二首，宣武舞歌四首，宣文舞歌二首，𣙙歌五首。

张华新篇二句　案张华作四厢乐歌十六首，晋凯歌二首，黄注但举舞歌，非也。

然杜夔调律至**后人验其铜尺**　《魏志·杜夔传》曰：杜夔以知音为雅乐郎，后以世乱奔荆州。荆州平，太祖以夔为军谋祭酒，参太乐事，因令创制雅乐。夔善钟律，聪思过人。时散郎邓静、尹商善咏雅乐，歌师尹胡能歌宗庙郊祀之曲，舞师冯肃、服养晓知先代诸舞，夔总统研精，远考诸经，近采故事，教习讲肄，备作乐器，绍复先代古乐，皆自夔始也。《晋书·律历志》云：武帝泰始九年，中书监荀勖校太乐，八音不和，始知后汉至魏尺长于古四分有馀，勖乃部著作郎刘恭依《周礼》制尺，所谓古尺也；依古尺更铸铜律吕，以调声韵，以尺量古器，与本铭尺寸无差。又汲郡盗发六国时魏襄王冢，得古周时玉律及钟磬，与新律声韵暗同。于时郡国或得汉时故钟，吹律命之皆应。勖铭所云此尺者，勖新尺也，今尺者，杜夔尺也。荀勖造新钟律，与古器谐韵，时人称其精密，惟散骑侍郎陈留阮咸讥其声高，声高则悲，非兴国之音，亡国之音哀以思，其人困，今声不合雅，思非德正至和之音，必古今尺有长短所致也。会咸病卒，武帝以勖律与周汉器合，故施用之。后始平掘地，得古铜尺，岁久欲腐，不知所出何代，果长勖尺四分，时人服咸之妙，而莫能厝意焉。史臣案勖于千载之外，推百代之法，度数既宜，声韵又契，可谓切密，信而有征也，而时人寡识，据无闻之一尺，忽周汉之两器，雷同臧否，何其谬哉！《世说》称有田父于野地中得周时玉尺，便是天下正尺，荀勖试以校己所治金石丝竹，皆短校一米云。《隋书·律历志》云：炎历将终，而天下大乱，乐工散亡，器法湮灭。魏武始获杜夔，使定音律，夔依当时尺度，权备典章。及晋武受命，遵而不革。至泰始十年，光禄大夫荀勖奏造新度，更铸律吕。又云：诸代尺度一十五等，一周尺、《汉志》王莽时刘歆铜斛尺、后汉建武铜尺、晋泰始十年荀勖律尺，为晋前尺、祖冲之所传铜尺。祖冲之所传铜尺，其铭曰：晋泰始十年。中书考古器，揆校今尺，长四分半，所校古法有七品：一曰姑洗玉律，二曰小吕玉律，三曰西京铜望臬，四曰金错望臬，五曰铜斛，六曰古钱，案《宋史·律历志》曰：古物之有分寸，明著史籍者,惟有古钱而已。七曰建武铜尺。姑洗微强,西京望臬微弱,其余与此尺同。已上皆铭文,凡八十二字。此尺者,勖新尺也,今尺者,杜夔尺也。今以此尺为本,以校诸代尺云。谨案如隋唐《志》言,则勖尺合于周尺,而杜夔尺长于勖尺一尺四分七厘,不合甚明,阮咸讥勖,则《唐志》所谓谬也。荀勖尺不可考。宋王厚之《钟鼎款识》有《古尺铭》曰：周尺、《汉志》镏歆铜尺、后汉建□阮元云：建下一字戈旁可辨,盖武字也。铜尺、晋前尺并同。此则依放晋前尺而铸者,得以求古律名,信而有征。彦和所言,盖亦《唐志》所云雷同臧否者也。又《隋志》云：晋时始平掘地得古铜尺,实比晋前尺一尺三分七毫。

陈思称李延年闲于增损古辞 按李延年当作左延年。左延年,魏时之擅郑声者,见《魏志·杜夔传》。《晋书·乐志》,增损占辞者,取古辞以入乐,增损以就句度也。是以古乐府有与原本违异者,有不可句度者,或者以古乐府不可句度,遂嗤笑以为不美,此大妄也。

陈思王植七哀诗原文《文选》

明月照高楼,流光正徘徊；上有愁思妇,悲叹有余哀。借问叹者谁？言是客子妻；君行逾十年,贱妾常独栖。君若清路尘,妾若浊水泥；浮沉各异势,会合何时谐？愿为西南风,长逝入君怀；君怀良不开,贱妾当何依？

晋乐府所奏楚调怨诗明月篇东阿王词七解

明月照高楼,流光正裴回；上有愁思妇,悲叹有余哀。一解。

借问叹者谁？自云客子妻；夫行逾十载,贱妾常独栖。二解。

念君过于渴，思君剧于饥；君为高山柏，妾为浊水泥。
四解。

　　北风行萧萧，烈烈入我耳；心中念故人，泪堕不能止。
四解。

　　沉浮各异路，会合当何谐？愿作东北风，吹我入君怀。
五解。

　　君怀常不开，贱妾当何依？恩情中道绝，流止任东西。
六解。

　　我欲竟此曲，此曲悲且长；今日乐相乐，别后莫相忘。
七解。

右古乐府与原本违异者。

齐书乐志载公莫辞 《宋志》亦载，而文相连不别，又与此异。

　　吾不见公莫时。吾何婴公来。婴姥时吾。思君去时。吾何零。子以邪。思君去时。思来婴。吾去时毋那。何去吾。上一曲，晋《公莫舞》歌，二十章，无定句，前是第一解，后是第十九二十解，杂有三句，并不可晓解。

右古乐不可句度者。

《晋书·乐志》曰：魏《雅乐》四曲，《驺虞》《伐檀》《文王》皆左延年改其声。晋武泰始五年，《张华》表曰：按魏《上寿食举》诗，及汉氏所施用，其文句长短不齐，未皆合古。盖以依咏弦节，本有因循，而识乐知音，足以制声度曲，法用率非凡近之所能改。二代三京，袭而不变，虽诗章词异，废兴随时，至其韵逗留曲折，皆系于旧，有由然也。据此，是古乐府韵逗有定，故采诗入乐府者，不得不增损其文，以求合古矣。

子建士衡，并有佳篇　案子建诗用入乐府者，惟《置酒》《大曲·

野田黄雀行》、《明月》《楚调怨诗》。及《鼙舞歌》五篇而已,其余皆无诏伶人。士衡乐府数十篇,悉不被管弦之作也。今案《文选》所载,自陈思王《美女篇》以下至《名都篇》,陆士衡乐府十七首,谢灵运一首,鲍明远八首,谢玄晖《鼓吹曲》,乐府所用。缪熙伯以下三家挽诗,皆非乐府所奏。将以乐音有定,以诗入乐,须有增损。至于当时乐府所歌,又皆体近讴谣,音邻郑卫,故昭明屏不入录乎。

轩岐鼓吹,汉世铙挽 《铙歌》即《鼓吹》,《挽歌》即《相和辞》之《蒿里》。戎丧殊事,谓《铙歌》用之兵戎,《挽歌》以给丧事也。

缪袭所致 按缪袭作魏《鼓吹曲》十二首,又《挽歌》一首。

子政品文二句 此据《艺文志》为言,然《七略》既以诗赋与六艺分略,故以歌诗与诗异类。如令二略不分,则歌诗之附诗,当如《战国策》《太史公书》之附入《春秋》家矣。此乃为部类所拘,非子政果欲别歌于诗也。《乐府诗集》分十二类,每类皆有叙说原流之辞,极为详赅,兹移录之略有删节。如左:

郊 庙 歌 辞

自黄帝已后,至于三代,千有余年,而其礼乐之备,可以考而知者,唯周而已。两汉已后,世有制作,其所以用于郊庙朝廷以接人神之欢者,其金石之响,歌舞之容,亦各因其功业治乱之所起,而本其风俗之所由。武帝时,诏司马相如等造《郊祀歌诗》十九章,五郊互奏之。又作《安世歌诗》十七章,荐之宗庙,至明帝乃分乐为四品:一曰《大予乐》,典郊庙上陵之乐。郊乐者,《易》所谓先王以作乐崇德,殷荐上帝。宗庙乐者,《虞书》所谓琴瑟以咏,祖考来格,《诗》云肃雍和鸣,先祖是听也。二曰《雅颂乐》,典六宗社稷之乐。社稷乐者,《诗》所谓琴瑟击鼓,以御田祖,《礼记》曰:乐施于金石,越于音声,用乎宗庙社稷，事乎山川鬼神是也。永平三年，东平王苍造《光武庙登歌》一章，称述功德，而郊祀同用汉歌。魏歌辞不见，疑亦用汉辞也。武帝始命杜夔创定雅乐，时有邓静尹商善训雅歌，歌师尹胡能习宗庙郊祀之曲，舞师冯肃服养晓知先代诸舞，夔总领之。魏复先代古乐，自夔始也。晋武受命，百度草创，泰始二年，诏郊庙明堂礼乐权用魏仪，遵周室肇称殷礼之义，但使傅玄改其乐章而已。永嘉之乱，旧典不存，贺循为太常，始有《登歌》之乐。明帝太宁末，又诏阮孚增益之。至孝武太元之世，郊祀遂不设乐。宋文帝元嘉中，南郊始设《登歌》，庙舞犹阙，乃诏颜延之造《天地郊庙登歌》三篇。大抵依仿晋曲，是则宋初又仍晋也。南齐梁陈，初皆沿袭，后更创制，以为一代之典，元魏宇文，继有朔漠，宣武已后，雅好胡曲，郊庙之乐，徒有其名。隋文平陈，始获江左旧乐，乃调五音，为《五夏》《二舞》《登歌》《房中》等十四调，宾祭用之。唐高祖受禅，未遑改造；乐府尚用前世旧文。武德九年，乃命祖孝孙修定雅乐，而梁陈尽吴楚之音，周齐杂胡戎之伎，于是斟酌南北，考以古音，作为唐乐，贞观二年奏之。安史作乱，咸镐为墟，五代相承，享国不永，制作之事，盖所未暇，朝廷宗庙典章文物，但按故常，以为程式云。

燕 射 歌 辞

《仪礼·燕礼》曰：工歌《鹿鸣》《四牡》《皇皇者华》。笙入，奏《南陔》《白华》《华黍》。乃间歌《鱼丽》，笙《由庚》，歌《南有嘉鱼》，笙《崇邱》，歌《南山有台》，笙《由仪》，遂歌《乡乐》，《周南·关雎》《葛覃》《卷耳》《召南·鹊巢》《采蘩》《采蘋》。此燕飨之有乐也。《大司乐》曰：大射，王出入，奏《王夏》。及射,令奏《驺虞》。诏诸侯以弓矢舞,乐师、燕射,帅射夫以弓矢舞,大师、大射,帅瞽而歌射节。此大射之有乐也。《王制》曰:天子食举以乐。《大司乐》:王大食、三宥,皆令奏钟鼓。汉鲍业曰:古者天子食饮必顺四时五味,故有食举之乐,所以顺天地,养神明,求福应也。此食举之有乐也。《隋书·乐志》曰:汉明帝时,乐有四品,其二曰《雅颂乐》,辟雍飨射之所用。则《孝经》所谓移风易俗,莫善于乐,《礼记》曰:揖让而治天下者,礼乐之谓也。三曰《黄门鼓吹》,天子宴群臣之所用,则《诗》所谓坎坎鼓我,蹲蹲舞我者也。汉有《殿中御饭食举》七曲,《太乐食举》十三曲。魏有雅乐四曲,皆取周诗《鹿鸣》,晋荀勖以《鹿鸣》燕嘉宾,无取于朝,乃除《鹿鸣》旧歌,史作《行礼诗》四篇,先陈三朝朝宗之义,又为《王公上寿酒食举》乐歌诗十二篇。司律陈颀以为三元肇发,群后奉璧,趋步拜起,莫非行礼,岂容别设一乐,谓之行礼? 荀讥《鹿鸣》之失,似悟昔缪,还制四篇,复袭前轨,亦未为得也。终宋齐以来,相承用之。梁陈三朝乐有四十九等,其曲有《相和五引》及《俊雅》等七曲。后魏道武初,正月上日,飨群臣,备列宫县正乐;奏燕赵秦吴之音,五方殊俗之曲,四时飨会亦用之。隋炀帝初,诏秘书省学士定殿前乐,工歌十四曲,终大业之世,每举用焉。其后又因高祖七部乐,乃定以为九部。唐武德初,宴享承隋旧制,用九部乐。贞观中,张文收造宴乐,于是分为十部。后更分宴乐为立坐二部。天宝以后,宴乐西凉龟兹部著录者二百馀曲,而清乐天竺诸部不在焉。

鼓 吹 曲 辞

《鼓吹曲》,一曰《短箫铙歌》。刘瓛定《军礼》云:《鼓吹》,

未知其始也,汉班壹雄朔野而有之矣,鸣笳以和箫声,非八音也。骚人曰鸣篪吹竽是也。蔡邕《礼乐志》曰:汉乐四品,其四曰《短箫铙歌》,军乐也。黄帝、岐伯所作,以建威扬德,风敌劝士也。《周礼·大司乐》曰:王师大献,则令奏《恺乐》。《大司马》曰:师有功,则《恺乐》献于社。郑康成云:兵乐曰恺,献功之乐也。《宋书·乐志》曰:雍门周说孟尝君鼓吹于不测之渊。说者云,鼓自一物,吹自竽籁之属,非箫鼓合奏,别为一乐之名也。然则《短箫铙歌》此时未名《鼓吹》矣。应劭《汉卤簿图》唯有骑执箛。箛即笳,不云鼓吹。而汉世有《黄门鼓吹》。汉《享宴食举乐》十三曲,与魏世鼓吹长箫同。长箫短箫,《伎录》并云丝竹合作,执节者歌。又《建初录》云:《务成》《黄爵》《玄云》《远期》,皆《骑吹曲》,非《鼓吹曲》。此则列于殿庭者名《鼓吹》,今之从行鼓吹为《骑吹》,二曲异也。又孙权观魏武军。作《鼓吹曲》而还,此应是今之《鼓吹》。魏晋世又假诸将帅及牙门曲,盖鼓吹,斯则其时方谓之《鼓吹》矣。按《西京杂记》,汉大驾祠甘泉汾阴,备千乘万骑,有黄门前后部鼓吹,则不独列于殿庭者名《鼓吹》也。汉《远如期》曲辞,有雅乐陈及增寿万年等语,无马上奏乐之意,则《远如期》又非《骑吹曲》也。《晋中兴书》曰:汉武帝时,南越加置交趾、九真、日南、合浦、南海、郁林、苍梧七郡,皆假《鼓吹》。《东观汉记》曰:建初中,班超拜长史,假《鼓吹》麾幢。则《短箫铙歌》,汉时已名《鼓吹》,不自魏晋始也。崔豹《古今注》曰:汉乐有《黄门鼓吹》,天子所以宴乐群臣也。《短箫铙歌》,《鼓吹》之一章尔,亦以赐有功诸侯。然则《黄门鼓吹》《短箫铙歌》,与《横吹曲》得通名《鼓吹》,但所用异尔。汉有《朱鹭》等二十二曲,列于《鼓吹》,谓之《铙歌》。及魏受命,使缪袭改其十二曲,而《君马黄》《雉子班》《圣人出》《临高台》《远如期》《石留》《务成》《玄云》《黄爵》《钓竿》十曲并仍旧名。是时吴亦使韦昭改制十二曲,其十曲亦因之。而魏吴歌辞存者惟十二曲,余皆不传。晋武帝受禅,命傅玄制二十二曲,而《玄云》《钓竿》之名不改旧汉。宋齐并用汉曲,又《充庭》十六曲,梁高祖乃去其四,留其十二,更制新歌,合四时也。北齐二十曲,皆改古名,其《黄爵》《钓竿》略而不用。后周宣帝革前代鼓吹,制为十五曲,并述功德受命以相代,大抵多言战阵之事。隋制,列鼓吹为四部,唐则又增为五部,部各有曲,唯《羽葆》诸曲,备叙功业,如前代之制。齐武帝时,寿昌殿南阁置《白鹭》《鼓吹》二曲,以为宴乐。陈后主常遣宫女习北方箫鼓,谓之《代北》,酒酣则奏之,此又施于燕私矣。

横 吹 曲 辞

《横吹曲》,其始亦谓之《鼓吹》,马上奏之,盖军中之乐也。北狄诸国,皆马上作乐,故自汉以来,北狄乐总归鼓吹署。其后分为二部,有箫笳者为鼓吹,用之朝会道路,亦以给赐;汉武帝时,南越七郡皆给《鼓吹》是也。有鼓角者为《横吹》,用之军中,马上所奏者是也。按《周礼》云:以鼖鼓鼓军事。旧说云:蚩尤氏帅魑魅与黄帝战于涿鹿,帝乃始命吹角为龙鸣以御之。其后魏武北征乌丸,越沙漠,而军士思归,于是减为半鸣,尤更悲矣。《横吹》有双角,即胡乐也。汉博望侯张骞入西域,传其法于西京,唯得《摩诃兜勒》一曲,李延年因胡曲更造新声二十八解,乘舆以为武乐,后汉以给边将。和帝时,万人将军得用之。魏晋以来,二十八解不复具存,而世所用者,有《黄鹄》等十曲,其辞后亡。又有《关山月》等八曲,后世之所加也。后魏之世,有《簸逻回歌》,其曲多可汗之辞,皆燕魏之际鲜卑歌辞,虏音不可晓解,盖《大角曲》也。又《古今乐录》有梁《鼓角横吹曲》,多叙慕容垂及姚泓时战阵之事,其曲有《企喻》等歌三十六曲,总六十六曲,未详时用何篇也。自隋以后,始以《横吹》用之卤簿,与《鼓吹》列为四部,总谓之《鼓吹》:一曰棡鼓部,二曰铙鼓部,三曰大横吹部,四曰小横吹部。唐制,太常鼓吹令掌鼓吹施用调习之节,以备卤簿之仪,而分五部:一曰鼓吹部,二曰羽葆部,三曰铙吹部,四曰大横吹部,五曰小横吹部。

相 和 歌 辞

《宋书·乐志》曰:《相和》,汉旧曲也。丝竹更相和,执节者歌。本一部,魏明帝分为二:《更递》《夜宿》。本十七曲,朱生、宋识、列和等复合之为十三曲。其后晋荀勖又采旧辞,施用于世,谓之《清商三调歌》诗,即沈约所谓因管弦金石造歌以被之者也。《唐书·乐志》曰:《平调》《清调》《瑟调》,皆周《房中曲》之遗声,汉世谓之三调,又有《楚调》《侧调》。《楚调》者,汉《房中乐》也。高帝乐楚声,故《房中乐》皆楚声也。《侧调》者,生于《楚调》,与前三调总谓之《相和调》。《晋书·乐志》曰:凡乐章古辞之存者,并汉世街陌讴谣,《江南可采莲》《乌生十五子》《白头吟》之属。其后渐被于弦管,即《相和》诸曲是也。魏晋之世,相承用之。永嘉之乱,五都沦覆,中朝旧音,散落江左,后魏孝文宣武用师淮汉,收其所获南音,谓之《清商乐》,《相和》诸曲亦皆在焉。所谓《清商》《正声》《相和五调伎》也。凡诸调歌辞,并以一章为一解。《古今乐录》曰:伧歌以一句为一解。中国以一章为一解。王僧虔启云:古曰章,今曰解。解有多少,当时先诗而后声,诗叙事,声成文,必使志尽于诗,音尽于曲,是以作诗有丰约,制解有多少,犹《诗·君子阳阳》两解、《南山有台》五解之类也。又诸调曲皆有辞有声,而大曲又有艳,有趋,有乱。辞者,其歌诗也。声者,若羊吾夷、伊那何之类也。艳在曲之前,趋与乱在曲之后,亦犹吴声西曲前有和,后有送也。又《大曲》十五曲,沈约并列于《瑟调》,又别叙《大曲》于其后,唯《满歌行》一曲,诸调不载,故附见于《大曲》之下。其曲调先后,亦准《技录》为次云。

清 商 曲 辞

《清商乐》,一曰《清乐》。《清乐》者,九代之遗声,其始即《相和三调》是也。并汉魏以来旧曲。其辞皆古调及魏三祖所作。自晋朝播迁,其音分散。苻坚灭凉得之,传于前后二秦。及宋武定关中,因而入南,不复存于内地。自是已后,南朝文物,号为最盛,民俗国谣,亦世有新声,故王僧虔论《三调歌》曰:今之《清商》,实由《铜雀》,魏氏三祖,风流可怀,京洛相高,江左弥重,而情变听改,稍复零落,十数年间,亡者将半,所以追余操而长怀,抚遗器而太息者矣。后魏孝文讨淮汉,宣武定寿春,收其声伎,得江左所传中原旧曲,《明君》《圣主》《公莫》《白鸠》之属,及江南吴歌,荆楚西声,总谓之《清商乐》。至于殿庭飨宴,则兼奏之。遭陈梁亡乱,存者盖寡。及隋平陈得之,文帝善其节奏,曰:此华夏正声也。乃微更损益,去其哀怨,考而补之,以新定律吕,更造乐器,因于太常置清商署以管之,谓之《清乐》。开皇初,始置七部乐,《清商伎》其一也。大业中,炀帝乃定《清乐》《西凉》等为九部,而《清乐》歌曲有《杨伴》,舞曲有《明君》《并契》,乐器有钟、磬、琴、瑟、击琴、琵琶、箜篌、筑、筝、节鼓、笙、笛、箫、篪、埙等十五种,为一部。唐又增吹叶而无埙。隋室丧乱，日益沦缺，唐贞观中，用十部乐，《清乐》亦在焉。至武后时，犹有六十三曲，其后四十四曲存焉。长安以后，朝廷不重古曲，工伎浸缺，能合于管弦者，惟《明君》《杨伴》《晓壶》《春歌》《秋歌》《白雪》《堂堂》《春江花月夜》等八曲，自是乐章讹失，与吴音转远。开元中，刘贶以为宜取吴人使之传习，以问歌工李郎子。郎子北人，学于江都人俞才生，时声调已失，唯《雅歌》曲辞，辞典而音雅。后郎子亡去，《清乐》之歌遂阙。自周隋已来，管弦雅曲，将数百曲，多用西凉乐，鼓舞曲多用龟兹乐，唯琴工犹传楚汉旧声，及《清调》蔡邕五弄，《楚调》四弄，谓之九弄，雅声独存。

舞曲歌辞

《通典》曰：乐之在耳者曰声，在目者曰容，声应乎耳，可以听知，容藏于心，难以貌观，故圣人假干戚羽旄以表其容，发扬蹈厉以见其意，声容选和，而后大乐备矣。《诗序》曰：咏歌之不足，不知手之舞之，足之蹈之。然乐心内发，感物而动，不觉手之自运，欢之至也，此舞之所由起也。舞亦谓之万。《礼记外传》曰：武王以万人同灭商，故谓舞为万。《商颂》曰：万舞有奕，则殷已谓之万矣。《鲁颂》曰：万舞洋洋；《卫诗》曰：公庭万舞；然则万亦舞之名也。《春秋》鲁隐公五年：考仲子之宫，将万焉。因问羽数于众仲。众仲对曰：天子用八，诸侯六，大夫四，士二，舞所以节八音而行八风，故自八而下。于是初献六羽，始用六佾也。杜预以为六六三十六人。而沈约非之，曰：八音克谐，然后成乐，故必以八人为列，自天子至士，降杀以两，两者，减其二列尔。预以为一列又减二人，至士止馀四人，岂复成乐？服虔谓：天子八八，诸侯六八，大夫四八，士二八，于义为允也。周有六舞：一曰帗舞，二曰羽舞，三曰皇舞，四曰旄舞，五曰干舞，六曰人舞。帗舞者，析五彩缯，若汉灵星舞子所持是也。羽舞者，析羽也。皇舞者，杂五彩羽如凤凰色，持以舞也。旄舞者，牦牛之尾也。干舞者，兵舞，持盾而舞也。人舞者，无所执，以手袖为威仪也。《周官》：舞师掌教兵舞，帅而舞山川之祭祀；教帗舞，帅而舞社稷之祭祀；教羽舞，帅而舞四方之祭祀。教皇舞，帅而舞旱暵之事。乐师亦掌教国子小舞。自汉以后，乐舞寖盛，故有雅舞，有杂舞。雅舞用之郊庙朝飨，杂舞用之宴会。晋傅玄又有十馀小曲，名为舞曲。故《南齐书》载其辞云：获罪于天，北徙朔方，坟墓谁扫，超若流光。疑非宴乐之辞，未详其所用也。前世乐饮，酒酣必自起舞，《诗》云屡舞僛僛是也。故知宴乐必舞，但不宜屡尔，讥在屡舞，不讥舞也。汉武帝乐饮，长沙定王起舞，是也。自是以后，尤重以舞相属，所属者代起舞，犹世饮酒以杯相属也。灌夫起舞以属田蚡，晋谢安舞以属桓嗣，是也。近世以来，此风绝矣。

琴 曲 歌 辞

琴者，先王所以修身理性禁邪防淫者也，是故君子无故不去其身。《唐书·乐志》曰：琴，禁也，夏至之音，阴气初动，禁物之淫心也。《世本》曰：琴，神农所造。《广雅》曰：伏羲造琴，长七尺二寸而有五弦。扬雄《琴清英》曰：舜弹五弦之琴，而天下化。《琴操》曰：琴长三尺六寸六分，象三百六十日；广六寸，象六合也。其上曰池，池，水也，言其平；下曰滨，滨，宾也，言其服也。前广后狭，尊卑象也。上圆下方，法天地也。五弦，象五行也。文王武王加二弦，以合君臣之恩。《古今乐录》曰：今称二弦为文武弦是也。应劭《风俗通》曰：七弦，法七星也。《三礼图》曰：琴第一弦为宫，次弦为商，次为角，次为羽，次为徵，次为少宫，次为少商。桓谭《新论》曰：今琴四尺五寸，法四时五行也。崔豹《古今注》曰：蔡邕益琴为九弦，二弦大，次三弦小，次四弦尤小。梁元帝《纂要》曰：古琴名有清角，黄帝之琴也。鸣鹿、循况、滥胁、号钟、自鸣、空中，皆齐桓公琴也。绕梁，楚庄王琴也。绿绮，司马相如琴也。焦尾，蔡邕琴也。凤凰，赵飞燕琴也。自伏羲制作之后，有瓠巴、师文、师襄、成连、伯牙、方子春、钟子期皆善鼓琴，而其曲有畅、有操、有引、有弄。《琴论》曰：和乐而作，命之曰畅，言达则兼济天下，而美畅其道也。忧愁而作，命之曰操，言穷则独善其身，而不失其操也。引者，进德修业，申达之名也。弄者，情性和畅，宽泰之名也。其后西汉时有庆安世者，为成帝侍郎，善为《双凤离鸾》之曲，齐人刘道疆能作《单鳬寡鹤》之弄，赵飞燕亦善为《归风送远》之操，皆妙绝当时，见称后世。若夫心意感发，声调谐应，大弦宽和而温，小弦清廉而不乱，攫之深，醳之愉，斯为尽善矣。古琴曲有五曲、九引、十二操。五曲：一曰《鹿鸣》，二曰《伐檀》，三曰《驺虞》，四曰《鹊巢》，五曰《白驹》。九引：一曰《烈女引》，二曰《伯妃引》，三曰《贞女引》，四曰《思归引》，五曰《霹雳引》，六曰《走马引》，七曰《箜篌引》，八曰《琴引》，九曰《楚引》。十二操：一曰《将归操》，二曰《猗兰操》，三曰《龟山操》，四曰《越裳操》，五曰《拘幽操》，六曰《岐山操》，七曰《履霜操》，八曰《朝飞操》，九曰《别鹤操》，十曰《残形操》，十一曰《水仙操》，十二曰《襄陵操》。自是以后，作者相继，而其义与其所起略可考而知，故不复备论。《乐府解题》曰：《琴操》纪事，好与本传相违，存之者，以广异闻也。

杂 曲 歌 辞

《宋书·乐志》曰：古者天子听政，使公卿大夫献诗，耆艾修之，而后王斟酌焉，然后被于声。于是有采诗之官。周室下衰，官失其职。汉魏之世，歌咏杂兴，而诗之流乃有八名：曰行，曰引，曰歌，曰谣，曰吟，曰咏，曰怨，曰叹，皆诗人六艺之馀也。至其协声律，播金石，而总谓之曲。若夫均奏之高下，音节之缓急，文辞之多少，则系乎作者才思之浅深，与其风俗之薄厚。当是时，如司马相如、曹植之徒，所为文章，深厚尔雅，犹有古之遗风焉。自晋迁江左，下逮隋唐，德泽寖微，风化不竞，去圣逾远，繁音日滋，艳曲兴于南朝，胡音生于北俗，哀淫靡曼之辞，迭作并起，流而忘返，以至陵夷。原其所由，盖不能制雅乐以相变，大抵多溺于郑卫，由是新声炽而雅音废矣。昔晋平公说新声，而师旷知公室之将卑；李延年善为新声变曲，而闻者莫不感动；其后元帝自度曲被声歌，而汉业遂衰；曹妙达等改易新声，而隋文不能救。呜呼，新声之感人如此，是以为世所贵。虽沿情之作，或出一时，而声辞浅迫，少复近古。故萧齐之将亡也，有《伴侣》；高齐之将亡也，有《无愁》；陈之将亡也，有《玉树后庭花》；隋之将亡也，有《泛龙舟》。所谓烦手淫声，争新怨衰，此又新声之弊也。杂曲者，历代有之，或心志之所存，或情思之所感，或宴游欢乐之所发，或忧愁愤怨之所兴，或叙离别悲伤之怀，或言征战行役之苦，或缘于佛老，或出自夷虏，兼收备载，故总谓之杂曲。自秦汉以来，数千百岁，文人才士，作者非一。干戈之后，丧乱之馀，亡失既多，声辞不具，故有名存义亡，不见所起。而有古辞可考者，则若《伤歌行》《生别离》《长相思》《枣下何纂纂》之类是也。复有不见古辞,而后人继有拟述,可以概见其义者,则若《出自蓟北门》《结客少年场》《秦女卷衣》《半渡溪》《空城雀》《齐讴》《吴趋》《会吟》《悲哉》之类是也。又如汉阮瑀之《驾出北郭门》,曹植之《惟汉苦思》《欲游南山》《事君》《车已驾》《桂之树》等行,《盘石》《驱车》《浮萍》《种葛》《吁嗟》《鰕䱇》等篇,傅玄之《云中白子高》《前有一樽酒》《鸿雁生塞北行》《昔思君》《飞尘》《车遥遥》篇,陆机之《置酒》,谢惠连之《晨风》,鲍照之《鸿雁》,如此之类,其名甚多。或因意命题,或学古叙事,其辞具在,故不复备论。

近代曲辞

荀子曰:久则论略,近则论详。言世近而易知也。两汉声诗著于史者,唯《郊祀》《安世》之歌而已。班固以巡狩福应之事,不序郊庙,故馀皆弗论。由是汉之杂曲,所见者少,而《相和铙歌》,或至不可晓解,非无传也,久故也。魏晋以后,讫于梁陈,虽略可考,犹不若隋唐之为详,非独传者加多也,近故也。近代曲者,亦杂曲也,以其出于隋唐之世,故曰近代曲也。隋自开皇初,文帝置七部乐:一曰西凉伎,二曰清商伎,三曰高丽伎,四曰天竺伎,五曰安国伎,六曰龟兹伎,七曰文康伎;至大业中,炀帝乃立清乐、西凉、龟兹、天竺、康国、疏勒、安国、高丽、礼毕,以为九部。乐器工衣,于是大备。唐武德初,因隋旧制,用九部乐。太宗增高昌乐,又造宴乐,而去礼毕曲,其著令者十部:一曰宴乐,二曰清商,三曰西凉,四曰天竺,五曰高丽,六曰龟兹,七曰安国,八曰疏勒,九曰高昌,十曰康国,而总谓之燕乐。声辞繁杂,不可胜纪。凡燕乐诸曲,始于武德贞观,盛于开元天宝。其著录者十四调,二百二十二曲。又有梨园,别教院法,歌乐十一曲,云韶乐二十曲,肃代以降,亦有因造,僖昭之乱,典章亡缺,其所存者,概可见矣。

杂 歌 谣 辞

言者,心之声也,歌者,声之文也,情动于中,而形于言,言之不足,故嗟叹之,嗟叹之不足,故永歌之,歌之为言也,长言之也。夫欲上如抗,下如坠,曲如折,止如槁木,倨中矩,句中钩,累累乎连如贯珠,此歌之善也。《宋书·乐志》曰:黄帝帝尧之世,王化下洽,民乐无事,故因击壤之欢,庆云之瑞,民因以作歌。其后风衰雅缺,而妖淫靡曼之声起。周衰,有秦青者善讴,而薛谈学讴于秦青,未穷青之伎而辞归。青饯之于郊,乃抚节悲歌,声震林木,响遏行云,薛谈遂留不去,以卒其业。又有韩娥者,东之齐,至雍门,匮粮,乃鬻歌假食,既去,馀响绕梁,三日不绝,左右谓其人不去也。过逆旅,人辱之,韩娥因曼声哀哭,一里老幼悲愁,垂涕相对,三日不食,遽追之,韩娥还,复为曼声长歌,一里老幼喜跃抃舞,不能自禁,忘向之悲也,乃厚赠遣之。故雍门之人善歌哭,效韩娥之遗声。卫人王豹处淇川,善讴,河西之民皆化之。齐人绵驹处高唐,善歌,齐之右地亦传其业。前汉有鲁人虞公者,善歌,能令梁上尘起。若斯之类,并徒歌也。《尔雅》曰:徒歌谓之谣。《广雅》曰:声比于琴瑟曰歌。《韩诗章句》曰:有章曲曰歌,无章曲曰谣。梁元帝《纂要》曰:齐歌曰讴,吴歌曰歈,楚歌曰艳,淫歌曰哇,振旅而歌曰凯歌,堂上奏乐而歌曰登歌,亦曰升歌。故歌曲有《阳陵》《白露》《朝口》《鱼丽》《白水》《白雪》《江南》《阳春》《淮南》《驾辩》《渌水》《阳阿》《采菱》《下里》《巴人》,又有《长歌》《短歌》《雅歌》《缓歌》《浩歌》《放歌》《怨歌》《劳歌》等行。汉世有《相和歌》,本出于街陌讴谣,而吴歌杂曲,始亦徒歌。复有《但歌》四曲,亦出自汉世,无弦节作伎,最先一人唱,三人和,魏武帝尤好之。时有宋容华者,清彻好声,善唱此曲,当时特妙。自晋以后不复传,遂绝。凡歌有因地而作者,《京兆邯郸歌》之类是也。有因人而作者,孺子《才人歌》之类是也。有伤时而作者,微子《麦秀歌》之类是也。有寓意而作者,张衡《同声歌》之类是也。宁戚以困而歌,项籍以穷而歌,屈原以愁而歌,卞和以怨而歌,虽所遇不同,至于发乎其情则一也。历世以来,歌谣杂出,今并采录,且以谣谶系其末云。

新 乐 府 辞

乐府之名,起于汉魏,自孝惠帝时夏侯宽为乐府令,始以名官。至武帝乃立乐府,采诗夜诵,有赵代秦楚之讴。则采歌谣被声乐,其来盖亦远矣。凡乐府歌辞,有因声而作歌者,若魏之三调歌诗,因弦管金石造歌以被之是也。有因歌而造声者,若《清商》《吴声》诸曲,始皆徒歌,既而被之弦管是也。有有声有辞者,若《郊庙》《相和》《铙歌》《横吹》等曲是也。有有辞无声者,若后人之所述作,未必尽被于金石是也。新乐府者,皆唐世之新歌也。以其辞实乐府,而未尝被于声,故曰新乐府也。元微之病后人沿袭古题,唱和重复,谓不如寓意古题,刺美见事,犹有诗人引古以讽之义。近代唯杜甫《悲陈陶》《哀江头》《兵车》《丽人》等歌行,率皆即事名篇,无复倚傍,乃与白乐天、李公垂辈谓是为当,遂不复更拟古题。因刘猛李余赋乐府诗,咸有新意,乃作《出门》等行十余篇。其有虽用古题,全无古义,则《出门行》不言离别,《将进酒》特书列女。其或颇同古义,全创新词,则《田家》止述军输,《捉捕》请先蝼蚁,如此之类,皆名乐府。由是观之,自风雅之作以至于今,莫非讽兴当时之事,以贻后世之审音者,傥采歌谣以被声乐,则新乐府其庶几焉。

诠赋第八

自淮南作《离骚传》以来，论赋之言，略可见者数家。宣帝好《楚辞》，征被公，召见，诵读。帝又云：辞赋大者与古诗同义，小者辩丽可喜，譬如女工有绮縠，音乐有郑卫，今世俗犹以此虞说耳目。辞赋比之，尚有仁义风谕、鸟兽草木多闻之观，贤于倡优博弈远矣。此赞扬辞赋之词最先者。其后刘向《艺文志》所载诗赋类论语。扬雄《法言》所载凡数条。桓谭《新论》有《道赋》篇，其他篇载扬子云论赋语数则。班固《两都赋序》。王充《论衡》所载。魏文帝《典论·论文》。陆机《文赋》。皇甫谧《三都赋序》。挚虞，《文章流别》。皆有论赋之词，而以虞所论为最明畅综切，可以与舍人之说互证。其言曰：赋者，敷陈之称，古诗之流也。前世为赋者，有孙卿屈原，尚颇有古诗之义，至宋玉，则多淫浮之病矣。谓《高唐》《神女》《登徒子好色》。《楚辞》之赋，赋之善者也，故扬子称赋莫深于《离骚》；贾谊之作，则屈原俦也。又曰：古之作诗者，发乎情，止乎礼义，情之发，因辞以形之，礼义之旨，须事以明之，故有赋焉，所以假象尽辞，敷陈其志。古诗之赋，以情义为主，以事类为佐；今之赋，以事形为主，以义正为助。情义为主，则言省而文有例矣，事形为本，则言当而辞无常矣。文之烦省，辞之险易，盖由于此。夫假象过大，则与类相远；选辞过壮，则与事相违；辩言过理，则与义相失；丽靡过美，则与情相悖。此四过者，所以背大体而害政教。是以司马迁割相如之浮说,扬雄疾辞人之赋丽以淫。观彦和此篇,亦以丽词雅义,符采相胜,风归丽则,辞翦美稗为要,盖与仲治同其意旨。然自魏晋以降,赋体渐趋整练,而齐梁益之以妍华,江鲍徐庾之作,盖已不逮古处。自唐迄宋,以赋取士,创为律赋,用便程式,命题贵巧,选韵贵险,其规矩则有破题颔接之称,其精彩限于声律对仗之内,故或谓赋至唐而遂绝,由其体尽变,非复古义也。今之作者,亦惟取法挚刘之言,以合六艺之旨斯可矣。

论赋原流,以本师所说为核;评古之作者,以张皋文氏之言为精。兹并录之。

国故论衡辨诗篇一节

《七略》次赋为四家:一曰《屈原赋》,二曰《陆贾赋》,三曰《孙卿赋》,四曰《杂赋》。屈原言情,孙卿效物,《陆贾赋》不可见,其属有朱建、严助、朱买臣诸家,盖纵横之变也。扬雄赋本拟相如,《七略》相如与屈原同次,班生以扬雄赋隶陆贾下,盖误也。然言赋者多本屈原。汉世自贾生《惜誓》上接《楚辞》,《鹏鸟》亦方物《卜居》。而相如《大人赋》,自《远游》流变。枚乘又以《大招》《招魂》散为《七发》。其后汉武帝悼李夫人,班婕妤自悼,外及淮南、东方朔、刘向之伦,未有出屈宋唐景外者也。孙卿五赋,写物效情,《蚕箴》诸篇,与屈原《橘颂》异状。其后《鹦鹉》《焦鹩》,时有方物。及宋世《雪月》《舞鹤》《赭白马》诸赋放焉。《洞箫》《长笛》《琴笙》之属,宜法孙卿,其辞义咸不类。徐幹有《玄猿》《漏卮》《圆扇》《橘赋》诸篇,杂书征引,时见一端,然勿能得全赋,大抵孙卿之体微矣。陆贾不可得从迹。虽然,纵横者赋之本。古者诵诗三百,足以专对,七国之际,行人胥附,折冲于尊俎间,其说恢张谲宇,绅绎无穷,解散赋体,易人心志。

鱼豢称鲁连、邹阳之徒，援譬引类，以解缔结，诚文辩之隽也。武帝以后，宗室削弱，藩臣无邦交之礼，纵横既黜，然后退为赋家，时有解散。故用之符命，即有《封禅》《典引》；用之自述，而《答客》《解嘲》兴，文辞之繁，赋之末流尔也。杂赋有《隐书》者，传曰，谈言微中，亦可以解纷，与纵横稍出入。淳于髡《谏长夜饮》一篇，纯为赋体，优孟诸家顾少耳。东方朔与郭舍人为隐，依以讽谏，世传《灵棋经》诚伪书，然其后渐流为古占繇矣。管辂郭璞为人占皆有韵，斯亦赋之流也。自屈宋以至鲍谢，赋道既极，至于江淹、沈约，稍近凡俗。庾信之作，去古逾远。世多慕《小园》《哀江南》辈，若以上拟《登楼》《闲居》《秋兴》《芜城》之俦，其靡已甚。赋之亡盖先于诗，继隋而后，李白赋《明堂》，杜甫赋《三大礼》，诚欲为扬雄台隶，犹几弗及，世无作者，二家亦足以殿。自是赋遂泯绝。近世徒有张惠言，区区修补，黄山诸赋虽未至，庶几李杜之伦，承千年之绝业，欲以一朝复之，固难能也。然自诗赋道分，汉世为赋者多无诗，自枚乘外，贾谊、相如、扬雄诸公不见乐府五言，其道与故训相俪，故小学亡而赋不作。

七十家赋钞序

凡赋七十家；二百六篇，通人硕士先代所传奇辞奥旨备于此矣；其离章断句，阙佚不属者，与其文不称词者，皆不与是。论曰：赋乌乎统？曰：统乎志。志乌乎归？曰：归乎正。夫民有感于心，有慨于事，有达于性，有郁于情，故有不得已者而假于言。言，象也，象必有所寓，其在物之变化，天之漻漻，地之嚣嚣，日出月入，一幽一昭，山川之崔蜀杳伏，畏佳林木，振硙谿谷，风云雾霭，霆震寒暑，雨则为雪，霜则为露，生杀之代新而嬗故,鸟兽与鱼,草木之华,虫走螳趋,陵变谷易,震动薄蚀,人事老少,生死倾植,礼乐战斗,号令之纪,悲愁劳苦,忠臣孝子,羁士寡妇,愉佚愕骇,有动于中,久而不去,然后形而为言,于是错综其辞,回悟其理,铿锵其音,以求理其志。其在六经则为《诗》,《诗》之义六:曰风、曰赋、曰比、曰兴、曰雅、曰颂。六者之体,主于一而用其五,故风有雅颂焉,《七月》是也;雅有颂焉,有风焉,《烝民》《崧高》是也。周泽衰,礼乐缺,《诗》终三百,文学之统熄,古圣人之美言,规矩之奥趣,郁而不发,则有赵人荀卿,楚人屈原,引词表旨,譬物连类,述三五之道以讥切当世,振尘滓之泽,发芳香之苾,不谋同偶,并名为赋。故知赋者,诗之体也。其后藻丽之士,祖述宪章,厥制益繁,然其能之者为之,愉畅输写,尽其物,和其志,变而不失其宗;其淫宕佚放者为之,则流遁忘反,坏乱而不可纪,谲而不觚,尽而不敛,肆而不衍。比物而不丑,其志洁,其物芳,其道杳冥而有常,此屈平之为也,与风雅为节,涣乎若翔风之运轻椴,洒乎若元泉之出乎蓬莱而注渤澥。及其徒宋玉景差为之,其质也华,然其文也纵而后反,虽然,其与物椎拍宛转,泠汰其义,毂辗于物,芴芴乎古之徒也。刚志决理,锐断以为纪,内而不污,表而不著,则荀卿之为也,其原出乎《礼经》,朴而饰,不断而节。及孔臧、司马迁为之,章约句制,纍不可理,其辞深而旨文,确乎其不颇者也。其趣不两,其于物无劈,若枝叶之附其根本,则贾谊之为也,其原出于屈平,断以正谊,不由其曼,其气则引。费而不可执,循有枢,执有庐,颉滑而不可居,开决宦突,而与万物都,其终也芴莫,而明神为之橐,则司马相如之为也,其原山于宋玉,扬雄恢之,胁入窍出,缘督以及节,其超轶绝尘而莫之控也,其波骇石咢而没乎其无垠也。张衡盰盰,块若有馀,上与造物为友,而下不遗埃壒,虽然,其神也充,其精也苶。及王延寿、张融为之,杰格拮揉,钩乎葝悟,而傀佹可睹,其于宗也无蜕也。平敞通洞,博厚而中,大而无觚,孙而无弧,指事类情,必偶其徒,则班固之为也,其原出于相如,而要之使夷,昌之使明,及左思为之,博而不沉,赡而不华,连犿焉而不可止。言无端厓,傲倪以为质,以天下为郭郭,入其中者,眩震而谬悠之,则阮籍之为也,其原出于庄周,虽然,其辞也悲,其韵也迫,而忧患之辞也。涂泽律切,荟蕟纷悦,则曹植之为也,其端自宋玉,而枥其角,摧其牙,离其本而抑其末,浮华之学者相与尸之,率以变古,曹植则可谓才士矣。揾揾乎改绳墨,易规矩,则佞之徒也,不揹于同,不独于异,其来也曳曳,其往也曳曳,动静与适,而不为固植,则陆机、潘岳之为也,其原出于张衡、曹植,矫矫乎振时之儁也,以情为里,以物为襮,镵雕风云,琢削支鄂,其怀永而不可忘也。垄呼其气,煊乎其华,则谢庄鲍照之为也,江淹为最贤,其原出于屈平《九歌》,其掩抑沉怨,泠泠轻轻,其纵脱浮宕而归大常,鲍照、江淹,其体则非也,其意则是也。逐物而不反,驰荡而驳舛,俗者之囿而古是抗,其言滑滑而不背于涂奥,则庾信之为也,其规步矱骤,则扬雄、班固之所引衔而控辔,惜乎拘于时而不能骋,然而其志达,其思哀,其体之变则穷矣,后之作者,概乎其未之或闻也。

铺采摛文二句　李云:《诗·关雎》正义云:赋者,铺陈今之政教善恶,其言通正变,兼美刺。又云:直陈其事不譬喻者皆赋辞。按彦和铺采二语,特指辞人之赋而言,非六义之本原也。

传云三句　李云:此《毛诗·定之方中》传文。《毛传》登作升。《传》言九能,能赋居第五。

结言捯韵　捯即短之讹别字。逢盛碑：命有悠捯。悠捯即修短也。《广韵》上声二十四缓：短,都管切。捯同上。(焯案：唐人残写本捯正作短。)

荀况礼智　《荀子》赋篇所载六首,《礼》《知》《云》《蚕》《箴》及篇末《佹诗》是也。兹录《礼》《知》二篇于左：

荀卿礼赋

爰有大物,非丝非帛,文理成章；非日非月,为天下明。生者以寿,死者以葬；城郭以固,三军以强；粹而王,驳而伯,无一焉而亡。臣愚不识,敢请之王。案此即彦和所云荀结隐语。下《知赋》同。王曰：此夫文而不采者与？简然易知,而致有理者与？君子所敬,而小人所不者欤？性不得,则若禽兽,性得之,则甚雅似者与？匹夫隆之,则为圣人,诸侯隆之,则一四海者与？致明而约,甚顺而体。请归之礼。礼。此一字题目上文,古书题多在文后,如《礼记·乐记》篇子贡问乐即其例。

荀卿知赋

皇天隆物,以示下民。或厚或薄,常不齐均。桀纣以乱,汤武以贤。涽涽淑淑,皇皇穆穆；周流四海,曾不崇日。君子以修,跖以穿室。大参乎天,精微而无形；行义以正,事业以成；可以禁暴足穷,百姓待之而后宁泰。杨注云：当为泰宁。臣愚不识,愿问其名。曰：此夫安宽平而危险隘者邪？修洁之为亲而杂污之为狄者耶？狄读为逖。甚深藏而外胜敌者邪？法舜禹而能弇迹者耶？行为动静待之而后适者邪？血气之精也,志意之荣也,百姓待之而后宁也,天下待之而后平也,明达纯粹而无疵也,夫是之谓君子之知。知。

宋玉风钓　　宋赋自《楚辞》《文选》所载外,有《讽》《笛》《钓》《大言》《小言》《舞》六篇,皆出《古文苑》。张皋文氏以为皆五代宋人聚敛假托为之。今录《钓赋》一篇于左。

宋 玉 钓 赋

宋玉与登徒子偕受钓于玄洲。张皋文云:篇内洲字皆当作渊,按即蜎渊,亦即蜎螺也。止而并见于楚襄王。登徒子曰:夫玄洲,天下之善钓者也,愿王观焉。王曰:其善奈何?登徒子对曰:夫玄洲钓也,以三寻之竿,八丝之线,饵若蛆蚓,钩如细针,以出三赤之鱼于数仞之水中,岂可谓无术乎,夫玄洲芳水饵,挂缴钩,其意不可得,退而牵行,下触清泥,上则波飏,玄洲因水势而施之,一作善。颉之颃之,委纵收敛,与鱼沉浮,及其解弛也,因而获之。襄王曰:善。宋玉进曰:今察玄洲之钓,未可谓能持竿也,又乌足为大王言乎?王曰:子之所谓善钓者何?玉曰:臣所谓善钓者,其竿非竹,其纶非丝,其钩非针,其饵非蚓也。王曰:愿遂闻之。宋玉对曰:昔尧舜禹汤之钓也,以贤圣为竿,道德为纶,仁义为钩,禄利为饵,四海为池,万民为鱼。钓道微矣,非圣人其孰能察之?王曰:迅哉说乎,其钓不可见也。宋玉对曰:其钓易见,王不察尔。昔殷汤以七十里,周文以百里,兴利除害,天下归之,其饵可谓芳矣。南面而掌天下,历载数百,到今不废,其纶可谓纫矣。群生浸其泽,民氓畏其罚,其钓可谓拘矣。拘一作善。案当为钩。功成而不堕,名立而不改,其竿可谓强矣。若夫竿折纶绝,饵堕钩决,波涌鱼失,是则夏桀商纣不通夫钓术也。今察玄洲之钓也,左挟鱼罶,右执槁竿,立乎潢污之涯,倚乎杨柳之间,精不离乎鱼喙,思不出乎鲋鳊,形容枯槁,神色憔悴,乐不役勤,役,张惠言改为复。获不当费,斯乃水滨之役夫也已,君王又何称焉?王若见张改建。尧舜之洪竿,摅张改擵。汤禹之修纶,投之于渎,视之于海,漫漫群生,孰非吾有?其为大王之钓,不亦乐乎?

陵贾扣其端 贾赋今无可见。

皋翔已下,品物毕图 皋赋今无可见。《汉书·枚皋传》曰:皋为文疾,受诏辄成,故所作者多。枚皋赋百二十篇。见《艺文志》。司马相如善为文而迟,故所作少而善于皋。

草区 草木赋《文选》无载者,兹录魏文帝《柳赋》《西京杂记》载枚乘《柳赋》一篇,恐非真作。以示例。

魏文帝柳赋 并序

昔建安五年,上与袁绍战于官渡,时余从行,始植斯柳,自彼迄今,十五载矣,感物伤怀,乃作斯赋,曰:

伊中域之伟木兮,瑰姿妙其可珍;禀灵祇之笃施兮,与造化乎相因。四气迈而代运兮,去冬节而涉春;彼庶卉之未动兮,固肇萌而先辰。盛德迁而南移兮,星鸟正而司分;应隆时而繁育兮,扬翠叶之青纯。修干偃蹇以虹指兮,柔条阿那而蛇伸;上扶疏而孛散兮,下交错以龙鳞。在余年之二七,植斯柳于中庭;始围寸而高尺,今连拱而九成。嗟日月之逝迈,忽亹亹以遄征;昔周游而处此,今倏忽而弗形;感遗物而怀故,俯怅惘以伤情。于是曜灵次乎鹑首兮,景风扇而增暖;丰宏阴而博覆兮,躬恺悌而弗倦;四马望而倾盖兮,行旅仰而回眷。秉至德而不伐兮,岂简卑而择贱;会精灵而寄生兮,保休体之丰衍;惟尺断而能植兮,信永贞而可羡。此赋王粲亦同作,而文不全。

枚乘兔园 《古文苑》载有此文,错脱不可理。今就其所知,校释如左：

枚乘梁王菟园赋

修竹檀栾(均)　夹池水(句)　旋菟园(均)旋,回旋之旋。　并驰道(句),并,步浪切。　临广衍(均)　长冗坂(均)长冗二字有误。〔故〕即坂字形近讹。径一作正。　〔於〕昆仑(均)於字疑衍。豤即貎字。观相物〔芴焉〕芴即物字之误。焉涉下字而衍。子兮字之误也。有似乎西山(均)　西山陁陁(均)企立之皃。卬一作邵。焉陒陒(均)即陒字。高皃。巻路二字有误。娄移(句)　釜岩垟即纡字加山尔。(炈)涉上而误。巍(均)　(猍)即魏字之误。巍或作峉。归旁俗书或作来。所谓追来为归也。山又讹为巛。焉上有脱。暴摽(句)　激扬尘埃(均)　蛇上有脱文。龙(句)　奏林薄(句)(竹)疑衍。游风踊焉(句)　秋风扬焉(句)满庶庶焉(句)　纷纷纭纭(句)　腾踊云乱(均)　枝叶挐散(均)摩疑当作麾。(来)涉上而形误。幡幡焉(均)　溪谷沙石(句)　洹波沸日(句)　湲(浸)即湲之误。疾东流(句)　连焉辚辚(均)　阴发绪此三字有误。菲菲(句)　闾闾欢扰(句)　昆即鹍之省。鸡蜓一作鹍。蛙(均)即鹍䳿也。仓庚密切(句)　别乌相离(均)　哀鸣其中(均)　若乃附巢塞鹭二字有误。之傅於列树也(句)　椰椰读与莚同。若飞雪之重弗丽三字有误。也(句)　西望西山(句)　山鹊野鸠(均)　白鹭鹎桐(均)盖鹡鸰之误。　鹖鹖鹕雕(均)　翡翠鸰鸰(均)　守盖鸿字之讹。《尔雅》：鸿,天狗。狗戴胜(句)　巢枝穴藏(句)　被塘临谷(句)　声音相闻(句)　啄读为味。尾离属(句)翱翔群熙(均)　交颈接翼(均)　阘而未至(句)　徐飞㪰㪰(句)即飒沓。往来霞水(句)　离散而没合(均)　疾疾纷纷(均)　若尘埃之间白云也(均)　予之幽冥(句)予字有误。究之乎无端(均)　于是晚春早夏(句)　邯郸襄国易阳之容丽人及其燕饰子相子予之讹。读为与。杂逯而往欵焉(均) 车马接轸相属(均) 方轮错毂(均) 接服何字有误。骖(句) 披衔迹躩(均) 自奋增绝(均) 怵惕腾跃(均) 水字有误。意而未发(均) 因更阴逐心相秩奔一作奋。一作夺。六字有误。隧与坠字同。林临河(句) 怒气未竭(均) 羽盖螵繁字之讹。起(均) 被以红沫(句) 濛濛若雨委雪(均) 高冠扁即翩之省。焉(均) 长剑闲《文选·宦者传论》注引作闲。盖读为岸。焉(均) 左挟弹焉(均) 右执鞭焉(均) 日移乐衰(句) 游观西园(均) (之芝)二字并涉下衍。芝成官阙(句) 枝叶荣茂(均) 选择纯熟(句) 挈取含苴(均)读与咀同。 复取其次(均) 顾赐从者(均) 于是从容安步(均) 斗鸡走菟(均) 俯仰钩射(均) 煎熬炮炙(均) 极欢到莫(均) 若乃大郊采桑之妇人兮(均) 袿褟错纤(均) 连袖方路(均) 摩扡陀之讹。长髨(句)髮之讹。 便娟数顾(均)《文选》谢灵运《会吟行》注引作若采桑之女、连裹方路。磨陀长鬠。便娟数顾。 芳温往来(均) 接精之此。 神（连）即神字讹衍。才结(句) 已诺不分(均) 缥併读为绝。进靖(句)请之讹。 傧读如嫔。笑连便(均) 不可忍视也(均) 于是妇人先称曰(句) 春阳生兮萋萋(均) 不才子兮心哀(均) 见嘉客兮不能归(均) 桑萎蚕饥(均) 中人望 奈何(句)

伟长博通 徐干赋，《典论》所称《玄猿》《漏卮》《圆扇》《橘赋》四篇，并皆不存，所存赋无一完者。惟《齐都赋》一篇多见征引，劣能窥其体势耳。

彦伯梗概 袁宏赋存者亦无完篇。《晋书·文苑传》曰：宏有逸才，文章绝美，累迁大司马桓温府记室，温重其文笔，专综书记。后为《东征赋》，赋木列称过江诸名德，而独不载桓彝。时伏滔先在温府，又与宏善，苦谏之，宏笑而不答。温知之，甚忿，而惮宏一时文宗，不欲令人显问。后游青山饮归，命宏同载，众为之惧。行数里，问宏云：闻君作《东征赋》，多称先贤，何故不及家君？答曰：尊公称谓，非下官敢专，既未遑启，不敢显之耳。温疑不实，乃曰：君欲为何辞？宏即答云：风鉴散朗，或搜或引，身虽可亡，道不可陨，宣城之节，信义为允也。温泫然而止。宏赋又不及陶侃，侃子胡奴尝于曲室抽刃问宏曰：家公勋迹如此，君赋云何相忽？宏窘急，答曰：我已盛述尊公，何乃言无？因曰：精金百汰，在割能断，功以济时，职思静乱，长沙之勋，为史所赞。胡奴乃止。从桓温北征，作《北征赋》，皆其文之高者。尝与王珣、伏滔同在温坐，温令滔读其《北征赋》，至闻所传于相传，云获麟于此野，诞灵物以瑞德，奚授体于虞者，疢尼父之洞《世说新语·文学》篇注作恸，是也。泣，似实恸而非假，岂一性《世说》注作物。之足伤，乃致伤于天下。其本至此便改韵，珣云：此赋方传千载，无容率尔。今于天下之后，移韵徙事，然于写送之致，似为未尽。滔云：得益写韵一句，或为小胜。温曰：卿思益之。宏应声答曰：感不绝于余心，愬《世说》作溯。流风而独写。珣诵味久之，谓滔曰：当今文章之美，故当共推此生。

组织之品朱紫二句　本司马相如语意。《西京杂记》载相如之词曰：合纂组以成文，列锦绣以为质，一经一纬，一宫一商，此赋之迹也。若赋家之心，控引天地，总览人物，错综古今，此得之于内，不可得而言传。

辞翦美稊　美当作荑。《孟子·告子》上：不如荑稗。荑与稊通。

颂赞第九

彦和分序文体，自《明诗》以下凡二十篇，韵文之属十又一，《明诗》尽《谐讔》加以《封禅》一首是也。详夫文体多名，难可拘滞，有沿古以为号，有随宜以立称，有因旧名而质与古异，有创新号而实与古同，此唯推迹其本原，诊求其旨趣，然后不为名实玄纽所惑，而收以简驭繁之功。

颂 《周礼·太师》注曰：颂之言诵也，容也；诵今之德，广以美之，是颂本兼诵、容二谊。以今考之，诵其本谊，颂为借字，而形容颂美，又缘字后起之谊也。详《大司乐》以乐语教国子，兴、道、讽、诵、言、语。注曰：倍文曰讽，以声节之曰诵。疏曰：讽是直言无吟咏，诵则非直背文，又为吟咏，以声节之。又瞽矇讽诵诗。注曰：谓暗读之，不依咏也。盖不依咏者，谓虽有声节，而仍不必与琴瑟相应也。然则诵而不依咏，即与歌之依咏者殊，故《左传·襄十四年》云：卫献公使太师歌《巧言》之卒章，师曹请为之，公使歌之，遂诵之。又廿八年《传》云：叔孙穆子食庆封，使工为之诵《茅鸱》。又《毛诗·郑风·子衿》传云：古者教以诗乐，诵之歌之，弦之舞之。据此诸文，是诗不与乐相依，即谓之诵。故《诗·嵩高》《烝民》曰：吉甫作诵。《国语·周语》曰：瞍赋矇颂。《楚语》曰：宴居有师工之诵。《乐师》先郑注云：勑尔瞽，率尔众工,奏尔悲诵。此皆颂字之本谊。及其假借为颂,而旧谊犹时有存。故《太卜》其颂千有二百,卜繇也而谓之诵。《箫章》歈幽颂,风也而谓之颂。瞽矇讽诵诗,后郑曰:讽诵诗,谓廞作柩谥时也,讽诵王治功之诗以为谥,则谥也而亦谓之颂。《九夏》之章,后郑以为颂之类,则乐曲也而亦可谓之颂。此颂名至广之证也。厥后《周颂》以容告神明为体,《商颂》虽颂德,而非告成功;《鲁颂》则与风同流,而特借美名以示异。是则颂之谊,广之则笼罩成韵之文,狭之则唯取颂美功德。至于后世,二义俱行。属前义者,《原田》、《裘绋》、屈原《橘颂》、马融《广成》,本非颂美,而亦被颂名。属后义者,则自秦皇刻石以来,皆同其致;其体或先序而后结韵,或通篇全作散语。如王子渊《圣主得贤臣颂》是。又或变其名而实同颂体,则有若赞,彦和云:颂家之细条。有若祭文,彦和云:中代祭文,兼赞言行。有若铭,《左传》论铭云:天子令德,诸侯计功,大夫称伐。又始皇上泰山刻石颂秦德,而彦和《铭箴》篇称之曰铭。有若箴,《国语》云:工诵箴谏。有若谥,彦和云:传体而颂文。有若碑文,彦和云:标序盛德,昭纪鸿懿,此碑之制也。汉人碑文多称颂,如《张迁碑》名表颂,此施于死者。蔡邕《胡公碑》云:树石作颂。《胡夫人灵表》称颂曰:此施于死者。有若封禅,彦和云:颂德铭勋,乃鸿绩耳。其实皆与颂相类似。此则颂名至广,用之者或以为局,颂类至繁,而执名者不知其同然,故不可以不审察也。《文章流别论》云:颂,诗之美者也。古者圣帝明王功成治定而颂声兴,于是史录其篇,工歌其章,以奏于宗庙,告于鬼神,故颂之所美者,圣王之德也,则以为律吕,或以颂声,或以颂形,其细已甚,非古颂之意。昔班固为《安丰戴侯颂》,史岑为《出师颂》《和熹邓后颂》,与《鲁颂》体意相类,而文辞之异,古今之变也。扬雄《充国颂》,颂而似雅;傅毅《显宗颂》,文与《周颂》相似,而杂以风雅之意。若马融《广成》《上林》之属,纯为今赋之体,而谓之颂,失之远矣。

案仲治论颂,多为彦和所取,然于颂之原流变体有所未尽,故今补述之如上云。

秦政刻文 《史记》载泰山、琅玡台、之罘、东观、碣石、会稽刻石文凡六篇,独不载邹峄山刻石文。案秦刻石文多三句用韵,其后唐元结作《大唐中兴颂》,而三韵辄易,清音渊渊,如出金石,说者以为创体,而不知远效秦文也。

孟坚之序戴侯 文今佚。

武仲之美显宗 并有上颂表,见《文选·责躬诗》注,而文皆佚。

史岑之述熹后 此史岑字孝山,在和帝时,与王莽时谒者史岑字子孝者为二人,见《文选·出师颂》注。《和熹颂》今亦佚。

班傅之北征西巡 班有《窦将军北征颂》《东巡颂》《南巡颂》;傅有《窦将军北征颂》《西征颂》。班之《北征颂》在《古文苑》。

马融之广成上林 《广成颂》见《后汉书》本传。《上林》无可考,黄注谓《上林》疑作《东巡》。案《全后汉文》十八有《东巡颂》佚文,其体颇与《广成》相类。

崔瑗文学 案南阳《文学颂》见《全后汉文》四十五,盖南阳文学官志之颂也。

陈思所缀,以皇子为标 文见《全三国文》十七。

颂惟典雅至**汪洋以树义** 陆士衡《文赋》云:颂优游以彬蔚。李善注云:颂以褒述功美,以辞为上,故优游彬蔚。案彦和此文敷写似赋二句,即彬蔚之说;敬慎如铭二句,即优游之说。

赞 彦和兼举明、助二义,至为赅备。详赞字见经,始于《皋陶谟》。郑君注曰:明也。盖义有未明,赖赞以明之。故孔子赞《易》,而郑君复作《易赞》,由先有《易》而后赞有所施,《书赞》亦同此例。至班孟坚《汉书赞》,亦由纪传意有未明,作此以彰显之,善恶并施。故赞非赞美之意。太史书每纪传世家后称太史公曰,亦同此例。荀悦改名曰论。自是以后,或名序,或名诠,或名评,或名议,或名述,或名奏,要之皆赞体耳。至于历叙纪传用意为韵语,首自太史公《自序》。班孟坚叙传则曰述某纪,范氏则又改用赞名。而后史或全不用赞,如《元史》。或其人非善,则亦不赞。如《明史·流贼传》是。此缘以赞为美,故歧误至斯。刘向《列女传》亦颂孽嬖。史赞之外,若夏侯孝若《东方朔画赞》,则赞为画施;陆士龙《荣启期赞》亦同。郭景纯《山海经》《尔稚图赞》,则赞为图起,此赞有所附者,专以助为义者也。若乃空为赞语以形状事物,则是颂之细条,故亦与颂互称。陆士衡《高祖功臣颂》,与袁彦伯《三国名臣赞》同体。郭景纯《山海经图赞》,与江文通《闽中草木颂》同体。晋左贵嫔有《德柔颂》,又有《德刚赞》,文体如一,而别二名,故知相通。盖始自相如赞荆轲,而其文不传,无以知其结体何若。后之为赞,则大都四言用韵为多,若施之于人事,若戴安道《闲游赞》之属;施之于技艺,若崔子玉《草书势》之属,皆赞之流类矣。赞之精整可法,以范蔚宗《后汉书赞》为最,自云:赞自是吾文之杰思,几无一字虚设。由今观之,自陆袁以降,诚未有美于詹事者也。

伊陟赞于巫咸　《书》序文。

以唱拜为赞　汉代祝文亦称赞飨,见《郊祀志》。

托赞褒贬　谓纪传后《史记》称太史公曰,《汉书》称赞曰之类。

纪传后评　谓太史公《自序》述每篇作意,如云作《五帝本纪》第一之类。《汉书叙传》亦仿其体,而云述《高祖本纪》第一。诸纪传评皆总萃一篇之中,至范氏《后汉书》始散入各纪传后,而称为赞,其用韵则正马班之体也。

景纯注雅　案景纯《尔雅图赞》,《隋志》已亡,严氏可均辑录得四十八篇。

事生奖叹　案奖叹即托赞褒贬,非必纯为赞美。

促而不广 案四言之赞,大抵不过一韵数言而止,惟东方《画赞》稍长。《三国名臣序赞》及汉书偶一换韵。至崔子玉《草书势》,蔡伯喈《篆势》《隶势》,则又似赋矣。唐世司空图《二十四诗品》,造语精警,亦赞之美者也。

议对第二十四

周爰谘谋,是谓为议 《说文》言部:议,语也。论,议也。谋,虑难曰谋。口部:谋事曰咨。然则议亦论事之泛称。

鲁桓务议 李详云:《十驾斋养新录》引惠学士士奇云:按文当作鲁僖预议,预与与同,传写讹为务耳。详按《史记·郦生陆贾列传》云:将相调和,则士务附。《集解》徐广曰:务一作豫,豫与预通,作务未为不可。侃案惠说是,以通假说之转迂。

始立驳议 《后汉书·胡广传》注引《汉杂事》曰:凡群臣之书通于天子者四品,一曰章,二曰奏,三曰表,四曰驳议。

刘歆之辨于祖宗 文载《汉书·韦贤传》。班彪赞曰:考观诸儒之议,刘歆博而笃矣。

张敏之断轻侮 文见《后汉书·张敏传》:建初中,有人侮辱人父者,而其子杀之,肃宗贳其死刑而降宥之。自后因以为比。是时遂定其议,以为轻侮法。敏驳议曰:"夫轻侮之法,先帝一切之恩,不有成科,班之律令也。夫死生之决,宜从上下;犹天之四时,有生有杀。若开相容恕,著为定法者,则是故设奸萌,生长罪隙。孔子曰:民可使由之,不可使知之。《春秋》之义,子不报仇,非子也。而法令不为之减者,以相杀之路不可开故也。今托义者得减,妄杀者有差,使执宪之吏,得设巧诈,非所以导在丑不争之义。又轻侮之比,寖以繁滋,至有四五百科,转相顾望,弥复增甚,难以垂之万载。臣闻师言:救文莫如质。故高帝去烦苛之法,为三章之约。建初诏书有改于古者,可下三公廷尉蠲除其敝。"议寝不省。敏复上疏曰:"臣敏蒙恩,特见拔擢;愚心所不晓,迷意所不解,诚不敢苟随众议。臣伏见孔子垂经典,皋陶造法律,原其本意,皆欲禁民为非也。未晓轻侮之法,将以何禁?必不能使不相轻侮,而更开相杀之路,执宪之吏,复容其奸枉。议者或曰:平法当先论生。臣愚以为天地之性,唯人为贵,杀人者死,三代通制。今欲趣生,反开杀路,一人不死,天下受敝。记曰:利一害百,人去城郭。夫春生秋杀,天道之常;春一物枯即为灾,秋一物华即为异。王者承天地,顺四时,法圣人,从经律。愿陛下留意下民,考寻利害,广令平议,天下幸甚。"和帝从之。

郭躬之议擅诛 事见《后汉书·郭躬传》:永平中,奉车都尉窦固出击匈奴,骑都尉秦彭为副。彭在别屯,而辄以法斩人。固奏彭专擅,请诛之。显宗乃引公卿朝臣平其罪科。躬以明法律召入议。议者皆然固奏。躬独曰:于法,彭得斩之。帝曰:军征,校尉一统于督。彭既无斧钺,可得专杀人乎?躬对曰:一统于督者,谓在部曲也。今彭专军别将,有异于此。兵事呼吸,不容先关督帅;且汉制,棨戟_{章怀注:有衣之戟曰棨。}即为斧钺,于法不合罪。帝从躬议。

程晓之驳校事 文见《魏志·程昱传》:时校事放横。俞正燮《癸巳存稿》七《校事考》曰:魏吴有校事官,似北魏之侯官,明之厂卫。《徐邈传》云:邈为尚书郎,私饮,沉醉。校事赵达问以曹事。邈曰:中圣人。达白之太祖。《高柔传》云:宜阳典农刘龟于禁地内射兔,功曹张京诣校事言之,帝匿京名,收龟付狱。《卫臻传》云:殿中监擅收兰台令史。臻言:校事侵官,类皆如此。《高柔传》云:太祖置校事卢洪赵达等,使察群下。柔言:达等擅作威福。太祖曰:要使刺举而办众事,使贤人君子为之,则不能也。其言任人,可云至畅。《常林传》注:《魏略》云:沐并为成皋令,校事刘肇出过县,遣人呼县吏,求索藁谷。未具之间,肇从人之并阁下,呴呼骂詈。并怒,踊履提刀而出,多从吏卒收肇。肇觉,驱走,具以状闻。有诏,肇为牧司爪牙吏。收并,欲杀之。是黄初中事,其制未革也。晓上疏曰:"《周礼》云:设官分职,以为民极。《春秋传》曰:天有十日,人有十等。愚不得临贤,贱不得临贵,于是并建圣哲,树之风声,明试以功,九载考绩,各修厥业,思不出位。故栾书欲拯晋侯,其子不听;死人横于街路,邴吉不问。上不责非职之功,下不务分外之赏,吏无兼统之势,民无二事之役,斯诚为国要道,治乱所由也。远览典志,近观秦汉,虽官民改易,职司不同,至于崇上抑下,显分明例,其致一也。初无校事之官,干与庶政者也。昔武皇帝大业草创,众官未备,而军旅勤苦,民心不安,乃有小罪,不可不察,故置校事,取其一切耳。然检御有方,不至纵恣也。此霸世之权宜,非帝王之正典。其后渐蒙见任,复为疾病,转相因仍,莫正其本,遂令上察宫庙,下摄众司,官无局业,职无分限,随意任情,唯心所适。法造于笔端,不依科诏,狱成于门下,不顾复讯。其选官属,以谨慎为粗疏,以谖诇为贤能;其治事,以刻暴为公严,以循理为怯弱。外则托天威以为声势,内则聚群奸以为腹心,大臣耻与分势,含忍而不言;小人畏其锋芒,郁结而无告。至使尹摸公于日下肆其奸慝,罪恶之著,行路皆知,纤恶之过,积年不闻。既非《周礼》设官之意,又非《春秋》十等之义也。今外有公卿将校总统诸署,内有侍中尚书综理万机,司隶校尉督察京辇,御史中丞董摄宫殿,皆高选贤才以充其职,申明科诏以督其违。若此诸贤犹不足任,校事小吏益不可信;若此诸贤各思尽忠,校事区区亦复无益。若更高选国士以为校事,则是中丞司隶重增一官耳。若如旧选,尹摸之奸,今复发矣。进退推算,无所用之。昔桑弘羊为汉求利,卜式以为独烹弘羊,天乃可雨。若使政治得失必感天地,臣恐水旱之灾,未必非校事之由也。曹恭公远君子,近小人,《国风》托以为刺；卫献公舍大臣与小臣谋,定姜谓之有罪。纵令校事有益于国,以礼义言之,尚伤大臣之心。况奸回暴露,而复不罢,是衮阙不补,迷而不反也。"于是遂罢校事官。裴注引晓别传曰：晓大著文章,多亡失,今之存者不能十分之一。案如此言,则本文士,故其文峻利允当若是矣。

司马芝之议货钱 黄注引《司马芝传》,今传无其文,盖妄引也。《晋书·食货志》云：魏文帝黄初二年,以谷贵,始罢五铢钱,使百姓以谷帛为市买。至明帝代,钱废谷用既久,人间巧伪渐多,竞湿谷以要利,作薄绢以为市,虽处以严刑,而不能禁也。司马芝等举朝大议,以为用钱非徒丰国,亦所以省刑也,今若更铸五铢,于是为便。帝乃更立五铢钱。案芝议可见者,仅此数言而已。

何曾蠲出女之科 案曾使程咸上议,非曾自撰。全文见《晋书·刑法志》：夫司寇作典,建三等之制；甫侯修刑,通轻重之法。叔世多变,秦立重辟,汉又修之,大魏承秦汉之弊,未及革制,所以追戮已出之女,诚欲珍丑类之族也。然则法贵得中,刑慎过制。臣以为女人有三从之义,无自专之道。出适他族,还丧父母,降其服纪,所以明外成之节,异在室之恩。而父母有罪,追刑已出之女；夫党见诛,又有随姓之戮。一人之身,内外受辟。今女既嫁,则为异姓之妻,如或产育,则为他族之母,此为元恶之所忽,戮无辜之所重；于防则不足惩奸乱之源,于情则伤孝子之心；男不得罪于他族,而女独婴戮于二门,非所以哀矜女弱,蠲明法制之本分也。臣以为在室之女,从父母之诛；既醮之妇,从夫家之罚。宜改旧科,以为永制。

秦秀定贾充之谥 见《晋书·秦秀传》：充舍宗族弗授,而以异性为后,悖礼溺情,以乱大伦。昔鄫养外孙莒公子为后,《春秋》书莒人灭鄫。圣人岂不知外孙亲邪？但以义推之,则无父子耳。

又案诏书,自非功如太宰,始封无后如太宰,所取必已自出如太宰,不得以为比。然则以外孙为后,自非元功显德不之得也。天子之礼,盖可然乎?绝父祖之血食,开朝廷之祸门。案谥法:昏乱纪度曰荒,请谥荒公。秀又有何曾谥议,文繁不备录。

应劭为首 《后汉书·劭传》载有《驳韩卓募兵鲜卑议》及《追驳尚书陈忠活尹次史玉议》二首。

傅咸为宗 《晋书·礼志》载有咸议二社表,及驳成粲议太社,又本传载咸为司隶校尉,劾王戎,御史中丞解结以咸为违典制,越局侵官。咸上书自辨,其辞甚繁。李充《翰林论》曰:严辑。世以傅长虞每奏驳事,为邦之司直矣。

陆机断议 案此谓士衡议《晋书》限断也。李充《翰林论》曰:在朝辨政而议奏书,宜以远大为本。陆机议晋断、亦名其美矣。谀辞正谓谄谀之辞。纪云谀当作腴。未知何据?陆文已阙,《全晋文》九十七。录其数语:三祖实终为臣,故书为臣之事,不可不如传,此实录之谓也。而名同帝王。故自帝王之籍,不可以不称纪,则追王之义。

郊祀必洞于礼四句 论议之文,无一可以陵虚构造,必先习其事,明其委曲,然后可以建言。虚张议论,而无当于理,此乃对策八面锋之技,非独不能与于文章之数,亦言政者所憎弃也。彦和此四语,真扼要之言。

晁错仲舒公孙杜钦 各见《汉书》本传。

及后汉鲁丕,辞气质素 袁宏《后汉纪》十六载丕举贤良方正对策文如左:

政莫先于从民之所欲,除民之所恶,先教后刑,先近后远。君为阳,臣为阴;君子为阳,小人为阴;京师为阳,诸夏为阴;男为阳,女为阴;乐和为阳,忧苦为阴;各得其所,则调和。精诚之所发,无不感浃。吏多不良,在于贱德而贵功欲速,莫能修长久之道。古者贡士,得其人者有庆,不得其人者有让。是以举者务力行,选举不实,咎在刺史二千石。《书》曰:天工人其代之。观人之道,幼则观其孝顺而好学,长则观其慈爱而能教,设难以观其谋,烦事以观其治,穷则观其所守,达则观其所施,此所以核之也。民多贫困者急,急则致寒,寒则万物多不成,去本就末,奢所致也。制度明则民用足。刑罚不中,则于名不正。正名之道,所以明上下之称,班爵号之制,定卿大夫之位也。狱讼不息,在争夺之心不绝。法者,民之仪表也,法正则民愨。吏民凋弊,所从久矣,不求其本,寖以益甚。吏政多欲速,又州官秩卑而任重,竞为小功,以求进取,生凋弊之俗。救弊莫若忠。故孔子曰:孝慈则忠。治奸诡之道,必明慎刑罚。孔子曰:导之以礼乐,而民和睦,说以犯难,民忘其死。死且忘之,况使为礼义乎?

断理必纲 此句与下句一意相足,云摘辞无懦,则此纲字为刚字之讹。《檄移》篇赞:三驱驰刚。彼文本作网,讹为纲,又讹为刚;此则刚反讹纲矣。

书记第二十五

圣贤言辞，总谓之书，书之为体，主言者也 案箸之竹帛谓之书，故《说文》曰：箸也。聿部。传其言语谓之书，故《说文》曰：如也。序。是则古代之文，一皆称之曰书。故外史称三皇五帝之书；又小史以书叙昭穆之俎簋。又小行人及其万民之利害为一书；其礼俗政事教治刑禁之逆顺为一书；其悖逆暴乱作慝犹与欲同。犯顺者为一书；其札丧凶荒厄贫为一书；其康乐和亲安平为一书。据此诸文，知古代凡箸简策者，皆书之类。又记者，疏也。《说文》言部。疋，记也。《说文》疋部。知记之名，亦缘有文字箸之竹帛，不限于告人，故书记之科，所包至广。彦和谓书记广大，衣被事体，笔札杂名，古今多品，是真能悉文章之原者。纪氏乃欲删其繁文，是则有意狭小文辞之封域，乌足与知舍人之妙谊哉？

文翰颇疏 古者使受辞命而行，且简牍繁累，故用书者少。其见于传，与人书最先，实为郑子家。

绕朝赠士会以策 此用服义也。《左传·文十三年·正义》曰：服虔云：绕朝以策书赠士会。若杜注则云：策，马挝，临别授之马挝，并示已所策以示情。《正义》曰：杜不然者，寿余请讫，士会即行，不暇书策为辞；且事既密，不宜以简赠人。传称以书相与，皆云与书，此独不宜云赠之以策，知是马挝。据此，解作马策正是。

而纪氏乃云杜氏误解为书策,毋亦劳于攻杜,而逸于检书乎!

子家与赵宣子书 见《左传·文十七年》。

巫臣之遗子反 见《左传·成七年》。

子产之谏范宣 见《左传·襄二十四年》。

辞若对面 观此益知书所以代言语矣。

七国献书 今可见者,若乐毅《报燕惠王书》、鲁连《遗燕将书》、荀卿《与春申君书》、李斯《谏逐客书》、张仪《与楚相书》皆是。

汉来笔札 札与牍同,东方朔上书用三千牍,是汉时用纸时少,用木时多。又后称尺牍,汉称短书。古诗:袖中有短书,愿寄双飞燕是也。

史迁之报任安 见《汉书·司马迁传》及《文选》。

东方朔之难公孙 李详云:御览四百六引东方朔《与公孙弘书》:盖闻爵禄不相责以礼,同类之游,不以远近为是。故东门先生居蓬户空穴之中,而魏公子一朝以百骑日造之;吕望未尝与文王同席而坐,一朝让以天下半。夫丈夫相知,何必以抚尘而游,垂发齐年,偃伏以日数哉。玩其辞气,似与公孙弘不协,疑即此书矣。

杨恽之酬会宗 见《汉书·杨恽传》及《文选》。

子云之答刘歆 歆书子云答书并见《方言》卷首,兹录于左:

刘子骏与扬雄书从取《方言》

歆叩头。昨受诏,宓当为案。五官郎中田仪与官婢陈徵、骆驿等私通,盗刷越巾事,即其夕竟。归府,诏问三代周秦轩车使者,遒人使者,以岁八月巡路,㠯代语僮谣歌戏,欲颇得其最目。因从事郝隆㝛之有日,篇中但有其目,无见文者。歆先君数为孝成皇帝言:当使诸儒共集训诂,《尔雅》所及,五经所诂不合《尔雅》者,诂籀为病;及诸经氏误字。之属皆无证验,博士至以穷。世之博学者偶有所见，非徒无主而生是也。会成帝未以为意，先君又不能独集。至于歆身，修轨不暇，何偟更创。属闻子云独采集先代绝言，异国殊语，以为十五卷，其所解略多矣，而不知其目。非子云澹雅之才，沉郁之思，不能经年锐精，以成此书，良为勤矣。歆虽不逮当为逮。过庭，亦克识先君雅训，三代之书，蕴藏于家，直不计耳。今闻此，甚为子云嘉之已。今圣朝留心典诰，发精于殊语，欲以验考四方之事，不劳戎马高车之使，坐知偘俗，适子云攘意之秋也。不以是时发仓廪以振赡，殊无为明语。将何独挈之宝，上以忠信明于上，下以置恩于罢朽，所谓知蓄积、善布施也。盖萧何造律，张仓推历，皆成之于帷幕，贡之于王门，功列于汉室，名流于无穷。诚以隆秋之时，收藏不殆，当为急。饥春之岁，散之不疑，故至于此也。今谨使密人奉手书，愿颇与其最目，得使入箓，令圣朝留明明之典。歆叩头叩头。

扬子云答刘歆书

雄叩头。赐命谨至，又告以田仪事。事穷竟白，案显出，甚厚甚厚。田仪与雄同乡里，幼稚为邻，长艾相更，视觇动精采，似不为非者，故举至之，雄之任也。不意淫迹暴于官朝，令举者怀赧而低眉，任者含声而冤舌。知人之德，尧犹病诸，雄何惭焉！叩头叩头。又敕以《殊言》十五卷，君何由知之？谨归诚底里，不敢违信。雄少不师章句，亦于五经之训所不解。尝闻先代輶轩之使，奏籍之书，皆藏于周秦之室。及其破也，遗弃无见之者。独蜀人有严君平、临邛林闾翁孺者，深好训诂，犹见輶轩之使所奏言。翁孺与雄外家牵连之亲，又君平过误，有以私遇，少而与雄也。君平财有千言耳。翁孺梗概之法略有。翁孺往数岁死,妇蜀郡掌氏子,无子而去。而雄始能草文,先作《县邸铭》《玉佴当为王尔。颂》《阶闼铭》及《成都城四隅铭》。蜀人有杨庄者,为郎,诵之于成帝。成帝好之,以为似相如,雄遂以此得外见。《文选·甘泉赋》注无外字。此数者,皆都水君常见也,故不复奏。雄为郎之岁,自奏少不得学,而心好沉博绝丽之文,愿不受三岁之奉,且休脱直事之繇,得肆心广意以自克就。有诏:可不夺奉,令尚书赐笔墨钱六万,得观书于石室。如是后一岁,作《绣补》《灵节》《龙骨之铭》诗三章。成帝好之,遂得尽意。故天下上计孝廉及内郡卫卒会者,雄常把三寸弱翰,赍油素四尺,以问其异语,归即以铅摘次之于椠,二十七岁于今矣。而讻言或交错相反,方覆论思,详悉集之,燕其疑。张伯松不好雄赋颂之文,然亦有以奇之。常为雄道言其父及其先君竦祖敞也。惠典训,属雄以此篇目颇示其成者。伯松曰:是悬诸日月不刊之书也。又言:恐雄为《太玄经》,由鼠坻之与牛场也。如其用,则实五稼饱邦民;否则为牴粪,弃之于道矣。而雄般当为服。之。伯松与雄独何德慧,惠同。而君与雄独何谮隙,而当匿乎哉?其不劳戎马高车,令人君坐怵幕之中,知绝遐异俗之语,典流于昆嗣,言列于汉籍,诚雄心所绝极,至精之所想遘也。扶当为夫。圣朝远照之明,使君衆此。如君之意,诚雄散之之会也。死之日,则今之荣也。不敢有贰,不敢有爱。少而不以行立于乡里,长而不以功显于县官,著训于帝籍,但言词博览,翰墨为事,诚欲崇而就之,不可以遗,不可以息。即君必欲胁之以威,陵之以武,欲令入之于此,此又未定,未可以见,令君又终之,则缢死以从命也。而可且宽假延期,必不敢有爱。雄之所为,得使君辅贡于明朝,则雄无憾,何敢有匿。唯执事图之。长监于规绣之就,死以为小,雄敢行之。谨因还使。雄叩头叩头。

案子云所以不与歆书者,以其书未成,且又无副本,子骏索之甚急,不得不以死自誓也。古人自视其学问如此,不似今人苟自炫价也。

杼轴乎尺素 李详云:语本《文赋》。

崔瑗尤善 《全后汉文》四十五载其《与葛元甫书》佚文,余无所考。

元瑜文举休琏 《文选》并载其书牍。

嵇康绝友 见《文选》。

赵至叙离 见《文选》。

陈遵祢衡 辞并无考。

详总书体,本在尽言 此数语与书之为体主言者也相应。条畅任气,优柔怿怀,书之妙尽之矣。自晋而降,邱迟《与陈伯之书》、徐孝穆《在北与杨仆射求还书》,皆其选也。

张敞奏书于胶后 见《汉书·张敞传》。

公府奏记而郡将奏笺 案笺之与记,随事立名,义非有别。观《文选》所载阮嗣宗《奏记诣蒋公》,诚为公府所施;而任彦升《到大司马记室笺》,则亦公府也。故知汉来二体非甚分析也。

崔寔奏记于公府 今无所考。公府盖谓梁冀,寔尝为大将军冀司马也。《后汉书》本传云:所箸碑、论、箴、铭、答、七言、词、文、表、记、书凡十五篇。是子真之文有记。

黄香奏笺于江夏 无考。但本传叙其所著有笺。

公幹笺记 李详云:《魏志·邢颙传》载桢《谏植书》。又《王粲传》注引《典略》桢《答魏文帝书》,此皆彦和所言丽而规益者。《典论·论文》但以琳瑀书记为隽,而云公幹壮而不密,是不重桢之为文,故言弗论。黄注未悉。案《全后汉文》六十五尚辑有桢《与曹

植书》,又一首,兹并录于左:

与曹植书

明使君始垂哀怜,意眷日崇,譬之疾病,乃使炎农分药,岐伯下针,疾虽未除,就没无恨。何者?以其天医至神,而营魄自尽也。

谏曹植书

家丞邢颙,北土之彦,少秉高节,玄静澹泊,言少理多,真雅士也。桢诚不足同贯斯人,并列左右。而桢礼遇殊特,颙反疏简。私惧观者将谓君侯习近不肖,礼贤不足,采庶子之春华,忘家丞之秋实,为上招谤,其罪不小,以此反侧。

答魏太子丕借廓落带书

桢闻荆山之璞、曜元后之宝;随侯之珠,烛众士之好;南垠之金,登窈窕之首;貂狖《御览》作䍿貂。之尾,缀侍臣之帻。此四宝者,伏朽石之下,潜污泥之中,而扬光千载之上,发彩畴昔之外;亦皆未能初自接于至尊也。夫尊者所服,卑者所修也;贵者所御,贱者所先也。故夏屋初成,而大匠先立其下;嘉禾始熟,而农夫先尝其粒。恨桢所带,无他妙饰,若实殊异,尚可纳也。

《典略》曰:文帝常赐桢廓落带,其后师死,欲借取以为像,因书嘲桢云:夫物因人为贵,故在贱者之手,不御至尊之侧。今虽取之,勿嫌其不反也。桢答云云。案公幹之文,正与子桓之言相酬酢,故补录《典略》之文于此。

刘廙谢恩　见《魏志·刘廙传》,文如左:

　　臣罪应倾宗,祸应覆族。遭乾坤之灵,值时来之运,扬汤止沸,使不焦烂。起烟于寒灰之上,生华于已枯之木。物不答施于天地,子不谢生于父母;可以死效,难用笔陈。

案刘廙文,《魏志》目之为疏。

陆机自理　黄注以《谢平原内史表》当之。案表文有云:崎岖自列,片言只字,不关其间,事踪笔迹,皆可推校,而一朝翻然,更以为罪。是士衡本先有自理之文。检《全晋文》九十七载有《与吴王表》佚文二条,则真自理之词也。文如下:臣以职在中书,诏命所出。臣本以笔札见知。禅文本草,见在中书,一字一迹,自可分别。第二条与谢表所举崎岖自列之辞相应。

盖笺记之分也　谓敬而不慑,所以殊于表;简而无傲,所以殊于书。

簿　《艺文志》杂家有解子簿书。

制　《史记·封禅书》索隐引刘向《七录》云:文帝所造书有《本制》《兵制》《服制》篇。

列　案陆机文有自列之言。又任彦升《奏弹刘整》云:辄摄整亡父旧使到台辩问,列称云云。沈休文《奏弹王源》云:辄摄媒人刘嗣之到台辩问,嗣之列称云云。是列与辞同,即今世谳狱之供招也。

飞伏　晋《天文志》自下而上曰飞。案伏者,匿不见也。

末代从省,易以书翰矣　案南朝称被台符、被尚书符。其时已用纸,今则称为票。符之与票,非奉音转。

王褒髯奴　即《僮约》,见《全汉文》四十二。《古文苑》有章樵注,讹字亦众,今校定如左,文为俳谐之作,非当时果有此约契也。

王 子 渊 僮 约

　　蜀郡王子渊以事到湔，止寡妇杨惠舍。惠有夫时奴名便了，子渊倩奴行酤酒，便了拽大杖上夫冢巅，曰：大夫买便了时，但要守冢，不要为他人男子酤酒。子渊大怒，曰：奴宁欲卖耶？惠曰：奴大忤人，人无欲者。子渊即决买券云云。奴复曰：欲使皆上券，不上券，便了不能为也。子渊曰：诺。券文曰：

　　神爵三年正月十五日，资中男子王子渊从成都安志里女子杨惠买亡夫时户下髯奴便了，决贾万五千。奴当从百役使，不得有二言。晨起早扫，食了洗涤。曰涤为韵。居当穿臼缚帚，截竿凿斗。浚渠缚落，钽园斫陌。杜陴地，刻大枷，屈竹作杷，削治鹿卢。出入不得骑马载车，踑箕同。坐大呧。下床振头，垂钩刈刍，结苇躐纑。孟子曰：妻辟纑。汲水酪，佐酤釀。织履作粗，黏雀张乌。结网捕鱼，缴雁弹凫。登山射鹿，入水捕龟。与鱼部字为韵，今吴音犹然矣。后园纵养雁鹜百馀，驱逐鸱乌，持梢牧猪。种姜养芋，长育豚驹。粪除堂庑，馁食读为饲。马牛。鼓四起坐，夜半益刍。二月春分，被堤杜疆，落桑皮棕。谓取棕木皮也。种瓜作瓠，别茄当为茗。披葱。棕葱为韵。焚槎发芋，垄集破封。日中早蕢，鸡鸣起舂。调治马户，兼落三重。舍中有客，提壶行酤，汲水作餔。醋酤为韵。涤杯整碗，园中拔蒜，断苏切脯。筑肉臛芋，脍鱼炰鳖，烹茶尽具。据此知汉时已饮茶。已而盖藏，关门塞窦。馁猪纵犬，勿与邻里争斗。奴但当饭豆饮水，不得嗜酒。欲饮美酒，唯得染唇渍口，不得倾盂覆斗。不得辰出夜入，交关并偶。舍后有树，当裁作船。上至江州下至湔，主为府掾求用钱。推访亚，访当为纺之讹。贩棕索。亚索为韵。

绵亭买席,往来都洛。洛当为落,渭村落也。当为妇女求脂泽,贩于小市,归都担枲,转出旁蹉。牵犬贩鹅,武都买茶。即茶也。杨氏担荷,往来市聚,慎护奸偷。聚偷为韵。入市不得夷蹲旁卧,恶言丑骂。卧骂为韵。多作刀矛,持入益州,货易羊牛。奴自教精慧,不得痴愚。矛州牛愚为韵。持斧入山,断辂裁辕。若有余残,当作俎几木屐,及犬彘盘。焚薪作炭,磻石薄岸。治舍盖屋,削书代牍。日暮欲归,当送干柴两三束。四月当披,九月当获,十月收豆。稻麦窖芋,南安拾栗采橘,持车载轙。获芋轙为韵。多取蒲苎,益作绳索。雨堕无所为,当编蒋织簿。当作箔。种植桃李,梨柿柘桑,三丈一树,八尺为行。果类相从,纵横相当。果熟收敛,不得吮尝。犬吠当起,惊告邻里。帐门柱户,上楼击鼓。荷盾曳矛,还读为环。落三周。勤心疾作,不得敖游。奴老力索,种莞织席。事讫休息,当舂一石。夜半无事,浣衣当白。若有私钱,主给宾客。奴不得有奸私,事事当关白。奴不听教,当笞一百。索席石白客白百为韵。

读券文适讫,词穷咋索。仡仡叩头,两手自搏。目泪下落,鼻涕长一尺。审如王大夫言,不如早归黄土陌,丘蚓钻额。早知当尔,为王大夫酤酒,真不敢作恶。索搏落尺陌额为韵。

签 签之名盖起于魏。魏文帝为诸王置典签,犹中朝之有尚书尔。

吊亦称谚 案吊唁之唁,与谚语之谚异字。《说文》:唁,吊生也。谚,传言也。音近相假,彦和乃合为一矣。

囊满储中 满当依汪本作漏。储,今《贾子》作贮,作储者当为褚,本字当为貯。《说文》曰:幐也,所以盛米也。幐,载米貯也。幐,陟伦切。《庄子》曰:褚小不可以怀大,即此貯字。囊漏貯中者,遗小而存大也。作贮者亦借字。

掌珠　掌珠不见潘文。傅玄《短歌行》：昔君视我如掌中珠。盖当世常谚矣。或全任质素，或杂用绮丽。观此言，故知文质无常，视其体所宜耳。

既驰金相，亦运木讷　上句谓宜文者，下句谓宜质者。

神思第二十六

神思 自此至《总术》及《物色》篇,析论为文之术,《时序》及《才略》已下三篇,综论循省前文之方。比于上篇,一则为提挈纲维之言,一则为辨章众体之论。诠解上篇,惟在探明征证,榷举规绳而已,至于下篇以下,选辞简练而含理闳深,若非反复疏通,广为引喻,诚恐精义等于常理,长义屈于短词;故不避骈枝,为之销解,如有献替,必细加思虑,不敢以瓶蠡之见轻量古贤也。

文之思也,其神远矣 此言思心之用,不限于身观,或感物而造端,或凭心而构象,无有幽深远近,皆思理之所行也。寻心智之象,约有二端:一则缘此知彼,有斠量之能;一则即异求同,有综合之用。由此二方,以驭万理,学术之原,悉从此出,文章之富,亦职兹之由矣。

神与物游 此言内心与外境相接也。内心与外境,非能一往相符会,当其窒塞,则耳目之近,神有不周;及其怡怿,则八极之外,理无不浃。然则以心求境,境足以役心;取境赴心,心难于照境。必令心境相得,见相交融,斯则成连所以移情,庖丁所以满志也。

陶钧文思,贵在虚静 此与《养气》篇参看。《庄子》之言曰:惟道集虚。《老子》之言曰:三十辐共一毂,当其无,有车之用。尔则宰有者无,制实者虚,物之常理也。文章之事,形态蕃变,条理纷纭,如令心无天游,适令万状相攘。故为文之术,首在治心,迟速纵殊,而心未尝不静,大小或异,而气未尝不虚。执璇机以运大象,处户牖而得天倪,惟虚与静之故也。

积学以储宝 此下四语,其事皆立于神思之先,故曰驭文之首术,谋篇之大端。言于此未尝致功,即徒思无益,故后文又曰:秉心养术,无务苦虑,含章司契,不必劳情。言诚能秉心养术,则思虑不至有困;诚能含章司契,则情志无用徒劳也。纪氏以为彦和练字未稳,乃明于解下四字,而未遑细审上四字之过也。

酌理以富才 凡言理者,必审于形名,检以法式,虚以待物,而不为成说所拘,博以求通,而不为偏智所蔽,如此则所求之理,真信可凭,智力之充,由渐而致。不然,胶守腐论,锢其聪明,此贼其才,非富才之道也。

暨乎篇成,半折心始 半折心始者,犹言仅乃得半耳。寻思与文不能相傅,由于思多变状,文有定形;加以研文常迟,驰思常速,以迟追速,则文歉于意,以常驭变,则思溢于文。陆士衡云:恒患意不称物,文不逮意。与彦和之言若重规叠矩矣。

张衡左思 案二文之迟,非尽由思力之缓,盖叙述都邑,理资实事,故太冲尝从文士问其方俗山川,是则其缓亦半由储学所致也。

淮南崇朝而赋骚 孙君云:高诱《淮南子序》云:诏使为《离骚赋》,自旦受诏,至早食已上。此彦和所本。《汉书》本传云:作传。王逸《楚辞序》云:作章句。传及章句,非崇朝所能就,疑高说得之。

骏发之士至**研虑方定** 此言文有迟速,关乎体性,然亦举其大概而已。世固有为文常速,忽窘于数行,为文每迟,偶利于一首,此由机有通滞,亦缘能有短长,机滞者骤难求通,能长者早有所豫,是故迟速之状,非可以一理齐也。

博而能一 四字最要。不博,则苦其空疏;不一,则忧其凌杂。于此致意,庶思学不致偏废,而罔殆之患可以免。

杼轴献功 此言文贵修饰润色。拙辞孕巧义,修饰则巧义显;庸事萌新意;润色则新意出。凡言文不加点,文如宿构者,其刊改之功,已用之平日,练术既熟,斯疵累渐除,非生而能然者也。

体性第二十七

体性 体斥文章形状,性谓人性气有殊,缘性气之殊而所为之文异状。然性由天定,亦可以人力辅助之,是故慎于所习。此篇大旨在斯。中间较论前世文士情性,皆细觇其文辞而得之,非同影响之论。纪氏谓不必皆塙,不悟因文见人,非必视其义理之当否,须综其意言气韵而察之也。安仁《闲居》《秋兴》,虽托词恬澹,迹其读史至司马安废书而叹,称他人之已工,恨己事之过拙,躁竞之情,露于辞表矣。心声之语,夫岂失之于此乎?原言语所以宣心,因言观人之法,虽圣哲无以易。《易》曰:将叛者其辞惭,中心疑者其辞枝,吉人之辞寡,躁人之辞多,诬善之人其辞游,失其守者其辞屈。是则以言观人,其来旧矣。惟是人情万端,文体亦多迁变,拘者或执一文而定人品,则其说又窒碍而不通。其倒植之甚,则谓名德大贤,文宜则效,神奸巨憝,文宜弃捐,是则刘歆《移让太常》,必不如茂叔《通书》《横渠》两铭之美,而宋明语录,其可模式等于九流之书也,是岂通论乎?唐人柳冕有言:以扬马之才,则不知教化,以荀陈之道,则不知文章,以孔门之教评之,皆非君子也。其说虽过,然犹愈于颂美大儒,谓道高即文美者。今谓人之贤否,不系于文之工拙,而因文实可以窥测其性情,虽非若景之附形,响之随声,而其大齐不甚相远,庶几契中之论,合于彦和因内符外之旨者欤。

才有庸俊四句　才气本之情性,学习并归陶染,括而论之,性习二者而已。

笔区云谲二语　李详云:扬雄《甘泉赋》:于是大厦云谲波诡。孟康曰:言厦屋变巧,乃为云气水波相谲诡也。

风趣刚柔,宁或改其气　风趣即风气,或称风气,或称风力,或称体气,或称风辞,或称意气,皆同一义。气有清浊,亦有刚柔,诚不可力强而致,为文者欲练其气,亦惟于用意裁篇致力而已。《风骨》篇云:深乎风者,述情必显。又云:思不环周,索莫乏气,无风之验。可知情显为风深之符,思周乃气足之证,彼舍情思而空言文气者,荡荡如系风捕景,乌可得哉?《养气》篇说乃养神气以助思理,与此养殊。

体式雅郑,鲜有反其习　体式全由研阅而得,故云鲜有反其习。

数穷八体　八体之成,兼因性习,不可指若者属辞理,若者属风趣也。又彦和之意,八体并陈,文状不同,而皆能成体,了无轻重之见存于其间。下文云:雅与奇反,奥与显殊,繁与约舛,壮与轻乖。然此处文例,未尝依其次第,故知涂辙虽异,枢机实同,略举畛封,本无轩轾也。

典雅者,镕式经诰,方轨儒门者也　义归正直,辞取雅驯,皆入此类。若班固《幽通赋》,刘歆《让太常博士》之流是也。

远奥者,馥采典文,经理玄宗者也　理致渊深,辞采微妙,皆入此类。若贾谊《鵩赋》,李康《运命论》之流是也。

精约者,核字省句,剖析豪厘者也　断义务明,练辞务简,皆入此类。若陆机之《文赋》,范晔《后汉书》诸论之流是也。

显附者,辞直义畅,切理厌心者也　语贵丁宁,义求周浃,皆入此类。若诸葛亮《出师表》,曹冏《六代论》之类是也。

繁缛者,博喻酿采,炜烨枝派者也　辞采纷披,意义稠复,皆入此类。若枚乘《七发》,刘峻《辨命论》之流是也。

壮丽者,高论宏裁,卓烁异采者也　陈义俊伟,措辞雄瑰,皆入此类。扬雄《河东赋》,班固《典引》之流是也。

新奇者,摈古竞今,危侧趣诡者也　词必研新,意必矜创,皆入此类。潘岳《射雉赋》,颜延之《曲水诗序》之流是也。

轻靡者,浮文弱植,缥渺附俗者也　辞须蒨秀,意取柔靡,皆入此类。江淹《恨赋》,孔稚圭《北山移文》之流是也。

八体屡迁　此语甚为明憭。人之为文,难拘一体,非谓工为典雅者,遂不能为新奇,能为精约者,遂不能为繁缛。下文云:八体虽殊,会通合数,得其环中,则辐辏相成。此则撢本之谈,通变之术,异夫胶柱锲舟之见者也。

功以学成　此句已下至才气之大略句,皆言学习之功,虽可自致,而情性所定,亦有大齐,故广举前文以为证。

贾生俊发　《史记·屈贾列传》:廷尉乃言贾生年少,颇通诸子百家之书。文帝召以为博士。是时贾生年二十馀,最为少,每诏令议下,诸老先生不能言,贾生尽为之对。此俊发之征。

长卿傲诞　《文选》谢惠连《秋怀诗》注引嵇康《高士传赞》曰:长卿慢世,越礼自放;犊鼻居市,不耻其状;托疾避患,蔑此卿相;乃赋《大人》,超然莫尚。此傲诞之征。

子云沉寂　《汉书·扬雄传》曰:默而好深湛之思,清静亡为,少嗜欲。此沉寂之征。

子政简易　《汉书·刘向传》曰:向为人简易,无威仪,廉靖乐道,不交接世俗。此简易之征。

孟坚雅懿　《后汉书·班固传》曰:及长,遂博贯载籍,九流百家之言,无不穷究。性宽和容众,不以才能高人。此雅懿之征。

平子淹通　《后汉书·张衡传》曰：通五经，贯六艺，虽才高于世，而无骄尚之情。常从容淡静，不好交接俗人。此淹通之征。

仲宣躁锐　《程器》篇亦曰：仲宣轻脆以躁竞。《魏志·王粲传》曰：之荆州，依刘表，表以粲貌寝而体弱通侻，不甚重也。案此彦和所本。

公幹气褊　《魏志·王粲传》注引先贤行状曰：轻官忽禄，不耽世荣。又引《典略》载桢平视太子夫人甄氏事。谢灵运《拟邺中集诗序》曰：桢卓荦偏人。此气褊之征。

嗣宗俶傥　《魏志·王粲传》曰：籍才藻艳逸，而倜傥放荡，行己寡欲，以庄周为模。此俶傥之征。

叔夜儁侠　《魏志·王粲传》曰：康文辞壮丽，好言老庄而尚奇任侠。注引康《别传》曰：孙登谓康曰：君性烈而才儁。此任侠之证。

安仁轻敏　《晋书·潘岳传》曰：岳性轻躁趋世利，与石崇等谄事贾谧，每候其出，辄望尘而拜。构愍怀文，岳之辞也。此轻敏之征。

士衡矜重　《晋书·陆机传》曰：机服膺儒术，非礼不动。此矜重之征。

才气之大略　此语甚明，盖谓因文观人，亦但得其大端而已。

才有天资，学慎始习　自此已下，言性非可力致，而为学则在人。虽才性有偏，可用学习以相补救。如令所习纰缪，亦足以贼其天性，纵姿淑而无成。贵在省其所短，因其所长，加以陶染之功，庶成器服之美；若习与性乖，则勤苦而罕效，性为习误，则劬劳而鲜成，性习相资，不宜或废。求其无弊，惟有专练雅文，此定习之正术，性虽异而可共宗者也。

风骨第二十八

风骨 二者皆假于物以为喻。文之有意,所以宣达思理,纲维全篇,譬之于物,则犹风也。文之有辞,所以摅写中怀,显明条贯,譬之于物,则犹骨也。必知风即文意,骨即文辞,然后不蹈空虚之弊。或者舍辞意而别求风骨,言之愈高,即之愈渺,彦和本意不如此也。绅诵斯篇之辞,其曰怊怅述情,必始于风,沉吟铺辞,莫先于骨者,明风缘情显,辞缘骨立也。其曰辞之持骨,如体之树骸,情之含风,犹形之包气者,明体恃骸以立,形恃气以生;辞之于文,必如骨之于身,不然则不成为辞也,意之于文,必若气之于形,不然则不成为意也。其曰结言端直,则文骨成焉,意气骏爽,则文风清焉者,明言外无骨,结言之端直者,即文骨也;意外无风,意气之骏爽者,即文风也。其曰丰藻克赡,风骨不飞者,即徒有华辞,不关实义者也。其曰缀虑裁篇,务盈守气者,即谓文以命意为主也。其曰练于骨者,析辞必精,深乎风者,述情必显者,即谓辞精则文骨成,情显则文风生也。其云瘠义肥辞,无骨之征,思不环周,无气之征者,明治文气以运思为要,植文骨以修辞为要也。其曰情与气偕,辞共体并者,明气不能自显,情显则气具其中,骨不能独章,辞章则骨在其中也。综览刘氏之论,风骨与意辞,初非有二。然则察前文者,欲求其风骨,不能舍意与辞也;自为文者,欲健其风骨,不能无注意于命意与修辞也。风骨之名,比也;意辞之实,所比也。今舍其实而求其名,则适令人迷惘而不得所归宿,海气之楼台,可以践历乎?病眼之空花,可以把玩乎?彼舍意与辞而别求风骨者,其亦海气、空花之类也。彦和既明言风骨即辞意,复恐学者失命意修辞之本而以奇巧为务也,故更揭示其术曰:镕铸经典之范,翔集子史之衢,洞晓情变,曲昭文体,然后能孚甲新意,雕画奇辞。昭体故意新而不乱,晓变故辞奇而不黩。明命意修辞,皆有法式,合于法式者,以新为美,不合法式者,以新为病。推此言之,风藉意显,骨缘辞章,意显辞章,皆遵轨辙,非夫弄虚响以为风,结奇辞以为骨者矣。大抵舍人论文,皆以循实反本酌中合古为贵,全书用意,必与此符。《风骨》篇之说易于凌虚,故首则诠释其实质,继则指明其途径,仍令学者不致迷惘,其斯以为文术之圭臬者乎。

捶字坚而难移 此修辞合法之效。大抵剪截浮词之法,宜令篇无盈句,句无赘字,字在句中,必有其用,非苟以足句也;句在篇中,必有其用,非苟以充篇也。然唐以前文,有不工之文,少不工之句;唐以后之文或工矣,而句或不工。此其故,关于文体者有之,关于捶字之术亦有之也。

结响凝而不滞 此缘意义充足,故声律畅调,凝者不可转移。声律以凝为贵,犹捶字以坚为贵也。不滞者,由思理圆周,天机骏利,所以免于滞涩之病也。

潘勖锡魏 此赞其选辞之美。

相如赋仙三句 此赞其命意之高。李云:《汉书·叙传》述司马相如,蔚为辞宗,赋颂之首。

魏文称文以气为主至**殆不可胜** 案文帝所称气,皆气性之气,此随人而殊,不可力强者,惟为文命意,则可以学致。刘氏引此以见文因性气,发而为意,往往与气相符耳。黄氏谓气是风骨之本,未为大缪,盖专以性气立言也。纪氏驳之谓气即风骨,更无本末。今试释其辞曰:风骨即意与辞,气即风骨,故即意与辞,斯不可通矣。

风骨乏采　纪曰:风骨乏采,是随笔开合以尽意,此评是也。骨即指辞,选辞果当,焉有乏采之患乎?

镕铸经典之范至**纰缪而成经矣**　此乃研练风骨之正术,必如此而后意真辞雅,虽新非病。纪氏谓:补此一段,以防纵横逾法之弊。非也。

文术多门已下　此言命意选辞,好尚各异,惟有师古酌中,庶无疵咎也。能研诸虑,何远之有?指明风骨之即辞意,欲美其风骨者,惟有致力于修辞命意也。

通变第二十九

通变 此篇大旨，示人勿为循俗之文，宜反之于古。其要语曰：矫讹翻浅，还宗经诰，斯斟酌乎质文之间，而隐括乎雅俗之际，可与言通变矣。此则彦和之言通变，犹补偏救弊云尔。文有可变革者，有不可变革者。可变革者，遣辞捶字，宅句安章，随手之变，人各不同。不可变革者，规矩法律是也，虽历千载，而粲然如新，由之则成文，不由之而师心自用，苟作聪明，虽或要誉一时，徒党猥盛，曾不转瞬而为人唾弃矣。拘者规摹古人，不敢或失，放者又自立规则，自以为救患起衰。二者交讥，与不得已，拘者犹为上也。彦和此篇，既以通变为旨，而章内乃历举古人转相因袭之文，可知通变之道，惟在师古，所谓变者，变世俗之文，非变古昔之法也。自世人误会昌黎韩氏之言，以为文必己出；不悟文固贵出于己，然亦必求合于古人之法，博览往载，熟精文律，则虽自有造作，不害于义，用古人之法，是亦古人也。若夫小智自私，訏言欺世，既违故训，复背文条，于此而欲以善变成名，适为识者所嗤笑耳。彦和云：夸张声貌，汉初已极，自兹厥后，循环相因，虽轩翥出辙，而终入笼内。明古有善作，虽工变者不能越其范围，知此，则通变之为复古，更无疑义矣。陆士衡曰：收百世之阙文，采千载之遗韵，谢朝华于已披，启夕秀于未振。此言通变也。普辞条与文律，良余膺之所服，练世情之常尤，识前修之所淑。此言师古也。抽绎其意，盖谓法必师古，而放言造辞，宜补苴古人之阙遗。究之美自我成，术由前授，以此求新，人不厌其新，以此率旧，人不厌其旧。天动星回，辰极无改；机旋轮转，衡轴常中；振垂弛之文统，而常为世师者，其在斯乎？

文辞气力，通变则久 放言遣辞，运思致力，即一身前后所作，亦不能尽同。前篇云：八体虽殊，变通会适，得其环中，则辐辏相成是也。况于规摹往文，自宜斟酌损益，非如契舟胶柱者之所为明矣。

数必酌于新声 新旧之名无定，新法使人厌观，则亦旧矣；旧法久废，一旦出之尘薶之中，加以拂拭之事，则亦新矣。变古乱常而欲求新，吾未见其果能新也。

通变之术 详在后文，所谓规略文统，宜宏大体，先博览以精阅，总纲纪以摄契，然后凭情以会通，负气以适变是也。体统既昧，虽有巧心，亦谓之不善变矣。

黄歌断竹 《断竹歌》见《吴越春秋》，不云作于黄世。彦和《章句》篇又云：《断竹》黄歌，乃二言之始。以为本于黄世，未知何据？

唐歌在昔 案上文黄歌《断竹》，下文虞歌《卿云》，夏歌《雕墙》。《断竹》《卿云》《雕墙》，皆歌中字，此云在昔，独无所征，倘昔为蜡之讹与？《礼记》载伊耆氏蜡辞。伊耆氏，或云尧也。

夏歌雕墙 此伪古文《五子之歌》辞。

序志述时，其揆一也 据此，知质文之变，独在文辞。至于实际，古今所均也。

黄唐淳而质六句 此数句犹《礼记》云：虞夏之质，不胜其文；商周之文，不胜其质。乃比较之词，意谓后逊于前，非谓楚汉以下，必无可师也。且彦和之所谓侈艳、浅绮、讹新，今日视之，皆为佳制,故知所谓侈者,视汉于周之言,所谓讹者,视宋于魏之言。彦和生当齐世,故欲矫当时习尚,反之于古,岂知文术随世益衰,后世又不逮宋远甚。或据彦和此言,以为楚汉尚不能无弊,于是侈言旁搜远绍,自东京以下,鲜有不遭攻射者,此则误会前旨之过,彦和不为此曹任咎也。

参伍因革,通变之数也 彦和此言,非教人直录古作,盖谓古人之文,有能变者,有不能变者,有须因袭者,有不可因袭者,在人斟酌用之。大抵初学作文,于摹拟昔文,有二事当知:第一,当取古今相同之情事而试序之。譬如序山川,写物色,古今所同也。远视黄山,气成葱翠,适当秋日,草尽萎黄,古作此言,今亦无能异也。第二,当知古今情事有相殊者,须斟酌而为之。或古无而今有,则不宜强以古事傅会,施床垂脚,必无危坐之仪,髡首戴帽,必无免冠之礼,此一事也。或古有而今无,亦不宜以今事比合,古上书曰死罪,而后世但曰跪奏,古允奏称制曰可,而后世但曰照所请,若改以就古,则于理甚乖,此二事也。必于古今同异之理,名实分合之原,旁及训故文律,悉能谙练,然后拟古无优孟之讥,自作无刻楮之诮,此制文之要术也。

唐刘子玄《模拟》篇,谓模拟之体,厥途有二:一曰貌同而心异,二曰貌异而心同。貌异心同,模拟之上,貌同心异,模拟之下,卒之以拟古不类为难之极。窃谓模拟自以脱化为贵,次之则求其的当,虽使心貌俱同,固无讥也。若乃貌同心异,固不可谓之模拟,但能谓之纰缪。子玄所举杀大夫、称我、袭忘亡、书帝正、称何以书数条,要皆于昔文未尝细核,率尔仿效,固宜其被诮也。

先博览以精阅 博精二字最要,不博则师资不广,不精则去取不明,不博不精而好变古,必有陷泞之忧矣。

龌龊于偏解,矜激于一致 彦和此言,为时人而发,后世有人高谈宗派，垄断文林，据其私心以为文章之要止此，合之则是，不合则非，虽士衡、蔚宗，不免攻击，此亦彦和所讥也。嘉定钱君有与人书一首，足以解拘挛，攻顽顿，录之如左：

钱晓徵与友人书《潜研堂文集》三十五

前晤吾兄，极称近日古文家以桐城方氏为最。予取方氏文读之，其波澜意度，颇有韩欧阳王之规模，视世俗冗蔓揉集之作，固不可同日语，惜乎其未喻古文之义法尔。夫古文之体，奇正浓淡详略，本无定法，要其为文之旨有四：曰明道，曰经世，曰阐幽，曰正俗。有是四者，而后以法律约之，夫然后可以羽翼经史而传之天下后世。至于亲戚故旧聚散存没之感，一时有所寄托而宣之于文，使其姓名附见集中者，此其人事迹原无足传，故一切阙而不载，非本有所纪而略之，以为文之义法如此也。方氏以世人诵欧公王恭武、杜祁公诸志，不若黄梦升、张子野诸志之熟，遂谓功德之崇，不若情辞之动人心目。然则使方氏援笔而为王、杜之志，亦将舍其勋业之大者，而徒以应酬之空言了之乎？六经三史之文，世人不能尽好，间有读之者，仅以供场屋饾饤之用，求通其大义者罕矣。至于传奇之演绎，优伶之宾白，情辞动人心目，虽里巷小夫妇人无不为之歌泣者，所谓曲弥高则和弥寡，读者之熟与不熟，非文之有优劣也。以此论文，其与孙𨱇、林云铭、金人瑞之徒何异？文有繁有简，繁者不可减之使少，犹之简者不可使之增多；《左氏》之繁，胜于公谷之简，《史记》《汉书》，互有繁简，谓文未有繁而能工者，非通论也。太史公，汉时官名，司马谈父子为之，故《史记自序》云：谈为太史公。又云：卒三岁，而迁为太史公。《报任安书》亦自称太史公。公非尊其父之称，而方以为称太史公曰者皆褚少孙所加。《秦本纪》《田单传》别出它说,此史家存类之法,《汉书》亦间有之,而方以为后人所附缀。韩退之撰《顺宗实录》,载陆贽《阳城传》,此实录之体应尔,非退之所创,方亦不知而妄讥之。盖方所谓古文义法者,特世俗选本之古文,未尝博观而求其法也。法且不知,而义于何有!昔刘原父讥欧阳公不读书,原父博闻诚胜于欧阳,然其言未免太过。若方氏乃真不读书之甚者。吾兄特以其文之波澜意度近于古而喜之,予以为方所得者,古文之糟魄,非古文之神理也。王若霖言:灵皋以古文为时文,却以时文为古文。方终身病之。若霖可谓洞中垣一方症结者矣。泥泞不及面质,聊述所怀,吾兄以为然否?

定势第三十

古今言文势者,提封有三焉:其一以为文之有势,取其盛壮,若飘风之旋,奔马之驰,长河大江之倾注,此专标慷慨以为势,然不能尽文而有之。其次以为势有纡急,有刚柔,有阴阳向背,此与徒崇慷慨者异撰矣。然执一而不通,则谓既受成形,不可变革;为春温者,必不能为秋肃,近强阳者,必不能为惨阴。为是取往世之文,分其条品,曰:此阳也,彼阴也,此纯刚而彼略柔也。一夫倡之,众人和之。噫!自文术之衰,亹言文势者,何其纷纷耶!吾尝取刘舍人之言,审思而熟察之矣。彼标其篇曰《定势》,而篇中所言,则皆言势之无定也。其开宗也,曰:因情立体,即体成势。明势不自成,随体而成也。申之曰:机发矢直,涧曲湍回,自然之趣;激水不漪,槁木无阴,自然之势。明体以定势,离体立势,虽玄宰哲匠有所不能也。又曰:循体成势,因变立巧。明文势无定,不可执一也。举桓谭以下诸子之言,明拘固者之有所谢短也。终讥近代辞人以效奇取势,明文势随体变迁,苟以效奇为能,是使体束于势,势虽若奇,而体因之弊,不可为训也。《赞》曰:形生势成,始末相承。明物不能有末而无本,末又必自本生也。凡若此者,一言蔽之曰,体势相须而已。为文者信喻乎此,则知定势之要,在乎随体,譬如水焉,槃圆则圆,盂方则方;譬如雪焉,因方为圭,遇圆成璧,焉有执一定之势，以御数多之体，趣捷狭之径，以偭往旧之规，而阳阳然自以为能得文势，妄引前修以自尉荐者乎！是故彦和之说，视夫专标文势妄分条品者，若山头之与井底也，视徒知崇慷慨者，相去乃不可以道里计也。虽然，势之为训隐矣。不显言之，则其封略不憭，而空言文势者，得以反唇而相稽。《考工记》曰：审曲面势。郑司农以为审察五材曲直、方面、形势之宜。是以曲、面、势为三，于词不顺。盖匠人置槷以县，其形如柱，倕之平地，其长八尺以测日景，故势当为槷，槷者臬之假借。《说文》：臬，射埻的也。其字通作艺。《上林赋》：弦矢分，艺殪仆。是也。本为射的，以其端正有法度，则引申为凡法度之称。《书》曰：汝陈时臬事。《传》曰：陈之艺极。作臬、作槷、作执，蓺即执之后出字。一也。言形势者，原于臬之测远近，视朝夕，苟无其形，则臬无所加，是故势不得离形而成用。言气势者，原于用臬者之辨趣向，决从违，苟无其臬，则无所奉以为准，是故气势亦不得离形而独立。文之有势，盖兼二者之义而用之。知凡势之不能离形，则文势亦不能离体也；知远近朝夕非势所能自为，则阴阳刚柔亦非文势所能自为也；知趣向从违随乎物形而不可横杂以成见，则为文定势，一切率乎文体之自然，而不可横杂以成见也。惟彦和深明势之随体，故一篇之中，数言自然，而设譬于织综之因于本地，善言文势者，孰有过于彦和者乎？若乃拘一定之势，驭无穷之体，在彦和时则有厌黩旧式，颠倒文句者；其后数百年，则有磔裂章句，朘废声均者，彼皆非所明而明之，知文势之说者所不予也。要之文有坦涂而无门户，彼矜言文势，拘执虚名，而不究实义，以出于己为是，以守旧为非者，盖亦研撑彦和之说哉。

并总文势至**刚柔虽殊，必随时而适用** 此明言迭用柔刚，势必加以铨别，相其所宜，既非执一而鲜通，亦非杂用而不次。

宫商朱紫，随势各配 宫商谓声律，朱紫谓采藻。观此，知文质之用,都无定准。

章表奏议已下六句　《典论·论文》与《文赋》论文体所宜,与此可以参观。

刘桢语　文之体指实强弱句有误。细审彦和语,疑此句当作文之体指贵强,下衍弱字。

陆云语　尚势,今本《陆士龙集》作尚洁(潔),盖草书势絜形近,初讹为絜,又讹为潔也。

情采第三十一

舍人处齐梁之世，其时文体方趋于缛丽，以藻饰相高，文胜质衰，是以不得无救正之术。此篇旨归，即在挽尔日之颓风，令循其本，故所讥独在采溢于情，而于浅露朴陋之文未遑多责，盖揉曲木者未有不过其直者也。虽然，彦和之言文质之宜，亦甚明憭矣。首推文章之称，缘于采绘，次论文质相待，本于神理，上举经子以证文之未尝质，文之不弃美，其重视文采如此，曷尝有偏畸之论乎？然自义熙以来，力变过江玄虚冲淡之习而振以文藻，其波流所荡，下至陈隋，言既隐于荣华，则其弊复与浅露朴陋相等，舍人所讥，重于此而轻于彼，抑有由也。综览南国之文，其文质相剂，情韵相兼者，盖居泰半，而芜辞滥体，足以召后来之谤议者，亦有三焉：一曰繁，二曰浮，三曰晦。繁者，多征事类，意在铺张；浮者，缘文生情，不关实义；晦者，窜易故训，文理迂回。此虽笃好文采者不能为讳。爱而知恶，理固宜尔也。或者因彦和之言，遂谓南国之文，大抵佻艳居多，宜从摒弃，而别求所谓古者，此亦失当之论。盖佻艳诚不可宗，而文采则不宜去；清真固可为范，而朴陋则不足多。若引前修以自张，背文质之定律，目质野为淳古，以独造为高奇，则又堕入边见，未为合中。方乃标树风声，传诒来叶，借令彦和生于斯际，其所讥当又在此而不在彼矣。故知文质之中，罕能不越，或失则过质，或失则过文。救质者不得不多其文,救文者不得不隆其质,刍狗有时而见弃,澼纩有时而利师,善学者高下在心,进退可法,何必以井蛙夏虫自处,而妄诮冰海也哉?若夫言与志反,刘氏所呵,察此过愆,非昔文所独具。夫志深轩冕而泛咏皋壤,心缠几务而虚述人外,此之谖诈,诚可笑嗤,还视后贤,岂无其比?博弈饮酒而高言性道,服食炼药而呵骂浮屠,乞丐权门而夸张介操,不窥章句而傅会六经,从政无闻而空言经济,行才中人而力肩道统,此虽其文过于颜、谢、庾、徐百倍,犹谓之采浮华而弃忠信也,焉得谓文胜之世士有夸言,质胜之时人皆笃论哉?盖闻修辞立诚,大《易》之明训,无文不远,古志之嘉谟。称情立言,因理舒藻,亦庶几彬彬君子。孰谓中庸不可能哉?

镕裁第三十二

作文之术,诚非一二言能尽,然挈其纲维,不外命意修词二者而已。意立而词从之以生,词具而意缘之以显,二者相倚,不可或离。意之患二:曰杂,曰竭。竭者,不能自宣;杂者,无复统序。辞之患二:曰枯,曰繁。枯者,不能求达;繁者,徒逐浮芜。枯竭之弊,宜救之以博览;繁杂之弊,宜纳之于镕裁。舍人此篇,专论其事。寻镕裁之义,取譬于范金制服;范金有齐,齐失则器不精良;制服有制,制谬而衣难被御;洵令多寡得宜,修短合度,酌中以立体,循实以敷文,斯镕裁之要术也。然命意修词,皆本自然以为质,必知骈拇悬疣,诚为形累,凫胫鹤膝,亦由性生。意多者未必尽可訾謷,辞众者未必尽堪删剟;惟意多而杂,词众而芜,庶将施以炉锤,加之剪截耳。又镕裁之名,取其合法,如使意郁结而空简,辞枯槁而徒略,是乃以铢黍之金,铸半两之币,持尺寸之帛,为缝掖之衣,必不就矣。或者误会镕裁之名,专以简短为贵,斯又失自然之理,而趋狭隘之途者也。

草创鸿笔已下八语,亦设言命意谋篇之事,有此经营。总之意定而后敷辞,体具而后取势,则其文自有条理。舍人本意,非立一术以为定程,谓凡文必须循此所谓始中终之步骤也,不可执词以害意。舍人妙达文理,岂有自制一法,使古今之文必出于其道者哉？近世有人论文章命意谋篇之法，大旨谓一篇之内，端绪不宜繁多，譬如万山旁薄，必有主峰，龙衮九章，但挈一领，否则首尾冲决，陈义芜杂，其言本于舍人而私据以为戒律，蔽者不察，则谓文章格局皆宜有定，譬如案谱着棋，依物写貌，戕贼自然以为美，而举世莫敢非之，斯未可假借舍人以自壮也。章实斋《古文十弊》篇有一节论文无定格，其论闳通，足以药拘挛之病，与刘论相补苴，兹录于左：

古文十弊一节

古人文成法立，未尝有定格也。传人适如其人，述事适如其事，无定之中有定焉。知其意者，旦暮遇之，不知其意，袭其形貌，神弗肖也。往余撰《和州志·故给事成性传》，性以建言著称，故采录其奏议。然性少遭乱离，全家被害，追悼先世，每见文辞，而《猛省》之篇，尤沉痛可以教孝，故于终篇全录其文。其乡有知名士赏余文曰：前载如许奏章，若无《猛省》之篇，譬如行船，鹢首重而舵楼轻矣，今此娄尾，可谓善谋篇也。余戏语云：设成君本无此篇，此船终不行耶？盖塾师讲授四书文义，谓之时文，必有法度以合程式；而法度难以空言，则往往取譬以示蒙学：拟于房室，则有所谓间架结构；拟于身体，则有所谓眉目筋节；拟于绘画，则有所谓点睛画毫；拟于形家，则有所谓来龙结穴；随时取譬，然为初学示法，亦自不得不然，无庸责也。惟时文结习，深锢肠府，进窥一切古书古文，皆此时文见解，动操塾师启蒙议论，则如用象棋枰布围棋子，必不合矣。

士衡才优已下一段，极论文之不宜繁，自是正论。然士龙所云清新相接,不以为病,士衡所云榛楛勿翦,蒙茸集翠,亦有此一理。古人文伤繁者,不厪士衡一人,阅之而不以繁为病者,必由有新意清气以弥缝之也。患专在辞,故其疵犹小,若意辞俱滥,斯真无足观采矣。

声律第三十三

为文须论声律,其说始于魏晋之际,而遗文粲然可见者,惟士衡《文赋》数言。其言曰:暨音声之迭代,若五色之相宣;虽逝止之无常,固崎锜而难便,苟达变而识次,犹开流以纳泉;如失机而后会,恒操末以续颠;谬玄黄之秩叙,故淟涊而不鲜。齐陆厥《与沈约书》云:自魏文属论,深以清浊为言,刘桢奏书,大明体势之致。是韩卿以声律之说,宜祖曹刘。《典论·论文》但云气之清浊有体,非谓音律清浊,陆论似不无差失。至公幹明体势者,今无可见,故但举士衡之言为首。细审其旨,盖谓文章音节须令谐调,本之《诗序》情发于声,成文为音之说,稽之《左氏》琴瑟专壹,谁能听之之言,故非士衡所创获也。其后范蔚宗自谓识宫商,别清浊,能适艰难,济轻重,遂乃讥诃古今文人,谓其多不全了此处。沈约作《宋书》,于《谢灵运传》后为论云:灵均以来,此秘未睹。或暗与理合,匪由思至。其说勇于自崇,而皆忘士衡导其先路,所以来韩卿之议也。然声律之论,实以永明为极盛之时。《南史·陆厥传》云:时盛为文章,吴兴沈约、陈郡谢朓、琅琊王融,以气类相推毂,汝南周颙善识音韵。封演《闻见记》:周颙好为体曰,因此切字皆有纽,纽有平上去入之异。戴君《声韵考》曰:颙无书。梁武帝不解四声,以语问周舍,舍即颙之子,盖周沈诸人同时治声韵,各有创识,议论各出,而约为尤盛。约等文皆用宫商,将平上去入四声以此制韵,有平头、上尾、蜂腰、鹤膝,五字之中,轻重悉异，两句之内，角徵不同，不可增减，世呼为永明体。夫王谢诸贤，身皆贵显，佐以词华，宜其致士流之景慕，为文苑别辟术阡。即实论之，文固以音节谐适为宜，至于襞积细微，务为琐屑，笑古人之未工，诧此秘为独得，则亦贤哲之过也。彦和生于齐世，适当王沈之时，又《文心》初成，将欲取定沈约，不得不枉道从人，以期见誉。观《南史》舍人传，言约既取读，大重之，谓深得文理，知隐侯所赏，独在此一篇矣。当时之独持己说，不随波而靡者，惟有钟记室一人，其《诗品》下篇诋诃王谢沈三子，皆平心之论，非由于报宿憾而为之。《南史》嵘传：嵘尝求誉于约，约拒之，及约卒，嵘品古今诗为评，言其优劣云云，盖追宿憾，以此报之也。今案记室之言，无伤直道，《南史》所言，非笃论也。若举此一节而言，记室固优于舍人无算也。嗟乎！学贵随时，人忌介立，舍人亦诚有不得已者乎！自梁以来，声律之学，愈为精密，至于唐世，文则渐成四六，诗则别有近体，推原其溯，不能不归其绩于隐侯，此韩卿所云质文时异，今古好殊，谓积重难反则可，谓理本宜然则不可也。纪氏于《文心》它篇，则曰：齐梁文格卑靡，独此学独有千古，两独字不词。钟记室以私憾排之，未为公论也。夫言声韵之学，在今日诚不能废四声，至于言文，又何必为此拘忌？纪氏盖以声韵之学与声律之文并为一谈，因以献谀于刘氏。元遗山诗云：少陵自有连城璧，争奈微之识碔砆。纪氏之于《文心》亦若此矣。详文章原于言语，疾徐高下，本自天倪，宣之于口而顺，听之于耳而调，斯已矣。典乐教胄子以诗歌，成均教国子以乐语，斯并文贵声音之明验。观夫虞夏之籍，姬孔之书，诸子之文，辞人之作，虽高下洪细，判然有殊，至于便籀诵、利称说者，总归一揆，亦何必拘拘于浮切，断断于宫徵，然后为贵乎？至于古代诗歌，皆先成文章，而后被声乐，谐适与否，断以胸怀，亦非若后世之词曲，必按谱以为之也。自声律之论兴，拘者则留情于四声八病，矫之者则务欲蠲废之，至于佶屈聱吃而后已，斯皆未为中道。善乎钟记室之言曰：文制本须讽读，不可蹇碍，但令清浊通流，口吻调利，斯为足矣。斯可谓晓音节之理，药声律之拘。《庄子》云：市南宜僚弄丸，而两家之难解。惟钟君其足以与此哉。今仍顺释舍人之文，附沈陆钟三君之说于后。

夫音律所始至**声非学器者也**　《诗·大序》疏云：原夫作乐之始，乐写人音，人音有小大高下之殊，乐器有宫徵商羽之异，依人音而制乐，托乐器以写人，是乐本效人，非人效乐。案冲远此论，与彦和有如合符矣。

故言语者，文章神明枢机，吐纳律吕，唇吻而已　案彦和此数语之意，即云言语已具宫商。文章下当脱二字，者下一豆，神明枢机四字一豆，吐纳律吕四字一豆。

古之教歌四句　《韩非子·外储说右上》曰：夫教歌者，使先呼而诎之，其声反清徵者乃教之。一曰，教歌者先揆以法，疾呼中宫，徐呼中徵，疾不中宫，徐不中徵，不可谓与为同。教。案韩非之言，乃验声之术，彦和引用以为声音自然之准，意与《韩子》微异。

商徵响高，宫羽声下　案此两句有讹字。当云宫商响高，徵羽声下。《周语》曰：大不逾宫，细不逾羽。《礼记·月令》郑注云：凡声尊卑取象五行，数多者浊，数少者清。案宫数八十一，商数七十二，角数六十四，徵数五十四，羽数四十八，详见《律历志》。是宫商为浊，徵羽为清，角清浊中。彦和此文为误无疑。

抗喉二句　此言声所从发，非蒙上为言。

廉肉　《乐记》云：使其曲直繁瘠，廉肉节奏，足以感动人之善心而已矣。注曰：曲直，歌之曲折也，繁瘠廉肉，声之鸿杀也，节奏，阕作进止所应也。《正义》曰：曲谓声音回曲，直谓声音放直，繁谓繁多，瘠谓省约，廉谓廉棱，肉谓肥满。案从郑注，廉肉属乐器言,不属人声言。

内听难为聪 言声乐不调,可以闻而得之,独于文章声病往往不憭。

凡声有飞沉至**亦文家之吃也** 此即隐侯所云前有浮声,后须切响,两句之中,轻重悉异者也。飞谓平清,沉谓仄浊。双声者二字同纽,叠韵者二字同韵。一句之内,如杂用两同声之字,或用二同韵之字,则读时不便,所谓双声隔字而每舛,叠韵杂句而必睽也。一句纯用仄浊,或一句纯用平清,则读时亦不便,所谓沉则响发而断,飞则声扬不还也。辘轳交往二语,言声势不顺。黄注引《诗评》释之,大谬。

左碍而寻右二句 此与士衡音声迭代,五色相宣之说同旨,究其治之之术,亦用口耳而已,无他缪巧也。记室云:清浊通流,口吻调利。盖亦有寻讨之功焉,非得之自然也。

声画 即谓文。扬子《法言》曰:言心声也,书心画也。

寄在吟咏,吟咏滋味 案下吟咏二字衍。

异音相从谓之和 案一句之内,声病悉祛,抑扬高下,合于唇吻,即谓之和矣。沈约云:十字之文,颠倒相配。正谓此耳。

宫商大和至**可以类见** 案此谓能自然合节与不能自然合节者之分。曹潘能自然合节者也,陆左不能自然合节者也。纪评未憭。

诗人综韵 此诗人对下《楚辞》而言,则指三百篇之诗人。

知楚不易 案《文赋》云:亮功多而累寡,故取足而不易。彦和盖引其言以明士衡多楚。不以张公之言而变,知楚二字乃涉上文字而讹。

凡切韵之动四句 此言文中用韵,取其谐调,若杂以方音,反成诘诎。今人作文杂以古韵者,亦不可不知此。

南郭之吹竽 南,原作东。孙云:《新论·审名》篇:东郭吹竽而不知音。袁孝政注亦以齐宣王东郭处士事为释。是古书南郭自有作东郭者，不必定依《韩子》，但滥竽事终与文义不相应。倪谨案：彦和之意，正同《新论》，亦云不知音而能妄成音，故与长风过籁连类而举。章先生云：当作南郭之吹于耳，正与上文相连。《庄子》前者唱于而随者唱喁，此本南郭子綦语，而彦和遂以为南郭事，俪语之文，固多此类，后人不明吹于之义，遂误加竹耳。倪谨案：如师语亦得，但原文实作东郭。自以孙说为长。

响滑榆槿 槿，《礼记》作堇。《释文》曰：菜也。

割弃支离二句 言声病既祛，宫商自正也。

沈约宋书谢灵运传论

史臣曰：民禀天地之灵，含五常之德，刚柔迭用，喜愠分情。夫志动于中，则歌咏外发，六义所因，四始攸系，升降讴谣，纷披风什，虽虞夏以前，遗文不睹，禀气怀灵，理或无异，然则歌咏所兴，宜自生民始也。周室既衰，风流弥著，屈平、宋玉，导清源于前，贾谊、相如，振芳尘于后，英辞润金石，高义薄云天。自兹以降，情志愈广，王褒、刘向、杨、班、崔、蔡之徒，异轨同奔，递相师祖，虽清辞丽曲，时发乎篇，芜音累气，固亦多矣。若夫平子艳发，文以情变，绝唱高踪，久无嗣响。至于建安，曹氏基命，三祖陈王，咸蓄盛藻，甫乃以情纬文，以文被质。自汉至魏，四百馀年，辞人才子，文体三变：相如工为形似之言，二班长于情理之说，子建、仲宣，以气质为体，并标能擅美，独映当时。是以一世之士，各相慕习。源其飙流所始，莫不同祖《风》《骚》，徒以赏好异情，故意制相诡。降及元康，潘、陆特秀，律异班、贾，体变曹、王，缛旨星稠，繁文绮合，缀平台之逸响，采南皮之高韵，遗风余烈，事极江右。有晋中兴，玄风独扇,为学穷于柱下,博物止乎七篇,驰骋文辞,义殚乎此。自建武暨于义熙,历载将百,虽比响联辞,波属云委,莫不寄言上德,托意玄珠,遒丽之辞,无闻焉尔。仲文始革孙许之风,叔源大变太元之气。爰逮宋氏,颜、谢腾声,灵运之兴会标举,延年之体裁明密,并方轨前秀,垂范后昆。若夫敷衽论心,商榷前藻,工拙之数,如有可言。夫五色相宣,八音协畅,由乎玄黄律吕,各适物宜,欲使宫羽相变,低昂舛节,若前有浮声,则后须切响,一简之内,音韵尽殊,两句之中,轻重悉异,妙达此旨,始可言文。至于先士茂制,讽高历赏,子建函京之作,仲宣灞上之篇,子荆零雨之章,正长朔风之句,并直举胸情,非傍诗史,正以音律调均,取高前式。自灵均以来,多历年代,虽文体稍精,而此秘未睹,至于高言妙句,音韵天成,皆暗与理合,匪由思至。张、蔡、曹、王,曾无先觉,潘、陆、颜、谢,去之弥远,世之知音者,有以得之,此言非谬。如曰不然,请待来哲。

陆厥与沈约书

范詹事《自序》:性别宫商,识清浊,特能适轻重,济艰难,古今文人,多不全了斯处。纵有会此者,不必从根本中来。尚书亦云:自灵均以来,此秘未睹,或暗与理合,匪由思至,张、蔡、曹、王,曾无先觉,潘、陆、颜、谢,去之弥远。大旨欲使宫羽相变,低昂舛节,若前有浮声,则后须切响,一简之内,音韵尽殊,两句之中,轻重悉异。辞既美矣,理又善焉。但观历代众贤,似不都暗此,而云此秘未睹,近于诬乎。案范云不从根本中来,尚书云匪由思至,斯可谓揣情谬于玄黄,摘句差其算律也。范又云:时有会此者,尚书云或暗与理合,则美咏清讴,有辞章调韵者,虽有差谬,亦有会合。推此以往,可得而言。

夫思有合离，前哲同所不免，文有开塞，即事不得无之。子建所以好人讥弹，士衡所以遗恨终篇，既曰遗恨，非尽美之作，理可诋诃。君子执其诋诃，便谓合理为暗，岂如指其合理，而寄诋诃为遗恨邪！自魏文属论，深以清浊为言，刘桢奏书，大明体势之致，岨峿妥帖之谈，操末续颠之说，兴玄黄于律吕，比五色之相宣，苟此秘未睹，兹论为何所指邪？故愚谓前英已早识宫徵，但未屈曲指的若今论所由，至于掩瑕藏疾，合少谬多，则临淄所云人之著述不能无病者也。非知之而不改，谓不改则不知，斯曹、陆又称竭情多悔不可力强者也。今许以有病有悔为言，则必自知无悔无病之地，引其不了不合为暗，何独诬其一了一合之明乎！意者亦质文时异，古今好殊，将急在情物而缓于章句。情物文之所急，犹且美恶相半，章句意之所缓，故合少而谬多，义在于斯，必非不知明矣。《长门》《上林》，殆非一家之赋，《洛神》《池雁》，便成二体之作；孟坚精整，《咏史》无亏于东主，平子恢富，《羽猎》不累于凭虚；王粲《初征》，他文未能称是，杨修敏捷，《暑赋》弥日不献。率意寡尤，则事促乎一日，翳翳愈伏，而理赊于七步。一人之思，迟速天悬，一家之文，工拙壤隔，何独宫商律吕，必责其如一邪？论者乃可言未穷其致，不得言曾无先觉也。《全齐文》二十四。

沈约答陆厥书

宫商之声有五，文字之别累万，以累万之繁，配五声之约，高下低昂，非思力所举。又非止若斯而已也。十字之文，颠倒相配，字不过十，巧历已不能尽，何况复过于此者乎？灵均以来，未经用之于怀抱，固无从得其仿佛矣。若斯之妙而圣人不尚，何邪？此盖曲折声韵之巧，无当于训义，非圣哲立言之所急也。是以子云譬之雕虫篆刻,云壮夫不为。自古辞人岂不知宫羽之殊,商徵之别。虽知五音之异,而其中参差变动,所昧实多,故鄙意所谓此秘未睹者也。以此而类推,则知前世文士便未悟此处。若以文章之音韵,同弦管之声曲,则美恶妍蚩,不得顿相乖反,譬犹子野操曲,安得忽有阐缓失调之声。以《洛神》比陈思他赋,有如异手之作,故知天机启则律吕自调,六情滞则音律顿舛也。士衡虽云炳若缛锦,宁有濯色江波,其中复有一片是卫文之服,此则陆生之言,即复不尽者矣。韵与不韵,有精粗,轮扁不能言,老夫亦不尽辨此。《全梁文》三十八。

诗　品　下

昔曹、刘殆文章之圣,陆、谢为体贰之才,锐精研思千百年而不闻宫商之辨,四声之论;或谓前达偶然不见,岂其然乎!尝试言之曰:古诗颂皆被之金竹,故非调五音无以谐会,若置酒高堂上,明月照高楼,为韵之首,故三祖之词,文或不工,而韵入歌唱,此重音韵之义也,与世之言宫商者异矣。今既不被管弦,亦何取于声韵耶?齐有王元长者,尝谓余云:宫商与二仪俱生,自古词人不知之,唯颜宪子乃云律吕音调,而其实大谬,唯见范晔、谢庄颇识之耳。常欲造《知音论》,未就。王元长创其首,谢朓、沈约扬其波,三贤咸贵公子孙,幼有文辨,于是士流景慕,务为精密,襞积细微,转相凌驾,故使文多拘忌,伤其真美。余谓文制本须讽读,不可蹇碍,但令清浊通流,口吻调利,斯为足矣。至于平上去入,则余病未能,蜂腰鹤膝,闾里已具。

沈休文酷裁八病,令人苦之。所谓八病者,平头、上尾、蜂腰、鹤膝、大韵、小韵、旁纽、正纽是也。记室云：蜂腰鹤膝，间里已具。盖谓虽寻常歌谣，亦自然不犯之，可毋严设科禁也。兹檃括《诗纪》别集二所说释八病如次。

平头。第一字不宜与第六字同声，第二字不宜与第七字同声，如（今）（日）良宴会，（欢）（乐）难具陈。一说句首二字并是平声，如（朝）（云）晦初景，（丹）（池）晚飞雪。

上尾。第五字不得与第十字同声，如西北有高（楼），上与浮云（齐）。

蜂腰。第二字不得与第五字同声，如远（与）君别（者），乃至雁门关。一说第三字不得与第七字同韵，如徐步（金）门旦，言（寻）上苑春。

鹤膝。第五字不得与第十五字同声，如新制齐纨（素），皎洁如霜雪，裁为合欢（扇），团团似明月。

大韵。五言诗两句中除韵外，余九字不得有字与韵犯，如（胡）姬年十五，春日独当（垆）。

小韵。五言两句中除韵外，余九字有自相同韵者，如薄帷鉴（明）月，（清）风吹我衿。

旁纽。双声同两句杂用，如田夫亦知礼，（寅）宾（延）上坐。

正纽。一纽四声两句杂用，如我本汉（家）子，来（嫁）单于庭。

章句第三十四

结连二字以上而成句,结连二句以上而成章,凡为文辞,未有不辨章句而能工者也;凡览篇籍,未有不通章句而能识其义者也;故一切文辞学术,皆以章句为始基。所恶乎章句之学者,为其烦言碎辞,无当于大体也。若夫文章之事,固非一憭章句而即能工巧,然而舍弃章句,亦更无趋于工巧之途。规矩以驭方员,虽刻雕众形,未有遁于规矩之外者也;章句以驭事义,虽牢笼万态,未有出于章句之外者也。汉师之于经传,有今文与古文异读者焉,有后师与前师异读者焉,凡为此者,无非疑其义训之未安,而求其句读之合术而已。域外之文,梵土则言名句文身,而释典列为不相应行,又有离合六释,求名义者所宜悉。远西自罗马以降,则有葛拉玛之书,其国土殊别,言语佹离者,无不有是物焉。近世有人取其术以驭中国之文,而或者以为不师古;不悟七音之理,字母之法,壹皆得之异域,学者言之而不讳,祖之以成书,然则文法之书,虽前世所无,自君作故可也。彦和此篇,言句者联字以分疆。又曰:因字而生句。又曰:句之清英,字不妄也。又曰:句司数字,待相接以为用。其于造句之术,言之晢矣。然字之所由相联而不妄者,固宜有共循之途辙焉。前人未暇言者,则以积字成句,一字之义果明,则数字之义亦必无不明,是以中土但有训诂之书,初无文法之作,所谓振本知末，通一万毕，非有阙略也。为文章者，虽无文法之书，而亦能暗与理合者，则以师范古书，俱之相习，能憭古人之文义者，未有不能自正其文义者也。及至丹徒马氏学于西土，取彼成法，析论此方之文，张设科条，标举品性，考验经传，而驾驭众制，信前世所未有也。《文通》之书具在，凡致思于章句者所宜览省，小有罅隙，亦未足为疵，盖创始之难也。今释舍人之文，加以己意，期于夷易易遵，分为九章说之：一释章句之名，二辨汉师章句之体，三论句读之分有系于音节与系于文义之异，四陈辨句简捷之术，五略论古书文句异例，六论安章之总术，七论句中字数，八论句末用韵，九词言通释。

一、释章句之名。《说文》：丶，有所绝止丶，而识之也。施于声音，则语有所稽，宜谓之丶；施于篇籍，则文有所介，宜谓之丶。一言之遍，可以谓之丶；数言连贯，其辞已究，亦可以谓之丶。假借为读，所谓句读之读也，凡一言之停遍者用之。或作句投，或作句豆，或变作句度，其始皆但作丶耳。其数言连贯而辞已究者，古亦同用绝止之义，而但作丶。从声以变则为章，《说文》乐竟为一章是也。言乐竟者，古但以章为施于声音之名，而后世则泛以施之篇籍。舍人言章者明也，此以声为训，用后起之义傅丽之也。句之语原于𠄌，《说文》：𠄌，钩识也，从反亅。是𠄌亦所以为识别，与丶同意。章先生说：《史记·滑稽列传》，东方朔至公车上书，公车令两人共持举其书，人主从上方读之。止，辄乙其处。乙非甲乙之乙，乃钩识之𠄌。𠄌字见于传记，惟有此耳。声转为曲，曲古文作㠟，正象句曲之形，凡书言文曲，《荀子》。言曲折，《汉书·艺文志》。言曲度，傅毅《舞赋》。皆言声音于此稽止也。又转为句。《说文》曰：句，曲也。句之名，秦汉以来众儒为训诂者乃有之，此由讽诵经文，于此小遍，正用钩识之义。舍人曰：句者，局也。此亦以声为训，用后起之义傅丽之也。《诗疏》曰：古者谓句为言，《论语》以思无邪为一言。《左传》臣之业在《扬之水》卒章之四言，谓第四句不敢以告人也。及赵简子云大叔遗我以九言。皆以一句为一言也。案古称一言，非必词意完具，但令声有所稽，即为一言，然则称言与称句无别也。总之，句、读、章、言四名，其初但以目声势，从其终竟称之则为章，从其小有停遍言之则为句、为曲、为读、为言。降后乃以称文之词意完具者为一句，结连数句为一章。或谓句读二者之分，凡语意已完为句，语意未完语气可停者为读，此说无征于古。检《周礼·宫正》注云：郑司农读火绝之，云禁凡邦之事跸。又《御史》注云：郑司农读言掌赞书数，玄以为不辞，故改之。案康成言读火绝之，是则语意已完乃称为读。又云不辞，不辞者，文义不安之谓，若语势小有停顿，文义未即不安，何以必须改破。故知读亦句之异名，连言句读者，乃复语而非有异义也。要之，语气已完可称为句，亦可称为读，前所引先郑二文是矣。语气未完可称为读，亦可称为句，凡韵文断句多此类矣。《文通》有句读之分，取便学者耳，非古义已然。若乃篇章之分，一著简册之实，一著声音之节，以一篇所载多章皆同一意，由是谓文义首尾相应为一篇，而后世或即以章为篇，则又违其本义。案《诗》三百篇，有一篇但一章者，有一篇累十六章者，此则篇章不容相混也。其他文籍，如《易》二篇不可谓之二章，《孟子》七篇不可谓之七章，《老子》著书上下篇，不可谓之二章。自杂文猥盛，而后篇章之名相乱。舍人此篇云：积章成篇，篇之彪炳，章无疵也。又云：篇有小大，盖犹是本古谊以为言。今谓集数字而显一意者，谓之一句；集数意以显一意者，谓之一章。一章已显则不待烦辞，一章未能尽意则更累数章以显之，其所显者仍为一意，无问其章数多寡。或传一人，或论一理，或述一事，皆谓之一篇而已矣。

二、辨汉师章句之体。《学记》曰：古之教者，一年视离经辨志。郑曰：离经，断句绝也。详记文所述学制，郑皆以《周礼》说之，是则古之教者，谓周代也。其时考校已以离析经理断绝章句为最初要务，尔则章句之学，其来久矣。凡离析文理，必先辨字谊，故六书之学，课于保氏，而周公亲勒《尔雅》之文。《诗·烝民》曰：古训是式。孔子告哀公曰：《尔雅》以观于古。盖未有不憭古训，而能离析经理者，故知经之有传训，凡以为辨别章句设也。寻《左氏》载春秋时人引《诗》，往往标举篇章次第，若楚庄王之述《周颂》，及称《巧言》之卒章，《扬之水》卒章之四言者，知尔时离析章句，为学者所习为矣。子夏序《诗》，于《东山》篇分别四章之义，明文炳然，然则《毛公故》言所分章句，皆子夏传之也。章句本专施于《诗》，其后离析众书文句者，亦有章句，《易》则有施、孟、梁丘章句，《书》则有欧阳、大小夏侯章句，《春秋》则有《公羊》《穀梁》章句，《左氏》尹更始章句，班固、贾逵则作《离骚经》章句。章句之始，盖期于明析经理而止。经有异家，家有异师，训说不同，则章句亦异，弟子传师说者，或更增益其文，务令经义敷畅。至其末流，碎义逃难，便辞巧说，破坏形体，而章句之文于是滋多，秦恭延君增师法至百万言，说《尧典》篇目两字十余万言，但说曰若稽古三万言，此则破析经文，与章句之本义乖矣。桓荣受朱普学章句四十万言，荣减为二十三万言，其子郁复删省成十二万言，是则章句之文可以损之又损，知其多者皆浮辞也。汉师传经，亦有不用章句者，如费氏传《易》，但以《十翼》解经，而申公传《诗》，亦独有训故，然皆以诠明经义为主，斯有章句之善，而无章句之烦，故足卲也。若其驰逐不反，以多为贵，学者但记师说，幼童而守一艺，白首而后能言，是以通人耻之，若《扬子云自传》，称不为章句，训诂通而已；《班固传》亦称固不为章句，但举大义；《论衡·超奇》篇目能说一经者为儒生，博览古今者为通人,知章句之末流,为人诟病甚矣,然未可因是而遂废章句也。经传章句存者,上有《毛传》,次有赵岐之于《孟子》,王逸之于《楚辞》,其他东汉经师章句遗文犹有可考见者,盖皆雅畅简易,不如西汉今文诸师之烦,固知章句亦自有可法者在也。详章句之体,毛公最为简洁,其于经文,但举训故,又义旨已具《序》中,自非委曲隐约者,不更敷暢其词。若邠卿、叔师则既作训故,又重宣本文之义,视毛公已为繁重矣。案邠卿《孟子题辞》言为之章句,具载本文,章别其旨,此则一章之谊,已在章指之中,而又每句别加注解,斯可谓重出,然本取施于新学,故可宗也。赵氏章句,大抵复衍本文,有类后世讲章,如孟子见梁惠王句下章句云:孟子适梁,惠王礼请孟子见之。此为不解而能明者也。叔师之作《楚词章句》,亦以明指趣为急,故文有繁焉,如朕皇考曰伯庸句,既已逐字注解,又总释之曰:屈原言我父伯庸体有美德,以忠辅楚,世有令名,以及于己。此亦不待烦言。汉师说经,于文义难知处,或加疏释,其文亦不辞繁,观服子慎《左氏解谊》,释宣二年传文一则可见。宣二年传:宋郑战于大棘,囚华元。将战,华元杀羊食士,其御羊斟不与,及战,与入郑师,故败。宋人以兵车百乘,文马百驷,以赎华元于郑,半入,华元逃归,见叔牂,曰:子之马然也。对曰:非马也,其人也,既合而来奔。杜以子之马然为华元之辞,对曰为羊斟之词,既合而来奔,记者之词。《正义》引服虔载三说,皆以子之马然为叔牂之语,对曰以下为华元之辞。贾逵云:叔牂,宋守门大夫,华元既见叔牂,即谓华元曰:子见获于郑者,是由子之马使然也。华元对曰:非马自奔也,其人为之也,谓羊斟驱入郑也;奔,走也,言宋人赎我之事既和合,而我即来奔耳。郑众云:叔牂即羊斟也,在先得归,华元见叔牂,牂即诳之曰:奔入郑军者,子之马然也,非我也。华元对曰:非马也,其人也。言是女驱之耳。叔牂既与华元合语而即来奔。又一说：叔䱤，宋人，见宋以马赎华元，谓元以赎得归，谓元曰：子之得来，当以马赎，故然。华元曰：非马也，其人也。言己不由马赎，自以人事来耳，赎事既合，而我即来奔。详此三说之殊，皆数言可了，必复引经文，增字为释，此章句之体也。要之章句之用，在使经文之章句由之显明，是故丁将军说《易训故》举大义，亦称为小章句，故知顺释经文，使人因之以得文曲者，虽不名章句，犹之章句也。汉师句读经文，今古文或殊，前后师或殊，所以违异，必加辨说之辞。康成之注《三礼》，有屡改旧读者已，何邵公《公羊解诂序》亦闵笑援引他经失其句读者，故知家法有时而殊，离经彼此不异。降至后世，义疏之作，布在人间，考证之篇，充盈箧笥，又孰非章句之幻形哉？今谓掌探古籍，必自分析章句始，若其骈枝之辞，漫羡之说，则宜有所裁。

三、论句读有系于音节与系于文义之异。　文章与语言本同一物，语言而以吟咏出之，则为诗歌。凡人语言声度不得过长，过长则不便于喉吻，虽词义未完，而词气不妨稽止，验之恒习，固有然矣。文以载言，故文中句读，亦有时据词气之便而为节奏，不尽关于文义。至于诗歌，则句度齐同，又本无甚长之句，颜延之讥挚虞《文章流别》以诗有九言为非，以为声度阐缓，不协金石，斯可谓谙制句之原者也。世人或拘执文法，强作分析，以为意具而后成句，意不具则为读，不悟诗之分句，但取声气可稽，不问义完与否，如《关雎》首章四句，以文法格之，但两句耳，关关雎鸠，窈窕淑女，但当为读，盖必合下句而义始完也。今则传家并称为句，故知诗之句徒以声气分析之也。又如《定之方中》篇：树之榛栗，椅桐梓漆。《七月》篇：十月纳禾稼，黍稷重穋，禾麻菽麦。白文法言皆　句也，而传家仍分为二若三，此又但以声气论也。其最长者，如《韩奕》篇：王锡韩侯，淑旂绥章，簟茀错衡，玄衮赤舄，钩膺镂钖，鞹鞃浅幭,鞗革金厄。凡二十八字,使但诵为一句,不几令人唇吻告劳矣乎？诗歌既然,无韵之文亦尔,如《书·皋陶谟》曰：予欲观古人之象,日、月、星、辰、山、龙、华、虫作会,宗彝、藻、火、粉、米、黼、黻、缔、绣,以五彩彰施于五色作服。自文法言,亦廑一句,然当帝舜出言时,必不能使声气蝉联,中无间断,故知自声势言,谓之数句可也。《左传》载臧僖伯谏隐公之辞,有曰：鸟兽之肉不登于俎,皮革齿牙骨角毛羽不登于器,则公不射。又栾武子论楚事之辞,有曰：楚自克庸以来,其君无日不讨国人而训之,于民生之不易,祸至之无日,戒惧之不可以怠。此皆累数十名而成一辞,当其发语之时,其稽止之节,固已数矣。要之,以声气为句者,不憭文法必待意具而后成辞,则义旨或至离析；以文法为句者,不憭声气但取协节,则词言或至失调,或乃曰意完为句,声止为读,此又混文义声气为一,只以增其纠纷。今谓句读二名,本无分别,称句称读,随意而施,以文义言,虽累百名而为一句,既不治之以口,斯无嫌于冗长,句中不更分读可也；以声气言,字多则不便讽诵,随其节奏以为稽止,虽非句而称句可也。学者目治之时,宜知文法之句读,口治之时,宜知音节之句读。

文法之句虽长,有时不能中断,盖既成一辞,即无从中截削之理。如上举《左氏》文,但言楚自克庸以来,知此六字缘何而发,但言曰讨国人而训之,知其所训何事,又或别析祸至之无日戒惧之不可以怠为二句,知其上蒙何文,故此二十五字中,无处可加钩识,强立读名,斯无谓也。

四、陈辨句简捷之术。 《马氏文通》于析句之术,言之綦详。其言曰：凡有起词语词而辞意已全者曰句,凡有起词语词而辞意未全者曰读,凡句读中字少长而辞意应少住者曰顿,所以便诵读,于句读之义无涉也。读之用有三：一用如名字,二用如静字,三用如状字。谨案马氏所立三名,特以资讲说之便,即实论之,览文惟须论句而已。顿之名,马氏自云于句读之义无涉,今不复辨。至如马氏所谓读,实即句中之句,其用于句中,虽累十名等于一字之用,然则瞭于成句之理者,未有不能辨字位之所处者也,知数字在句中所处之位,与一字在句中所处之位相同,则读之名可废矣。今谓辨句之法,但察其意义完具与否,有时以二字成句可也,有时累百名成句可也。盖今世所谓句,古昔谓之辞,其本字为词。《说文》曰:词,意内而言外也。此谓以言表意,言具而意显,然则虽言而意不显,不得谓之成词。《易》曰:情见乎辞。又曰:辞以尽言。故语言成辞,则情趣可见,文章成辞,则意谊自昭,昔之审谍文义,申说旨趣者,皆视其成辞与否,故汉帅于旧解失义者谓之不辞,言辞不比叙,意不昭明也。子夏读《晋史》三豕渡河,而知其为己亥之误,以三豕渡河四字不辞也。孟仲子读《诗》维天之命,於穆不已为不似,毛公用其天命无极之说,而不从其读,以天命不似为不辞也。《公羊》释伯于阳经文,以为史记之误,以伯于阳三字不辞也。《穀梁》释夏五经文,以为传疑,以夏五二字不辞也。故审乎立辞之术,则古书文读可以理董而无滞矣。《荀子·正名》篇之释名辞辨说,盖正名之术,实通一切文章,固知析句之法,古人言之已憭,后有述者,莫能上也。《荀子》之言曰:名闻而实喻,名之用也。杨注曰:名之用本在于易知也。又曰:累而成文,名之丽也。注曰:累名而成文辞,所以为名之华丽,诗书之言皆是也。或曰:丽同俪,配偶也。又曰:用丽俱得,谓之知名。注曰:浅与深俱不失其所,则为知名也。又曰:名也者,所以期累实也。注曰:名者,期于累数其实以成言语。或曰:累实当为异实,所以期于使实各异也。又曰:辞也者,兼异实之名以论一意也。注曰:辞者,说事之言辞,兼异实之名,谓兼数异实之名以成言辞,犹若元年春王正月公即位,兼说异实之名以论公即位之一意也。又曰：辨说也者，不异实名以喻动静之道也。注曰：动静，是非也。言辨说也者，不唯兼异常实之名，所以案古是非之理，辞者论一意，辨者明两端者也。案古所谓名，即后世所谓字。《仪礼》记：百名以上。谓百字以上也。由字得义，故曰名闻实喻，字与字相傅丽，比辑之以成辞，故曰累而成文。积字以表义，故曰名以期累实。集数字为一辞，字义虽殊，所诠惟一，故曰兼异实之名以论一意。设辞尽情，辞具而意章，错综众字以阐一事，故曰不异实名以喻动静之道。夫其解析文理有伦有脊若此，孰谓文法之书，惟西土擅长乎？今即《荀子》所谓辞以辨文句，则凡能成意者皆得谓之句，是故桓公元年经书春王正月即位，必连公即位三字而后成辞，隐公元年不书即位，而亦得成辞，以不书即所以见意也，定公元年春王三月，不书正月，以正月未行即位礼故，然书王三月与隐公三年经之王二月，传之王三月，词例正复相同，彼既不得断春王为句，知此亦不得断春王为句，而《公》《穀》二家并从春王断句，斯未识春王二字不成辞也，《左氏》于此不释，杜本亦从二家于春王断句盖误。循是推之，凡集数字成文，如其意有所诠，虽文有阙省，亦复成辞，则知字虽多而意不显，不能谓之成辞也。兹取《史记》文数则释之，但以集数字论一意者为句，期令断句之术，简捷易知。若夫马氏之言，自有《文通》之书在，无事剿说于此也。

史记封禅书

少君者故深泽侯舍人主方句　匿其年及其生长句　常自谓七十句　能使物却老句　其游以方遍诸侯句　无妻子句　人闻其能使物及不死更馈遗之句　常余金钱衣食句　人皆以为不治生业而饶给又不知其何人愈信争事之句　少君资好方善为巧发奇中句　尝从武安侯饮句　坐中有九十馀老人句　少

君乃言与其大父游射处句　老人为儿时从其大父识其处句　一坐尽惊句　少君见上句　上有古铜器句　问少君句　少君曰句　此器齐桓公十年陈于柏寝句　已而案其刻果齐桓公器句　一官尽骇以为少君神数百岁人也句　少君言上曰句　祠灶则致物句　致物而丹砂可化为黄金句　黄金成以为饮食器则益寿句　益寿而海中蓬莱仙者乃可见句　见之以封禅则不死句　黄帝是也句　臣尝游海上见安期生句　安期生食臣枣大如瓜句　安期生仙者通蓬莱中句　合则见人句　不合则隐句　于是天子始亲祠灶遣方士入海求蓬莱安期生之属而事化丹砂诸药齐为黄金矣句

史记孔子世家

余读孔氏书想见其为人句　适鲁观仲尼庙堂车服礼器诸生以时习礼其家句　余低回留之不能去云句　天下君王至于贤人众矣当时则荣没则已焉句　孔子布衣传十馀世学者宗之句　自天子王侯中国言六艺者折中于夫子可谓至圣矣句

以上二文,《文通》亦征引之,而断句颇有不同。愚今以意分析,未敢自谓不谬也。

《文通》十象六释读,言读之别有三：一有接读代字,如者字所字。用者字者。《公羊传》：天下诸侯宜为君者,唯鲁侯尔。用所字者。《庄子》云：无形者数之所不能分也。案天下至为君已成句,加者字则等于一名词矣；数不能分已成句,加所字则等于一名词矣。故凡用接读代字者,无异化数字以为一名词也。二起语二词之间,参以之字。如《孟子》北宫黝之养勇也。流水之为物也。案北宫养勇已成句,加之字则等于一名词矣。三弁读之连字,谓若句首用若、即、如、使、虽、纵等字。案此等句以文理言,但作句观,不视同一字。马氏又言读之用三:一用如名词。二用如静字,是则读等于字,可毋烦言。三用如状字,谓以读记处,若《论语》居是邦也,事其大夫之贤者。以读记时。若《左传》昔夏之方有德也,远方图物。以读记容。若《左传》夫子之在此也,如燕之巢于幕上。案读用如状字之式。有读即为句,如第三式是也。有读作一字用,前二式是也。

五、约论古书文句异例。 恒文句读,但能辨解字谊,悉其意旨,即可憭然无疑,或专以文法剖判之,亦可以无差忒。惟古书文句驳荦奇侅者众,不悉其例,不能得其义旨,言文法者,于此又有所未暇也。幸顾、王、俞诸君,有成书在,兹删取其要,分为五科,科有细目,举旧文以明之,皆辨审文句之事。若夫订字谊,正讹文,虽有关于文句,然于成辞之质无所增省,虽有条例,不阑入于此云。

第一,倒文。

一、句中倒字。

《左传·昭十九年》:谚所谓室于怒,市于色,顺言当云怒于室,色于市。

《孟子·尽心下》:若崩厥角稽首。顺言当云厥角稽首若崩。

二、倒字叶韵。

《诗·节南山》篇:弗问弗仕,勿罔君子,式夷式已,无小人殆。顺言当云无殆小人。

《墨子·非乐上》引《武观》曰:启乃淫溢,野于饮食,将将铭苋磬以力。顺言当云饮食于野。

三、倒句。

《左传·闵公二年》:为吴太伯不亦可乎!犹有令名,与其及也。顺言当云与其及也,犹有令名。

《礼记·檀弓》篇：盖殡也,问于郰曼父之母。顺言当云问于郰曼父之母,盖殡也。

四、倒序。

《周礼》大宗伯职：以肆献祼享先王。以次第言,祼在先,献次之,肆又次之。

《书·立政》：或五六年,或四三年。

第二,省文。

一、蒙上省。

《书·禹贡》：终南惇物至于鸟鼠。不言治,蒙上荆岐既旅之文。

《左传·定四年》：楚人为食,吴人及之,奔,食而从之。奔不言楚人,食而从之不言吴人,蒙上。

二、因下省。

《书·尧典》：朞三百有六旬有六日。三百者,三百日也,不言日,因下省。

《诗·七月》篇：七月在野,八月在宇,九月在户,十月蟋蟀入我床下。在野在宇在户,皆蟋蟀也。不言者,因下省。

三、语急省。

《左传·庄二十二年》：敢辱高位以速官谤。敢,不敢也,语急省。

《公羊传·隐元年》：如勿与而已矣。如,不如也,语急省。

四、因前文已具而省。

《易·同人》九三：同人先号咷而后笑。《象》曰：同人之先,以中直也。《象》意当说同人之先号咷而后笑,以中直也。今但曰同人之先,蒙上省也。《易传》此例至多。

《诗·板》篇：天之牖民,如埙如篪,如璋如圭,如取如携,携无曰益,牖民孔易。无曰益,但承携言。以文不便,省埙篪以下也。

五、以疏略而省。

《论语》：沽酒市脯不食。当云沽酒不饮，疏略也。

《左传·襄二年》：以索马牛皆百匹。牛当称头，疏略也。

六、反言省疑词。

《书·西伯戡黎》：我生不有命在天？言有命在天也。

《老子》七十七章：是以圣人为而不恃，功成而弗处，其不欲见贤？言其不欲见贤乎。

七、记二人之言省曰字。

《孟子·滕文公》篇：从许子之道至屦大小同则贾相若。皆陈相之词，上省曰字。

《礼记·檀弓》篇：悼公之丧，季昭子问于孟敬子，曰：为君何食？敬子曰：食粥，天下之达礼也。吾三臣者之不能居公室也，四方莫不闻矣，勉而为瘠则吾能，毋乃使人疑夫不以情居瘠者乎哉！我则食食。自吾三臣者以下皆昭子之词，而省曰字。

第三，复文。

一、同义字复用。

《左传·襄三十一年》：缮完葺墙以待宾客。缮完葺三字同谊。○二字复用不可悉数。

《左传·昭十六年》：庸次比耦以艾杀此地。庸次比耦四字同义。

二、复句。

《易·系辞》：言天下之至赜而不可恶也，言天下之至赜而不可乱也。下赜字郑虞王本皆同，今本作动。

《孟子·梁惠王》篇：故王之不王，非挟泰山以超北海之类也。王之不王，是折枝之类也。《诗》中复句极多，不能悉数。

三、两字义类相因牵连用之而复。

《礼记·文王世子》篇：养老幼于东序。言养幼者，牵于老而言之。

《玉藻》篇：大夫不得造车马。言造马者，牵于车而言之。

四、语词叠用。

《尚书·多方》篇：尔曷不忱裕之于尔多方？尔曷不夹介乂我周王享天之命？今尔尚宅尔宅，畋尔田，尔曷不惠王熙天之命？尔乃迪屡不靖，尔心未爱，尔乃不大宅天命，尔乃屑播天命，尔乃自作不典图忱于正。十一句中，三尔曷不字，四尔乃字。

《诗·大雅·绵》篇：乃慰乃止，乃左乃右，乃疆乃理，乃宣乃亩。四句叠用八乃字。

五、语词复用。

《书·秦誓》：尚犹询兹黄发。言尚又言犹。

《礼记·檀弓》篇：人喜则斯陶。言则又言斯。

六、一人之词中加曰字。

《左传·哀十六年》：乞曰：不可得也；曰，市南有熊宜僚者，若得之，可以当五百人矣。下曰字仍为乞语，此记者加以更端。

《论语》：怀其宝而迷其邦，可谓仁乎？曰：不可。曰字阳虎自答，此自为问答之词。

第四，变文。

一、用字错综。

《春秋·僖十六年》：陨石于宋五。是月六鹢退飞过宋都。上言石五，下言六鹢，错言之耳。

《论语》：迅雷风烈。即迅雷烈风。

二、互文见义。

《礼记·文王世子》篇：诸父守贵宫贵室，诸子诸孙守下宫下室，诸父诸兄守贵室，子弟守下室，而让道达矣。郑曰：上言父了孙，此言兄弟，互相备也。

《祭统》篇：王后蚕于北郊，以共纯服；夫人蚕于北郊，以共冕服。郑曰：纯服亦冕服也，互言之尔。

三、连类并称。

《仪礼·少牢馈食礼》：日用丁巳。或用丁，或用巳。

《孟子》：华周杞梁之妻善哭其夫而变国俗。哭夫为杞梁妻事，华周妻乃连类言之也。

四、两语平列而实相联。

《论语》：君子耻其言而过其行。言君子耻其言之过其行也。

《诗·荡》篇：侯作侯祝。《传》曰：作祝诅。

五、两语小殊而实一意。

《诗·关雎》：参差荇菜，左右流之；参差荇菜，左右求之。《传》曰：流，求也。

《礼记·表记》：仁有数，义有长短小大。数即长短小大。

六、变文叶韵。

《易·小畜》上九：既雨既处。处，止也，与雨韵，故变言处。

《诗·鄘风·柏舟》：母也天只，不谅人只。《传》曰：天，谓父也。《正义》曰：先母后天，取其韵句。案变父言天，亦取韵句耳。

七、前文隐没至后始显。

《礼记·曲礼》篇：天子谓之伯父，异姓谓之伯舅。下言异姓，则上言同姓明矣。

《檀弓》篇：晋献公之丧，秦穆公使人吊公子重耳。子显以致命于秦穆公。上不言使人为谁，至后始显。

八、举此见彼。

《易·文言》：地道也，臣道也，妻道也，地道无成而代有终也。不言臣妻。

《礼记·王制》：大国之卿不过三命，下卿再命，小国之卿与下大夫一命。郑曰：不著次国之卿者，以大国之下互明之。

九、上下文语变换。

《书·洪范》：金曰从革,土爰稼穑。爰即曰也。

《论语》：爱之能勿劳乎？忠焉能勿诲乎？焉即之也。

十、叙论并行。

《左传·僖三十三年》：秦伯素服郊次,向师而哭,曰：孤违蹇叔以辱二三子,孤之罪也。不替孟明。孤之过也,大夫何罪！且吾不以一眚掩大德。不替孟明乃记者之词。

《史记·周本纪》：尹佚筴祝曰：殷之末孙季纣,殄废先王明德,侮蔑神祇不祀,昏暴商邑百姓,其章显闻于皇天上帝。于是武王再拜稽首,曰：膺更大命,革殷受天明命。武王又再拜稽首。于是武王再拜稽首曰,九字夹叙于祝文之中,再拜稽首叙其事,曰者,史佚更读祝文也。

十一、录语未竟。

《左传·襄二十五年》：盟国人于大宫,曰：所不与崔庆者。下无文。

《史记·高纪》：诸君必以为便,便国家。下无文。

第五,足句。

一、间语。

《书·君奭》：迪惟前人光。惟,间语也。

《左传·隐十一年》：天而既厌周德矣。而,间语也。

二、助语用虚字。

《诗·车攻》篇：徒御不惊,大庖不盈。《传》：不惊,惊也。不盈,盈也。

《书·洪范》：皇建其有极。有极,极也。

三、以语齐句。

《诗·匏有苦叶》篇：济盈不濡轨,雉鸣求其牡。不字所以齐句。

《无羊》篇：众维鱼矣，旐维旟矣。维字所以齐句。

右所甄举，大抵取之《古书疑义举例》中。其文与恒用者殊特，不憭其例，则于其义茫然，或因以生误解。文法书虽工言排列组织之法，而于旧文有所不能施用。盖俞君有言，执今人寻行数墨之文法，而以读周秦两汉之书，犹执山野之夫，而与言甘泉建章之巨丽也。斯言谅矣。兹为讲说计，窃取成篇，聊以证古书文句之异，若其详则先师遗籍具在，不烦罗缕于此云。

六、论安章之总术。 舍人此篇，当与《镕裁》《附会》二篇合观，又证以《文赋》所言，则于安章之术灼然无疑矣。此篇云：句司数字，待相接以为用；章总一义，须意穷而成体。其控引情理，送迎际会，譬舞容回环，而有缀兆之位；歌声靡曼，而有抗坠之节也。章句在篇，如茧抽绪，原始要终，体必鳞次。启行之辞，逆萌中篇之意；绝笔之言，追媵前句之旨；故能外文绮交，内义脉注，萼跗相衔，首尾一体。若辞失其朋，则羁旅而无友，事乖其次，则飘寓而不安。是以搜句忌于颠倒，裁章贵于顺序，斯固情趣之指归，文笔之同致也。案此文所言安章之法，要于句必比叙，义必关联。句必比叙，则浮辞无所容；义必关联，则杂意不能羼。章者，合句而成，凡句必须成辞，集数字以成辞，字与字必相比叙也，集数句以成章，则句与句亦必相比叙也；字与字比叙，而一句之义明，句与句比叙，而一章之义明；知安章之理无殊乎造句，则章法无紊乱之虑矣。《文心》云：引而伸之，则两句敷为一章，约以贯之，则一章删成两句。夫句可展为章，章可删为句，知章句之理本无二致矣。一章所论，必为一意，一意非一句所能尽，故必累句以明之，而此诸句所言，皆趣以明彼之一意，然则诸句之间，必有相待而不能或离者，是故前句之意，或以启下文，后句之意，或以足上旨，使去其一句，则义因之以晦，横增一句，则义因之不安，盖句中一字之增损，足以累句，章中一句之增损,亦足以累章,若知义必关联,则二意两出同辞重句之弊可以祛矣。然临文安章,每苦杌陧,操末续颠,势所不免,是故《镕裁》篇说安章要在定准,准则既定,奉以周旋,则首尾圆合,条贯统序,文成之后,与意合符,此则先定章法,后乃献替节文,亦安章之简术也。凡篇章立意,虽有专主,而枝分条别,赖众理以成文,操毫时既有牵缀之功,脱稿后复有补苴之事,文不加点,自古所稀,易句改章,文士常习,是以舍人复有《附会》之篇,以明修润之术,究其要义,亦曰总纲领、求统绪、识滕理、会节文而已。大抵文既成篇,更有增省,必须俯仰审视,细意弥缝。否则删者有断鹤之忧,补者有赘疣之诮,尺接寸附,为功至烦,故曰改章难于造篇,易字艰于代句,此已然之验也。《文赋》曰:或仰逼于先条,或俯侵于后章,或辞害而理比,或言顺而义妨,离之则双美,合之则两伤,考殿最于锱铢,定去留于毫芒,苟铨衡之所裁,固应绳其必当。此文所言安章之术虽简,实足包括舍人三篇之言。至言铨衡所裁,应绳必当。注云:言铨衡所裁,苟有轻重,虽应绳墨,须必除之,则章法谨严极矣。统之安章之术,以句必比叙,义必关联为归,命意于笔先,所以立其准,删修于成后,所以期其完,首尾周密,表里一体,盖安章之上选乎。

七、论句中字数。 此篇言句中字数,兼文笔二者言之。无韵之文,句中字数盖无一定,彦和言四字密而不促,六字格^{案格为裕}之误。而非缓,或变之以三五,盖应机之权节也。此谓无韵之文,以四字六字为适中,密而不促,裕而非缓,即谓得缓急之中,变以三五,但为权节,则四字六字为合中明矣。李详云:《十驾斋养新录》据此谓骈俪之文,宋人或谓之四六,梁时文字已多用四字六字矣。盖犹拘于当时文体,其实句中字数,长短无恒,特古人文章即是言语,若遇句中字多,无害中加稽止,观前所引《诗·大雅》《左传》文而可明也。至后世之文,则造句不宜过长,若贾谊《过秦论》,于是六国之士有甯越、徐尚、苏秦、杜赫之属为之谋三句,范蔚宗《宦者传论》,若夫高冠长剑纡朱怀金者布满宫闱六句,皆难于讽诵,必当中加稽止,斯固不必轻于仿效者也。自四六体成,反之者变为古文,有意参差其句法,于是句度之长,有古所未有者,此又不足以讥四六也。曾巩《南齐书序》:是可不谓明足以周万事之理,道足以适天下之用,智足以通难知之意,文足以叙难显之情者乎?又曰:是岂可不谓明不足以周万事之理,道不足以知天下之用,智不足以通难知之意,文不足以叙难显之情者乎?又曰:然顾以谓明不足以周万事之理,道不足以适天下之用,智不足以通难知之意,文不足以叙难显之情者何哉?句法奇长若此,令人怪笑。然此犹曰无韵之文也,至欧阳修《祭尹师鲁文》,苏轼《祭欧阳文忠公文》,皆为韵语,而句法之长,有一句三十四字者,有一句三十二字者,此真古之所未有也。

夫文之句读,随乎语言,或长或短,取其适于声气,拘执四六者固非,有意为长句者亦未足范也。若夫无韵之文,句中字数,则彦和此篇所说,大要本之挚虞。《文章流别论》曰:古之诗有三言、四言、五言、六言、七言、九言。古诗率以四言为体,而时有一句二句杂在四言之间。后世演之,遂以为篇。古诗之三言者,洞振鹭,鹭于飞之属是也,汉《郊庙歌》多用之。五言者,谁谓雀无角之属是也,于俳谐倡乐多用之。六言者,我姑酌彼金罍之属是也,乐府亦用之。七言者,交交黄鸟止于桑之属是也,于俳谐倡乐多用之。古诗之九言者,泂酌彼行潦挹彼注兹之属是也,不入歌谣之章,故世希为之。《诗疏》引颜延之云:诗体本无九言者,将由声度缓阐,不协金石,仲治言未可据。夫诗虽以情志为本,而以成声为节,然则雅音之韵,四言为正,其余虽备曲折之体,而非诗之正也。此彦和说所本。《诗疏》则云：句者联字以为言，则一字不制也，以诗者申志，一字则言蹇而不会，故诗之成句，少不减二，即祈父、肇禋之类。三字者，绥万邦、屡丰年之类。四字者，关关雎鸠之类。五字者，谁谓雀无角之类。六字者，昔者先王受命、有如召公之臣之类。七字者，如彼筑室于道谋之类。八字者，十月蟋蟀入我床下之类。其外更不见九字十字者。据冲远之言，则诗无九字，盖自《楚辞》有之。汉人赋句有十余字者，以不歌而诵，故无嫌也。然至十馀字止矣，未有若宋人之一句三十馀字者也。

《竹弹》之谣，李详引黄生《义府》云：此未知诗理，盖此必四言成句，语脉紧，声情始切，若读作二言，其声啴缓而不激扬，恐非歌旨。若昔人读黄绢幼妇外孙虀臼为二言四句，此实妙解文章之味。又古人八字用四韵者，《老子》知足不辱，知止不殆；《韩非》名正物定，名徙物倚，是也。案黄歌四句，而黄生以为二句，黄绢辞二句，而黄生以为四句，且曰妙解文章之味，未知抑扬之所由。

八、论句末用韵。　彦和引魏武之言，今无所见。士龙说见《与兄平原书》。书云：四言转句，以四句为佳。彦和谓其志同枚、贾，观贾生《吊屈原》及《鵩赋》，诚哉两韵辄易，《惜誓》及枚乘《七发》乃不尽然，彦和又谓刘歆、桓谭百韵不迁，子骏赋完篇存者惟《遂初赋》，固亦四句一转也。其云折之中和，庶保无咎者，盖以四句一转则太骤，百句不迁则太繁，因宜适变，随时迁移，使口吻调利，声调均停，斯则至精之论也。若夫声有宫商，句中虽不必尽调，至于转韵，宜令平侧相间，则声音参错，易于入耳。魏武嫌于积韵，善于资代，所谓善于资代，即工于换韵耳。

前释汉师章句之体条中，引《礼记》离经辨志。但据郑注，以离经为断句。近世黄元同先生更以辨志为断章，且极论离经辨志之

要,其言甚美,兹移录如左:

黄以周离经辨志说

《学记》:一年视离经辨志,三年视敬业乐群,五年视博习亲师,七年视论学取友。为中年考校之法。郑注离经辨志,其义本通,后人转求其深,反失《记》意,初年所视,义毋深说。《易》曰:浚恒之凶,始求深也。《记》曰:不陵节而施之谓孙,此之谓也。且如郑所解离经辨志,亦甚难矣。古离经有二法,一曰句断,一曰句绝。句断今谓之句逗,古亦谓之句投,《文选·长笛赋》。断与逗投皆音近字,句断者,其辞于此中断,而意不绝,句绝则辞意俱绝也。郑注离训断绝,兼两法言,云断句绝也者,欲句字两属之尔。《礼经》有其例,注亦多用斯意。离经专以析句言,孔疏章句兼说,既非郑义,俗本作章断句绝也,更失郑意。断章乃辨志之事,志与识通,辨志者,辨其章指而标识之也,郑读志如字,云别其志意之趣乡,趣乡释志,志者心之所之也,其志意谓经之志意也;孔疏志属学者,辨属考校者,于上视字既触,于下文法亦违,郑意当不尔也。古者教国子以诗书礼乐四术,《诗·周南》本作一什,《关雎》之后即继《葛覃》,学者以其志趣不同,分之为篇,别之以章,题曰《关雎》几章,《葛覃》几章,题即标识之谓也,而云辨者,章法无一定,任学者自分之。《毛诗》云:《关雎》五章,章四句,故言三章,其一章四句,二章八句。《释文》云:五章是郑所分,故言以下是毛公本意,是毛、郑标识不同也。《常棣》,《毛诗》分八章,章四句,《中庸》连引妻子好合六句,辨其志趣,后两章宜合为一。由是推之,《毛诗》所分五章六章,亦谓御侮思兄弟,平安又重友生,辨其志趣亦不必分为二,说详先君《儆居集》。是毛公之标识,亦不能无失也。《闷宫》之分章,至今无定说,然此犹其大焉者也,至《毛诗》分周颂《桓》《赉》为两篇,据《左传》,《桓》为大武之六章,《赉》为大武之三章,是篇弟之标识亦有不同矣。此非辨志有各别而考校者所当视乎?《尚书》汩作九共槁饫,皆述帝厘下土方设居方别生分类之事,古初当亦同篇;曰汩作,曰九共,曰槁饫,殆亦后之学者,辨其志趣之异标识之。《大禹谟》《皋陶谟》《益稷》亦犹是已。《盘庚》本一篇,今分上中下,而郑注亦以上篇《盘庚》为臣时事,中下篇《盘庚》为君时事。《康王之诰》或分王出以下为篇,或分王若曰以下为篇,亦辨志者之标识之各别也。《礼经》散佚已多,今所传《士礼》十七篇,注家于每篇中分别其章,标识其目,小辨志之事。《乐经》全亡,而小戴所载《乐记》一篇,刘向《别录》有《乐本论》十一目,即辨志之遗法也。今诸经章句,注家标识,大半已明,若初学读《史记》《汉书》用离经辨志法,令之点句画段,标明大旨,一展视之,便知其用意之浅深,洵良法也。初年讲学,宜知是意,小成而后,由所辨而措诸身心,由所志而见诸事业,道德经济文章,皆由此其选也。

九、词言通释。　　世人或言:语词多无本字。朱君允倩书遇语词不得语根者,辄谓为托名标识。或言:语词多无实义。马建忠书谓夫盖则以而等字无解。夫言语词无本字,则不知义之所出;言语词无实义,则不知义之所施。兹故采《说文》及传注之言,删取二王、俞、黄之书,作此一篇。凡古籍常用之词,类多通假,惟声音转化无定,如得其经脉,则秩然不乱,非夫拘滞于常文者所能悟解也。马氏书以意读古书,而反斥王君有征之言,此大失也。寻《尔雅·释诂》《释言》之三篇,《释词》言者数十条,《方言》《广雅》亦放物之,固知昔人训解书籍,未有不以此为急者。《文心雕龙》云:夫惟盖故者,发端之首唱,之而于以者,乃札句之旧体,乎哉矣也,亦送末之常科,据事似闲,在用实切。夫语助施于恒文,其要已若此,况于诵籀故书,而可忽之乎?

《说文》:曰,词也,从口,乙声,亦象口气出也。《广雅》:曰,言也,通作谓。《广雅》:谓,说也,又通作云。《经传释词》:云,言也,又通作为。《释词》:为,犹曰也。谓亦通作为。《释词》:为,犹谓也。

《说文》:欥,诠词也,从欠,曰声,字亦作曰,亦作聿,亦作遹。

《说文》:粤,亏也,宷慎之词者,从亏,从宷,字亦作越。《夏小正传》:越,於也,通作爰。《尔雅》:爰,于也,於也,曰也。

粤又但为发声之词。《尔雅》:粤,曰也,通作曰。黄以周说曰亦发声之词。

《说文》:亏,於也,象气之舒,从丂,从一。一者,其气平之也。字亦作於。通作繇。《尔雅》:繇,於也。字亦作由,亦作猷。又通作曰。黄说:曰,於也。又通作为。《释词》:为,犹於也。又通作如。《释词》:如,犹於也。又通作那。《尔雅》:那,犹於也。又通作诸,作都。《仪礼注》曰:诸,於也。《尔雅》曰:都,於也。又通作之。《释词》:之,犹诸也,於也。亏又有在谊,字亦作於,通作乎。《吕览注》:乎,於也。又通作许。《文选注》:许,犹所也。又通作所。所本音许,转为齿音,其作喉音者,於之借也。又通作可。《礼记注》:可,犹所也。亏又有於是之义,通作安。《释词》:安,犹於是也,乃也,则也,字亦作案,亦作焉。又通作惟。《文选注》:惟,是也。又通作侯。《尔雅》:侯,乃也。又通作一。《吕览注》:一,犹乃也。亏又但为发声之词。《左传注》:于,发声。亏又为叹词,字亦作於。《诗传》:於,叹词。亦作乌,乌呼即於乎。亦作呜,通作猗。《诗传》：猗，叹词。又通作噫。《释词》曰：噫，叹声。亦作意，作懿，作抑。

《说文》：吁，惊语也，从口亏声。通作呼。《左传注》：呼，发声。

《说文》：为，母猴也，其为禽好爪，引申有作为之谊。通作以。玉篇：以，为也。又通作用。《释词》：用，词之为也。又通作与。《释词》：与，犹为也。又通作于。《仪礼注》：于，犹为也。字亦作於。《释词》：於，犹为也。又通作曰。《释词》：曰，犹为也。又通作谓。《释词》：谓，犹为也。又通作爰。《玉篇》：爰，为也。又通作惟。《玉篇》：惟，为也。又通作有。《释词》：有，犹为也。

为引申为人相为之为，则读去声。亦通作与。《释词》：与，犹为也。亦通作于。《释词》：于，犹为也。字亦作於。《释词》：於，犹为也。亦通作谓。《释词》：谓，犹为也。

《说文》：已，已也。四月阳气已出，阴气已藏，万物见，成文章，故引申以为已止已过之谊，而有似、目二音。其训过者，又有太谊、甚谊。《考工记注》。通作以。《左传》：嬴曰以刚。

《说文》：目，用也，从反已。字又作以，或作㠯。通作用，字亦作庸。通作与。《释词》：与，犹以也。又通作由。《广雅》：由、以，用也，字亦作犹，亦作攸。又通作允。《释词》：允，犹用也。又：犹以也。又通作为。《释词》：为，犹以也。

《说文》：矣，语已词也，从矢，目声，字亦作㠯。《汉书注》：已，语终辞。又通作焉。《玉篇》：焉，语已之辞也。又通作也。《释词》：也，犹矣也。又通作云，字亦作员。《诗疏》：云、员，古今字，助句辞也。

《说文》：唉，应也。通作诶。《说文》：一曰，诶，然也。又通作已。《书传》：已，发端叹辞。字亦作熙。《汉书注》：熙，叹词。又通作譆。《释词》：譆，叹辞也。字亦作嘻。

《说文》：诶，可恶之辞。字亦作唉，又作譆。《说文》：譆，痛也。字亦作嘻。

《说文》：䚳，芉恶惊辞也。读若楚人名多夥，字亦作夥。

《说文》：余，语之舒也。从八，舍省声，引申为我之称，通作予，又通作台。

《说文》：欤，安气也。以为语词，与余同谊。《玉篇》：欤，语末词。字亦作与。《国语注》：与，辞也。通作为。《礼记疏》曰：为，是助语。

《说文》：与，党与也。引申以为相连及之词。《礼记注》：与，及也。通作以。《广雅》：以，与也。《虞氏易注》曰：以，及也。又通作曰。黄以周说：曰，及也。字亦作越。《广雅》：越，与也。又通作谓。《释词》：谓，犹与也。又通作爰。《释词》：爰，犹与也。又通作于。《释词》：于，犹与也。又通作为。《释词》：为，犹与也。又通作惟。《释词》：惟，犹与也，及也，字亦作维。又通作如。《释词》：如，犹与也，及也。又通作若。《释词》：若，犹与也，及也。又通作而。《释词》：而，犹与也，及也。

《说文》：卥，气行貌，从乃，卤声，读若攸，字变作逌。通作攸。《释词》：攸，语助也。字亦作猷。

《说文》：唯，诺也。通作俞。《尔雅》：俞，然也。唯又但为发声之词，字亦作惟，作维，作虽。通作伊。《尔雅》：伊，维也，字亦作繄。又通作允。《释词》：允，发语词。又通作夷。《周礼注》：夷，发声。又通作有。《释词》：有，语助也。又通作或。《释词》：或，语助也。又通作抑。《释词》：抑，发语词。字亦作噫，作意。又通作亦。《释词》曰：亦有但为语助者。唯又引申而有两设之词,字亦作惟,作虽。《玉篇》:虽,词两设也。唯又有是义,字亦作惟,作维,作虽,引申又训独。又通作繄。《诗笺》:繄,是也。字亦作伊,又通作一,引申训皆,实用惟是之义。字亦作壹。

《说文》:又,手也,引申为手所有之谊,凡有无字皆以又为本字,字亦作有,通作或。《广雅》:或,有也。又通作为。《孟子注》:为,有也。又通作惟。薛综《东京赋注》:惟,有也。又通作云,字亦作员。《广雅》:云、员,有也。有,又有或义。《穀梁传》:一有一无曰有。通作或。《易传》:或之者,疑之也。又通作抑。《左传注》:抑,疑辞。字亦作意,作噫,作億,作懿,又通作一。《释词》:一,或也。又通作云。《释词》:云,或也。又,又为有继之辞,见《穀梁传》。《诗疏》:又,亚前之辞。字亦作有。《诗笺》:有,又也。又通作或。《释词》:或,犹又也。又通作亦。《公羊注》曰:亦者,两相须之意。又通作惟。黄以周说:惟,又也。又通作犹。《礼记注》曰:犹,尚也。《尔雅》:可也。《释词》:犹之言由也。字亦作猷。

《说文》:因,就也,引申为因由之谊,通作由,又通作目。《汉书注》:目,由也。又通作用。《释词》曰:用,词之由也。

《说文》:欲,贪欲也。其于词声转为为。《孟子》:克告于君,君为来见也。赵注:君将欲来,是以欲释为。《史记》:为欲置酒,为欲复言尔。

《说文》:兮,语所稽也。通作殹。《石鼓文》:汧殹沔沔。秦斤以殹为也字,又通作也。《玉篇》:也,所以穷上成文也。《释词》:也,犹兮也。又云:也,犹者也。又通作猗。《释词》:猗,兮也。又通作邪。《释词》:邪,犹也也。又通作矣。《释词》:矣,犹也也。又通作焉。《释词》:焉,语助也。又:犹也也。又通作安。《释词》:安,焉也。又通作与。《释词》:与,犹也也。

《说文》：兄，长也。引申有兹益谊。《诗传》：兄，兹也。字亦作况。《诗传》：况，兹也。亦作皇，又通作汻。《汉书注》：汻，且也。兄又引申为匹拟之词。《广韵》：况，匹拟也。此由矧况谊引申。

《说文》：曷，何也。字亦作害，又通作盍。《尔雅》：曷，盍也。《广雅》：盍，何也。字亦作盖，盖又引申为发端之词。《释词》：盖，大略之词。又通作何，又通作奚，又通作胡，字亦作遐，作瑕。《礼记注》：瑕之言胡也。又通作侯。《吕览注》：侯，何也。又通作号。《释词》：号，何也。又通作安。《易疏》：安，犹何也。又通作焉。《广雅》：焉，安也。又通作庸。《释词》：庸，犹何也，安也，讵也。又通作台。《释词》：台，犹何也。又通作恶，字亦作乌。《吕览注》：恶，安也。又曰：乌，安也。

《说文》：乎，语之余，从兮，象声上越扬之形也。又通作于。《吕览注》：于，乎也。又通作欤，字亦作与。《吕览注》：欤，邪也。《论语疏》：与，语不定之词。又通作邪。《释词》：邪，犹欤也，乎也。又通作也。《释词》：也，犹邪也，欤也，乎也。又通作如。《释词》：如，犹乎也。又通作夫。《释词》：夫，乎也。乎又为发声，字通作侯。《诗传》：侯，维也。《尔雅》：伊维，侯也。又通作洪。《释词》：洪，发声，字亦作鸿。《尔雅》：鸿，代也。

《说文》：号，痛声也，号呼也。通作皋。《仪礼注》：皋，长声也。

《说文》：故，使为之也，引申为申事之词，发端之词，又与则谊通。《释词》：故，犹则也。则本字为曾，亦申事之词；故为推其所由，故又有本然之谊。字亦作固，作顾。《释词》：固，必也。又通作苟。《释词》：苟，诚也。

《说文》：顾，还视也，引申为词之反。许君《淮南注》曰：顾，反也。

《说文》：及，秦以市买多得为及，从乃，从夂，益至也。引《诗》：我及酌彼金罍。今《诗》作姑，字亦作姑，且也。又通作顾。《释词》：顾，但也，又通作苟。《释词》：苟，但也，且也。

《说文》：今，是时也，从亼从㇅。㇅，古文及字，今引申但训是。《释词》：今，指事之词也。又但训即。《释词》：今，犹即也。

《说文》：可，肯也。哿，可也。通作克，又通作堪，又通作所。所，本音许；可，本音ㄊ，故得相通。《释词》：可，犹所也。

《说文》：及，逮也。从又，从人。㫆，众与词也。《尔雅》：及，与也。及又为更端之词。《释词》：及，犹若也。

《说文》：亅，钩识也。从反亅，读若橛，引申以为指事之词，犹丶挈乳以为者是诸字矣。通作厥。《尔雅》：厥，其也，通作其，又通作汽。《左传注》：汽，其也。又通作几。《易注》：几，词也。又虞注：几，其也。又通作岂。《广韵》：岂，词之安也，焉也，曾也。又通作讵。《释词》：讵，岂也。字亦作巨，作距，作钜，作遽，作渠。又通作祈。《礼记注》：祈之言是也。又通作既，经传多以既其互文，既亦其也。

其又但为语助，或读如记，字亦作己，作记，作远，作忌。其又作问词而读如姬，字亦作居，作期。亅又通作羌。《广雅》：羌，乃也。其有乃训，故羌亦训乃。字亦作庆，作卿，作謇。《离骚》：謇吾法夫前修，謇朝谇而夕替，謇皆羌也。

《说文》：几，微也，殆也。殆之训，字又通作汽。《诗笺》：汽，几也。又通作既，已也，由已引申，又有终谊。黄以周说：经传以既与初与始连文，既皆训终。

《说文》：吾，我自称也。我，施身自谓。又通作言。《尔雅》：言，我也。

我又但为语词,尔通作言。《尔雅》:言,间也。又通作宜,作仪,作义。《释词》云:皆助语词也。又通作憖。《左传注》:憖,发语也。

《说文》:宜,所安也,引申为推测之词。《释词》:宜,犹殆也。

《说文》:咅,语相诃歫也,从口歫辛。通作恶。《释词》:恶,不然之词。字亦作哑。

《说文》:者,别事词也,从白朱声。朱,古文旅。通作诸。《仪礼注》:诸,之也。诸又训於,又通作都。《尔雅》:都,於也。又通作之。之,指事之词。本字皆作者。又通作是。《释词》:是,之也。字亦作氏。又通作时。《尔雅》:时,是也。又通作寔。《尔雅》:寔,是也。字亦作实。又通作适。《释词》:适,是也。之又通作旃。《诗传》:旃,之也。者又引申为叹词,通作都。《书传》:都,於,叹美之词。

《说文》:尚,曾也,庶几也。从八,向声,曾之谊。字通作当。《释词》:当,犹则也。庶几之谊。字亦作上,又通作当。《释词》:当,犹将也。又为或然之词,字亦作党,作傥。又通作殆。《礼记注》:殆,几也。《释词》:殆,将然之词也。又通作庶。《尔雅》:庶,幸。庶几,尚也。字亦作恕。尚又但为发声之词。又通作诞。《释词》:诞,发语词。又通作迪。《释词》:迪,发语词也。又通作噬,作逝。《释词》:逝,发声也。又通作式。《诗笺》:式,发声也。尚又有犹谊,由曾谊引申。

《说文》:只,语已词也。从口,象气下引之形。字亦作咫,作轵,作旨。又通作止。《诗传》:止,辞也。又通作诸。《左传》服注:诸,辞也。又通作之,《尔雅》:之,言间也。《左传注》:之,语助也。《释词》:之,犹与也。之,犹若也。只又训则,通作是。《释词》:是,犹则也。

《说文》：冬，四时尽也。从仌，夂声。夂，古文终。经传用终为语词，既也。

《说文》：正，是也。从止，一以止。是，直也。从日，从正，通作直。《吕览注》：直，特也。《淮南注》：直，但也。又通作特，又通作徒。《吕览注》：徒，但也。又通作但，又通作独，又通作祗。《诗传》：祗，适也。字亦作多。又通作适。《释词》：谓适然也。又通作属。《国语解》：属，适也。

《说文》：啻，语时不啻也。字亦作翅，作适。

《说文》：矤，况也，词也。从矢，引省声。从矢取词之所之如矢也。

《说文》：曷，谁也，曷，词也。谁，何也。曷亦作畴。《尔雅》：畴，谁也。通作孰。《尔雅》：孰，谁也。《释词》：孰，何也。又通作独。《吕览注》：独，孰也。曷又但为发声，字亦作畴。《礼记注》：畴，发声也。通作谁。《尔雅注》：谁，发语辞。

《说文》：乃，曳词之难也，象气之出难。卤，惊声也。从乃省，卤声。或曰：卤，往也，读若仍。案乃古亦读若仍，字亦作仍。《尔雅》：仍，乃也。通作而。《礼记注》曰：而，犹乃也。又通作然。《释词》：然，犹而也。又通作如。《释词》：如，犹而也，乃也，则也。又通作若。顾欢《老子注》曰：若，而也。又通作宁。《诗笺》：宁，犹曾也。又通作能。《释词》：能，犹而也，乃也。乃又为指事之词，通作若，作汝，作女，作而，作戎，作尔。乃又但为发声《礼记疏》曰：乃者，言之助也。通作若。《释词》：若，词之惟也。又通作来。《释词》：来，句中语助也。又通作宁。《释词》：宁，语助也。乃又为句绝，字作而。《汉书》：而者，句绝之辞。又通作来。《释词》：来，句末语助也。

《说文》：宁，愿词也。《释词》：将也。

《说文》：尒，词之必然也。从入丨八，八象气之分散。字亦作尔。《礼记注》：语助也。尒又训如此，见《释词》。通作耳。《释词》：耳，犹而已也。

《说文》：嘫，语声也。字亦作然。《广雅》：然，譍也。《太玄》范望注：然，是也。《礼记注》：然之言焉也。通作尔。《释词》：尔，亦然也。又通作而。《释词》：而，犹然也。

《说文》：诺，应也。字亦作若，用作语词。《易注》：若，辞也。通作如。《易》子夏传：如，辞也。《释词》：如，犹然也。

《说文》：如，从随也，引申以为相类相当之谊。通作若。《周礼注》：若，如也。《释词》：若，犹或也。又通作乃。《释词》：乃，若也。又通作而。《易》虞注：而，如也。又通作奈。《释词》：奈，如也。又通作那。《释词》：那者，奈之转也。又通作于，作於。《释词》：于，犹如也；於，犹如也。又通作与。《广雅》：与，如也。又通作犹，作猷。《诗传》：犹，若也。《尔雅》：猷，若也。又通作因。《释词》：因，犹也。又通作为。《释词》：如也。又通作云。《释词》：云，犹如也。又通作谓。《释词》：谓，犹如也。

《说文》：䃔，事有不善言䃔。又通作僇。《说文》：一曰且也。字亦作憀，作聊。《诗笺》：聊，且略之辞。

《说文》：曾，词之舒也。从八，从曰，㐺声。《吕览注》：曾，则也。通作则，又通作即。《释词》：即，犹遂也。即今也，是也，若也。又通作斯。《释词》：斯，犹则也。又通作兹。《释词》：兹，犹斯也。字亦作玆。曾又训尝，尝本字即尚，而读小变。

《说文》：哉，言之间也。字亦作载。《释词》：载，犹则也。亦作䜋。《广雅》：䜋，词也。通作且。《吕览注》：且，将也。又通作将。《论衡》：将，且也。又通作作。《诗传》：作，始也。哉又为语已词,通作则,何则即何哉。又通作且。《诗传》:且,辞也。又通作斯。《释词》:斯,语已词也。

《说文》:朁,曾也。引《诗》曰:朁不畏明。字亦作憯,作惨。

《说文》:嗞,嗟也。着,嗞也。着,字亦作嗟,作𡁜,嗟嗞连言,或作嗟兹,或作嗟子。嗟又但为语词。《释词》:嗟,语助也。又通作斯。《尔雅》:斯,此也。又通作鲜。黄以周说:鲜,斯也。此又通作且。《诗传》:且,此也。字亦作徂,又通作巳。《尔雅》:巳,此也。巳本音,详里切。

《说文》:呰,苛也。苛即诃,引申以为语词。字亦作訾,作些。《广雅》:些,词也。通作思。《释词》:思,语已词也,发语词也,语助也。又通作斯。《释词》:斯,语已词也,语助也。又通作所。《释词》:所,语词也。又通作爽。《释词》:爽,发声也。又通作率。《释词》:率,语助也。

《说文》:㺒,从意也。亦作遂,通作肆。《尔雅》:肆,故也。《释词》:肆,遂也。又通作率。《释词》:率,词也。案:率亦㺒也。

《说文》:比,密也。皆从比,故比亦为俱词。《孟子注》:比,皆也。

《说文》:不,鸟飞上翔不下来也。象形,通作弗,又通作非。《汉书》服注曰:非,不也。字亦作匪。《释词》:匪,不也。又通作无。薛综《东京赋注》:无,不也。又通作罔。《释词》:罔,犹不也。又通作蔑。《释词》:蔑,不也。不又但为语词,有发声,有承上文。《玉篇》:不,词也。字亦作丕,作否,通作薄。《诗传》:薄,辞也。又通作夫,作烦。《礼记注》:夫,或为烦,皆发声。

《说文》:否,不也。从口,从不。

《说文》:非,违也。从飞下翅,取其相背。字亦作匪。《诗传》：非，匪也。通作彼。《释词》：彼，匪也。又通作不，作否。《释词》：不，否，犹非也。又通作无。《释词》：无，犹非也。又通作微。《礼记注》：微，非也。又通作勿。《广雅》：勿，非也。

《说文》：彼，往有所加也。通作夫。《释词》：夫，犹彼也，此也。又通作匪。《广雅》：匪，彼也。

《说文》：凡，最括也。从二，从丆，通作夫。《孝经疏》引刘瓛曰：夫，犹凡也。

《说文》：未，味也。案引申为未来之未，通作末。《释词》：末，犹未也。又通作无。《释词》：无，犹未也。

《说文》：亡，逃也。无，亡也。通作罔。《释词》：罔，无也。又通作微。《诗传》：微，无也。又通作末。《释词》：末，无也。又通作蔑。《释词》：蔑，无也。又通作不，作否。《释词》：不、否，无也。

《说文》：毋，止之也。通作无。《释词》：无，毋也。又通作勿。《释词》：勿，莫也，无也。又通作末。《释词》：末，勿也。又通作不。《释词》：不，毋也。毋又为发声，通作无。《汉书》孟康注：无，发声助也。又通作勿。《释词》：勿，语助也。又通作末。《释词》：末，发声也。毋又为转语词，字亦作亡，作无，作妄，通作每。《尔雅》：每、有，虽也。《诗传》：每，虽也。

综上所列，词言条理，有可求者数事：一、词言之音，大抵同类相转，如已、于、吁、兮、乎、粤、曰、欥，皆喉音；未、亡、无、毋、非，皆唇音是也。二、词言本写声气，故每由感叹之词以为语词，故虽即唯，若即诺，然即嚃，其初但为语声，后乃以为语助是也。三、词言之字，本无定性，如乃、者、彼、诸字，有时泛为指事，有时专有所斥是也。四、词言诸字，有时但以助语而不关谊，故其在句首即为发端，其在句中即为间语，其在句末即为终句，如乎本语之余，而在句首，则声转为洪；尚训庶几，而为发端，则声转为逝；我本自称，而声转为言,则为间语;其本指事,而声转为几,则徒以成句;且字本于哉,句首句末,施用无恒;之字本于者,句中句下,位置无定是也。
五、实义之字转作语词,必与音同音近之语词意义不甚相远,如为与曰通,曰谊即可包为;是与者通,者谊即可包是是也。

丽辞第三十五

　　文之有骈俪，因于自然，不以一时一人之言而遂废。然奇偶之用，变化无方，文质之宜，所施各别。或鉴于对偶之末流，遂谓骈文为下格；或惩于俗流之恣肆，遂谓非骈体不得名文；斯皆拘滞于一隅，非闳通之论也。惟彦和此篇所言，最合中道。一曰高下相须，自然成对。明对偶之文依于天理，非由人力矫揉而成也。次曰岂营丽辞，率然对尔。明上古简质，文不饰珊，而出语必双，非由刻意也。三曰句字或殊，偶意一也。明对偶之文，但取配俪，不必比其句度，使语律齐同也。四曰奇偶适变，不劳经营。明用奇用偶，初无成律，应偶者不得不偶，犹应奇者不得不奇也。终曰迭用奇偶，节以杂佩。明缀文之士，于用奇用偶，勿师成心，或舍偶用奇，或专崇俪对，皆非为文之正轨也。舍人之言，明白如此，真可以息两家之纷难，总殊轨而齐归者矣。原夫古之为文，初无定术，所可识者，文质二端，奇偶偏畸，即由此起。盖文言藻饰，用偶必多，质语简淳，用奇必众，《尚书》《春秋》，同为国史，而一则丽辞盈卷，一则俪语无闻；《周官》《礼经》，同出周公，而一则列数陈文，一则简辞述事；至于《易传》《书序》，皆宣圣亲撰之书，《易传》纯用骈词，《书序》皆为奇句，斯一人之作无定者也；《洪范》《大诰》，同为外史所掌之籍，《洪范》分胪名数，《大诰》直举词言，斯一书之体无定者也。此皆举六艺为征,而奇偶无定已若此。至于子史之作,更无一成之规,老庄同为道家,而柱史之作,尽为对语。园吏之籍,不尽骈言;左、马同属史官,而《春秋外传》捶词多偶,《太史公书》叙语皆奇,此则子史之文用奇用偶绝无定准者矣。总之,偏于文者好用偶,偏于质者善用奇,文质无恒,则偶奇亦无定,必求分畛,反至拘墟。历考前文,差堪商榷:自汉魏以来,迄于两晋,雅俗所作,大半骈词为多,于时声病之说未起,对偶之法亦宽,又有文笔之分途,幸存文质之大介,降至齐梁以下,始染沈谢之风,致力宫商,研精对偶,文已驰于新巧,义又乖于典则,斯苏绰所以拟典谟,隋炀所以非轻侧,魏征所以讥流宕,了昂所以革浮侈,而退之丁文,或至比之于武事,有摧陷廓清之功,则骈俪之末流,亦诚有以致讥召谤者乎。观彦和所言,气无奇类,文乏异采,硙硙丽辞,昏睡耳目。则骈文之弊,自彼时而已然。至刘子玄作《史通》,乃言史道陵夷,芜音累句,云蒸泉涌,其为史也,大抵编字不只,捶句皆双,修短取均,奇偶相配,故应以一言蔽之者,辄足为二言,应以三句成文者,必分为四句,弥漫重沓,不知所裁,此其弊又及于史矣。文质之介,漫汗不分,骈偶之词,用之已滥,然则丽辞之末流,不亦诚有当节止者乎?唐世复古之风,始于伯玉而大于昌黎,其后遂别有所谓古文者,其视骈文,以为衰敝之音。苏子瞻至谓昌黎起八代之衰,直举汉魏晋宋而一切抹摋之。宋子京修《唐书》,以为对偶之文,不可以入史策,斯又偏滞之见,不可以适变者也。观唐世裴度、李翱之言,知彼时固未尝尽以对偶之文为非法而弃之,其以是自张标志者,特一方之私见,非举世之公谈也。裴与李翱书曰:观弟近日制作,大旨常以时世之文,多偶对俪句,属缀风云,羁束声韵,为文之病甚矣,故以雄词远致一以矫之,则是以文字为意也。且文者,圣人假之以达其心,达则已,理穷则已,非故高之下之详之略之也。昔人有见小人之违道者,耻与之同形貌,共衣服,遂思倒置眉目,反易冠带以异之,不知其倒之反之非也;虽失于小人,亦异于君子矣。故文之异,在气格之高下,思致之深浅,不在碌裂章句,隳废声韵也。人之异,在风神之清浊,心志之通塞,不在于倒置眉目,反易冠带也。李翱之答王载言书亦曰:溺于时者曰文章必当对,其病于是者曰文章不当对,此皆情有所偏,滞而不流,未识文章之所生也。古之人能极于工而已,不知其辞之对与否也。《诗》曰:忧心悄悄,愠于群小。此非对也。又曰:遘闵既多,受侮不少。此非不对也。学者不知其方,而称说云云,如前所陈者,非吾之所敢闻也。案翱方以古文自矜,而其言乃若此,知其服膺晋公所诲矣。今观唐世之文,大抵骈散皆有,若敬舆之《翰苑集》,皆属骈体,而胉挚畅遂,后世诵法不衰;即退之集中,亦有骈文;樊南之文,别称四六;则为古文者亦不废斯体也。宋世欧、苏、王三子,皆为古文大家,其于四六,亦复脱去恒蹊,自出机轴,谓之变古则可,谓其竟废斯体则不可。近世褊隘者流,竞称唐宋古文,而于前此之文,类多讥诮,其所称述,至于晋宋而止。不悟唐人所不满意,止于大同已后轻艳之词,宋人所诋为俳优。亦裁上及徐庾,下尽西昆,初非举自古丽辞一概废阁之也。自尔以后,骈散竟判若胡秦,为散文者力避对偶,为骈文者又自安于声韵对仗,而无复迭用奇偶之能。以愚意论之,彼以古文自标榘者,诚可无与诤难,独奈何以复古自命者,亦自安于骈文之号,而不一审究其名之不正乎。阮伯元云:沉思翰藻始得为文,而其余皆经史子。是以骈文为文,而反尊散文为经史子也。李申耆选晚周之文以讫于隋,而名之曰《骈体文钞》,是以隋以前文为骈文,而唐以后反得为古文也。何其于彦和此篇所说通局相妨至于如是耶!今录阮李二君文四篇于后,以备考镜:

阮伯元与友人论古文书

前《原道》篇札记只节取，兹全录之。

读足下之文，精微峻洁，具有渊源。甚善甚善。顾蒙来问，谨陈陋识焉：元谓古人于籀史奇字，始称古文，至于属辞成篇，则曰文章，故班孟坚曰：武宣之世，崇礼官，考文章。又曰：雍容揄扬，著于后嗣，大汉之文章，炳焉与三代同风。是故两汉文章，著于班范，体制和正，气息渊雅，不为激音，不为客气，若云后代之文，有能盛于两汉者，虽愚者亦知其不能矣。近代古文名家，徒为科名时艺所累，于古人之文，有益时艺者，始竞趋之。兀尝取以置之两《汉书》中诵之，拟之淄渑不能同其味，宫徵不能壹其声，体气各殊，弗可强已。若谓前人朴拙，不及后人，反复思之，亦未敢以为然也。夫势穷者必变，情弊者务新，文家矫厉，每求相胜，其间转变，实在昌黎。昌黎之文，矫《文选》之流弊而已。昭明选序，体例甚明，后人读之，苦不加意。选序之法，于经子史三家不加甄录，为其以立意纪事为本，非沉思翰藻之比也。今之为古文者，以彼所弃，为我所取，立意之外，惟有纪事，是乃子史正流，终与文章有别。千年坠绪，无人敢言，偶一论之，闻者掩耳，非聪颖特达深思好问如足下者，元未尝少为指画也。呜呼！修涂具在，源委远分，古人可作，谁与归欤？愿足下审之。

阮伯元四六丛话序

昔《考工》有言：青与白谓之文，亦与白谓之章。良以言必齐偕，事归镂绘。天经错以地纬，阴偶继以阳奇。故虞廷采色，臣邻施其璪火；文王寿考，诗人美其追琢。以质杂文，尚曰彬彬，以文被质，乃称棫棫。文之与质，从可分矣。懿夫人文大著，肇始六经。典坟邱索，无非体要之辞；礼乐诗书，悉著立诚之训。商瞿观象于文言，邱明振藻于简策，莫不训辞《尔雅》，音韵相谐。至于命成润色，礼举多文，仰止尼山，益知宗旨。使其文章正体，质实无华，是犬羊虎豹，反追棘子之谈，黼黻青黄，见斥庄生之论矣。周末诸子奋兴，百家并骛，老庄传清净之旨，孟荀析善恶之端，商韩刑名，吕刘杂体，若斯之类，派别子家，所谓以立意为宗，不以能文为本者也。至于纵横极于战国，春秋纪于楚汉，马班创体，陈范希跋，是为史家，重于序事，所谓传之简牍，而事异篇章者也。夫以子若彼，以史若此，方之篇翰，实有不同。是惟楚国多才，灵均特起，赋继孙卿之后，词开宋玉之先，隐耀深华，警采绝艳；故圣经贤传，六艺于此分途，文苑词林，万世咸归围范。贾生枚叔，并辔汉初，相如子云，联镳西蜀。中兴以后，文雅尤多，孟坚季长之伦，平子敬通之辈，综两京文赋诸家，莫不洞穴经史，钻研六书，耀采腾文，骈音丽字；故雕虫绣帨，拟经者虽改修涂，月露风云，变本者妄执笑柄也。建安七子，才调辈兴，二祖陈王，亦储盛藻，握径寸之灵珠，享千金于荆玉。至于三张二陆太冲景纯之徒，派虽弱于当涂，音尚闻夫正始焉。文通希范，并具才思，彦升休文，肇开声韵；轻重之和，拟诸金石，短长之节，杂以咸韶，盖时会使然，故元音尽泄也。孝穆振采于江南，子山蜚声于河北。昭明勒选，六代范此规模，彦和著书，千古传兹科律。迄于陈隋，极伤靡散，天监大业之间，亦斯文升降之会哉。唐初四杰，并驾一时，式江薛之靡音，追庾徐之健笔。若夫燕许之宏裁，常杨之巨制，《会昌一品》之集，元白《长庆》之编，莫不并捴龙文，联登凤阁。至于宣公《翰苑》之集，笃挚曲畅，国事赖之，又加一等矣。义山飞卿，以繁缛相高，柯古昭谏，以新博领异，骈俪之文，斯称极致。赵宋初造，鼎臣大年，犹沿唐旧，欧苏王宋，始脱恒蹊，以气行则机杼大变，驱成语则光景一新；然而衣辞锦绣，布帛伤其无华，工谢雕几，虞业呈其朴凿。南渡以还，《浮溪》首倡，《野处》《西山》，亦称名集，《渭南》《北海》，并号高文，虽新格别成，而古意寖失。元之袁揭，弁冕一世，则又扬南宋余波，无复三唐雅调也。载稽往古，统论斯文，日月以对待曜采，草木以错比成华，玉十瑴而皆双，锦百两而名束，明堂斧藻，视画缋以成文，阶庪笙镛，听铿锵而应节，自周以来，体格有殊，文章无异。若夫昌黎肇作，皇李从风，欧阳自兴，苏王继轨，体既变而异今，文乃尊而称古，综其议论之作，并升荀孟之堂，核其叙事之辞，独步马班之室，拙目妄讥其纰缪，俭腹徒袭为空疏，此沿子史之正流，循经传以分轨也。考夫魏文《典论》，士衡《文赋》，挚虞析其《流别》，任昉溯其《原起》，莫不谨严体制，评骘才华；岂知古调已遥，矫枉或过，莫守彦和之论，易为真氏之宗矣。我师乌程孙司马，职参书凤，心擅雕龙，综览万篇，博稽千古，文人之能事，已揽其全，才士之用心，深窥其秘。王铚《选话》，惟纪两宋，谢伋《谈麈》，略有万言，虽创体裁，未臻美备。况夫学如沧海，必沿委以讨原，词比邓林，在揣本而达末。百家之杂编别集，尽得遗珠，七阁之秘笈奇书，更吹藜火。凡此评文之语，勒成讲艺之书。四骈六俪，观其会通，七曜五云，考其沉博。而且体分十八，已括萧刘，序首二篇，特标《骚选》；比青丽白，卿云增绣黼之辉，刻羽流商，天籁遏笙簧之响；使非胸罗万卷，安能具此襟期？即令下笔千言，未许臻兹酝酿也。元才囿陋质，心好丽文，幸得师承，侧闻绪论，妄执丹管而西行，愿附骥尾而千里。固知卢王出于今时，流江河而不废，子云生于后世，悬日月而不刊者矣。

阮伯元文韵说

福问曰：《文心雕龙》云：今之常言，有文有笔。以为无韵者笔也，有韵者文也。据此，则梁时恒言有韵者乃可谓之文，而《昭明文选》所选之文，不押韵脚者甚多，何也？曰：梁时恒言所谓韵者，固指押脚韵，亦兼谓章句中之音韵，即古人所言之宫羽，今人所言之平仄也。福曰：唐人四六之平仄，似非所论于梁以前。曰：此不然，八代不押韵之文，其中奇偶相生，顿挫抑扬，咏叹声情，皆有合乎音韵宫羽者。《诗》《骚》而后，莫不皆然。而沈约矜为创获，故于《谢灵运传论》曰：夫五色相宣，八音协畅，由乎玄黄律吕，各适物宜，欲使宫羽相变，低昂舛节，若前有浮声，则后须切响，一简之内，音韵尽殊，两句之中，轻重悉异，妙达此旨，始可言文。又曰：自灵均以来，此秘未睹，至于高言妙句，音韵天成，皆暗与理合，匪由思至。又沈约《答陆厥书》云：韵与不韵，复有精粗，轮扁不能言之，老夫亦不尽辨。休文此说，乃指各文章句之内有音韵宫羽而言，非谓句末之押脚韵也。即如雌霓连蜷，霓字必读仄声是也。是以声韵流变而成四六，亦只论章句中之平仄，不复有押脚韵也。四六乃有韵文之极致，不得谓之为无韵之文也。昭明所选不押韵脚之文，本皆奇偶相生，有声音者，所谓韵也。休文所矜为创获者，谓汉魏之音韵，乃暗合于无心，休文之音韵，乃多出于意匠也。岂知汉魏以来之音韵，溯其本原，亦久出于经哉。孔子自名其言《易》者曰文，此千古文章之祖。《文言》固有韵矣，而亦有平仄声音焉。即如燥湿龙虎作睹上下八句，何等声音，无论龙虎二句不可颠倒，若改为虎龙燥湿睹作，即无声音矣。无论其德其明其序其吉凶四句不可错乱，若倒不知退于不知亡不知丧之后，即无声音矣。此岂圣人天成暗合，全不由于思至哉？由此推之，知自古圣贤属文时，亦皆有意匠矣。然则此法肇开于孔子，而文人沿之。休文谓：灵均以来，此秘未睹，正所谓文人相轻者矣。不特《文言》也，《文言》之后，以时代相次，则及于卜子夏之《诗·大序》。序曰：情发于声，声成文谓之音。又曰：主文而谲谏。又曰：长言之不足，则嗟叹之。郑康成曰：声谓宫商角徵羽也。声成文者，宫商上下相应。主文，主与乐之宫商相应。此子夏直指诗之声音而谓之文也，不指翰藻也。然则孔子《文言》之义益明矣。盖孔子《文言》《系辞》，亦皆奇偶相生，有声音嗟叹以成文者也，声音即韵也。《诗·关雎》鸠洲逑押脚有韵，而女字不韵，得服侧押脚有韵，而哉字不韵，此正子夏所谓声成文之宫羽也。此岂诗人暗与韵合，匪由思至哉：王怀祖先生云：三百篇用韵，有字字相对极密，非后人所有者。如有渳，有鹭，济盈，雉鸣，不濡轨，求其牡，凤皇，梧桐，鸣矣，生矣，于彼，于彼，高冈，朝阳，奉奉，雍雍，萋萋，喈喈，无一字不相韵，此岂诗人天成暗合，全无意匠于其间哉？此即子夏所谓声成文之显然可见者。子夏此序，《文选》选之，亦因其中有抑扬咏叹之声音，且多偶句也。乡人邦国偶一，风教偶二，为志为诗偶三，手之足之偶四，治世乱世亡国偶五，天地鬼神偶六，声教人伦教化风俗偶七、八，化下刺上偶九，言之闻之偶十，礼义政教偶十一，国异家殊偶十二，伤人伦哀刑政偶十三，发乎情止乎礼义偶十四，谓之风谓之雅偶十五，系之周系之召偶十六，正始王化偶十七，哀窈窕思贤才偶十八，偶之长者，如周公召公一节，后世四书文即基于此。综而论之，凡文者在声为宫商，在色为翰藻。即如孔子《文言》云龙风虎一节，乃千古宫商翰藻奇偶之祖，非一朝一夕之故一节，乃千古嗟叹成文之祖，子夏《诗序》情文声音一节，乃千古声韵性情排偶之祖。吾固曰韵者即声音也，声音即文也。韵字不见于《说文》,而王复斋《楚公钟》篆刻内实有韵字,从音从匀,许氏所未收之古文也。然则今人所便单行之文,极其奥折奔放者,乃古之笔,非古之文也。沈约之说,或可横指为八代之衰体,孔子子夏之文体,岂亦衰乎?是故唐人四六之音韵,虽愚者能效之,上溯齐梁,中材已有所限,若汉魏以上至于孔卜,非上哲不能拟也。乙酉三月阅兵香山阻风,舟中笔以训福。

李申耆骈体文钞序

少读《文选》,颇知步趋齐梁。后蒙恩入庶常,台阁之制,例用骈体,而不能致工,因益搜辑古人遗篇,用资时习。区其巨细,分为三篇,序而论之曰:天地之道,阴阳而已。奇偶也,方圆也,皆是也。阴阳相并俱生,故奇偶不能相离,方圆必相为用,道奇而物偶,气奇而形偶,神奇而识偶。孔子曰:道有变动故曰爻,爻有等故曰物,物相杂故曰文。又曰分阴分阳,迭用柔刚。故易六位而成章,相杂而迭用。文章之用,其尽于此乎!六经之文,班班具存,自秦迄隋,其体递变,而文无异名。自唐以来,始有古文之目,而目六朝之文为骈俪。而为其学者,亦自以为与古文殊路。既岐奇与偶为二,而于偶之中又岐六朝与唐与宋为三。夫苟第较其字句,猎其影响而已,则岂徒二焉三焉而已,以为万有不同可也。夫气有厚薄,天为之也,学有纯驳,人为之也。体格有迁变,人与天参焉者也,义理无殊途,天与人合焉者也。得其厚薄纯杂之故,则于其体格之变,可以知世焉,于其义理之无殊,可以知文焉。文之体,至六代而其变尽矣。沿其流极而溯之,以至乎其源,则其所出者一也。吾甚惜夫岐奇偶而二之者之毗于阴阳也,毗阳则躁剽,毗阴则沉腝,理所必至也,于相杂迭用之旨,均无当也。

比兴第三十六

题云比兴,实侧注论比,盖以兴义罕用,故难得而繁称。原夫兴之为用,触物以起情,节取以托意,故有物同而感异者,亦有事异而情同者,循省六诗,可推举也。夫《柏舟》命篇,邶鄘两见。然《邶诗》以喻仁人之不用,《诗·邶风·柏舟》笺云:舟载渡物者,今不用而与众物泛泛然俱流水中。兴者,喻仁人之不见用而与众小人并列,亦犹是也。《鄘诗》以譬女子之有常。《鄘风·柏舟》笺云:舟在河中,犹妇人之在夫家,是其常处。《杕杜》之目,风雅兼存,而《小雅》以譬得时,《小雅·杕杜》传云:杕杜犹得其时蕃滋,役夫劳苦,不得尽其天性。《唐风》以哀孤立,《唐风·有杕之杜》传云:道左之阳人所宜休息也。《笺》云:今人不休息者,以其特生阴寡也。兴者,喻武公初兼其宗族,不求贤者与之在位,君子不归,似乎特生之杜然。此物同而感异也。九罭鳟鲂,鸿飞遵渚,二事绝殊,而皆以喻文公之失所。《豳风·九罭传》云:九罭,缪罟小鱼之网也。鳟鲂,大鱼也,疏引王肃云:以兴下土小国,不宜久留圣人。又鸿飞遵渚,《传》云:鸿不宜遵渚也。《笺》云:鸿,大鸟也,不宜与凫鹭之属飞而循渚,以喻周公今与凡人处东都之邑失其所也。牂羊坟首,三星在罶,两言不类,而皆以伤周道之陵夷。《小雅·苕之华传》云:牂羊坟首,言无是道也。三星在罶,言不可久也。《笺》云:无是道者,喻周已衰,求其盛兴不可得也。不可久者,喻周将亡,如心星之光耀,见于鱼笱之中,其去须臾也。此事异而情同也。夫其取义差在毫厘,会情在乎幽隐,自非受之师说,焉得以意推寻。彦和谓明而未融,发注后见;冲远谓毛公特言,为其理隐,诚谛论也。孟子云:学诗者以意逆志,此说施之说解已具之后,诚为谠言,若乃兴义深婉,不明诗人本所以作,而辄事探求,则穿凿之弊固将滋多于此矣。自汉以来,词人鲜用兴义,固缘诗道下衰,亦由文词之作,趣以喻人,苟览者恍惚难明,则感动之功不显。用比忘兴,势使之然,虽相如子云,末如之何也。然自昔名篇,抑或兼存比兴,及时世迁贸,而解者只益纷纭,一卷之诗,不胜异说。九原不作,烟墨无言。是以解嗣宗之诗,则首首致讥禅代,笺杜陵之作,则篇篇系念朝廷,虽当时未必不托物以发端,而后世则不能离言而求象。由此以观,用比者历久而不伤晦昧,用兴者说绝而立致辨争。当其览古,知兴义之难明,及其自为,亦遂疏兴义而希用,此兴之所以浸微浸灭也。近世有人解李商隐诗,《虎过遥知阱》,以为刺时政。解温庭筠《菩萨蛮》词,以为与《感士不遇赋》同旨。解《咏怀诗》,《天马出西北》,以为马乃晋姓。解《洛神赋》君王,以为即文帝。此皆所谓强作解事,离其本真者已。虽然,微子悲殷,实兴怀于禾黍,屈平哀郢,亦假助于江山,兴之于辞,又焉能遽废乎。

毛公述传四句　风通,通字是也。《诗疏》曰:赋者,铺陈今之政教善恶,其言通正变,兼美刺也。又曰:比之与兴,虽同是附托外物,比显而兴隐,当先显后隐,故比居兴先也。《毛传》特言兴也,为其理隐故也。

比者附也十句　《周礼·大师》先郑注曰:比者,比方于物也。《诗》孔《疏》引而释之曰:诸言如者,皆比辞也。兴者,托事于物也。孔《疏》曰:兴者起也,取譬引类,起发己心,诗文诸举草木鸟兽以见意者,皆兴辞也。后郑注曰:比,见今之失,不敢斥言,取比类以言之。兴,见今之美,嫌于媚谀,取善事以喻劝之。成伯玙《毛诗指》说:物类相从,善恶殊态,以恶类恶,谓之为比,《墙有茨》比方是子者也;以美喻美,谓之为兴,叹咏尽致,善之深也。听关雎声和,知后妃能谐和众妾,在河洲之阔远,喻门阃之幽深,鸳鸯于飞,陈万化得所,此之类也。案后郑以善恶分比兴，不如先郑注谊之确。且墙茨之言，《毛传》亦目为兴，焉见以恶类恶，即为比乎。至钟记室云：文已尽而意有余，兴也；因物喻志，比也。其解比兴，又与训诂乖殊。彦和辨比兴之分，最为明晰。一曰起情与附理，二曰斥言与环譬，介画憭然，妙得先郑之意矣。

关雎有别二句　《周南》毛传云：雎鸠，王雎也。鸟挚而有别。笺云：挚之言至也。《释文》：挚本亦作鸷。陆玑《疏》云：雎鸠，大小如鸱，深目，目上骨露，幽州人谓之鹫。而扬雄、许慎皆曰白鷢，似鹰，尾上白。

尸鸠贞一二句　《召南》毛传云：鸠，鸤鸠，秸鞠也。鸤鸠不自为巢，居鹊之成巢。《曹风》传云：鸤鸠之养其子，朝从上下，暮从下上，平均如一。《尔雅注》云：今布谷也。江东呼获谷。

无从于夷禽　从当为疑字之误。

金锡　《卫风·淇奥》传云：金锡湅而精。

圭璋　《大雅·卷阿》笺云：王有贤臣，与之以礼义相切磋，如玉之圭璋也。

螟蛉　《小雅·小宛》诗云：螟蛉，桑虫也；蜾蠃，蒲卢也。笺云：蒲卢取桑虫之子，负持而去，煦妪养之以成其子，喻有万民不能治，则能治者将得之。

蜩螗　《大雅·荡》传云：蜩，蝉；螗，蝘也。笺云：饮酒号呼之声，如蜩螗之鸣。

澣衣　《邶风·柏舟》笺云：衣之不澣，则愤辱无照察。

席卷　《邶风·柏舟》传云：席虽平，尚可卷。

麻衣如雪　《曹风·蜉蝣》传云：如雪，言鲜洁。笺云：麻衣，深衣。

两骖如舞　《郑风·大叔于田》传云：骖之与服，和谐中节。

讽兼比兴 王逸《楚辞章句·离骚序》云：《离骚》之文，依诗取兴，引类譬喻，故善鸟香草以配忠贞，恶禽臭物以比谗佞，灵修美人以配于君，宓妃佚女以譬贤臣，虬龙鸾凤以托君子，飘风云霓以喻小人。案《离骚》诸言草木，比物托事，二者兼而有之。故曰，讽兼比兴也。

纤综比义 纤当为织字之误。

安仁萤赋 《全晋文》九十二载其文。兹录于左：

潘安仁萤火赋

嘉熠耀之精将，此字疑误。与众类乎超殊。东山感而增叹，行士慨而怀忧。翔太阴之玄昧，抱夜光以清游。颎若飞焱之霄逝，暳似移星之云流。动集阳晖，灼如隋珠，熠熠荧荧，若丹英之照葩；飘飘频频，一作款款。案当作颎颎。若流金之在沙。载飞载止，光色孔嘉；无声无臭，明影畅遐。饮湛露于旷野，庇一叶之垂柯；无干欲于万物，岂顾恤于网罗。至夫重阴之夕，风雨晦冥，万物眩惑，翩翩独征；奇姿燎朗，在阴益荣。犹贤哲之处时，时昏昧而道明；若兰香之在幽，越群臭而弥馨。随阴阳之飘繇，非饮食之是营。同螽斯之无忌，希夷惠之清贞。羡微虫之琦玮，援彩笔以为铭。

比类虽繁，以切至为贵 切至之说，第一不宜沿袭，第二不许蒙笼。纪评谓太切转成滞，按此乃措语不工，非体物太切也。

如川之涣 涣字失韵，当作澹，字形相近而误。澹淡，水貌也。

夸饰第三十七

语之所贵者意也,意有所随,意之所随者,不可以言传也,然而不可不力期其传。古之为言,有肆而隐者矣,有曲而中者矣,意之既得,虽言可遗也,言之难传,虽滥尢害也。盖十口相传,谓之为古,俗语不实,流为丹青,皇初之蛊事,莫非载籍之饰言,自此以来,人智开明,而学术日趋贞信,然而言语不能必与意相符,文辞不能必与言合轨,则夸饰之病,终无由以毕祛,后之人知其违而止其滥斯可矣。舍人有言:夸饰在用,文岂循检。其于用舍之宜,言之不亦明审矣哉?今且求之经传,以征夸饰之不能悉祛,更为析言夸饰所由成之理,而终之以去夸不去饰之说。往古之书,未经圣师删定者,若《山经》《归藏》之属,其言奇诡不恒,虽可以考见先民之思智,而或为荐绅所不言,今亦无庸研论。至如经传所载,孔孟所言,其间夸饰之文,在在有之,略举数事如下:《大戴礼·五帝德》篇:宰我问于孔子曰:昔者予闻诸荣伊言,黄帝三百年。请问黄帝者人耶?抑非人耶?何以至于三百年乎?孔子曰:生而民得其利百年,死而民畏其神百年,亡而民用其教百年,故曰三百年。由孔子之言论之,黄帝三百年,饰词也。殷辛暴虐,《书》有明文,而孔子曰:纣之不善,不如是之甚也。由此言之,状殷辛之恶者,亦多饰词也。《楚语》:昭王问于观射父曰:《周书》所谓重黎实使天地不通者何也？若无然，民将能登天乎？对曰：司马氏宠神其祖，以取威于民，曰：重实上天，黎实下地，遭世之乱，而莫之能御也。由此言之，《书》所谓绝地天通者，亦饰词也。孟子曰：说诗者不以文害辞，不以辞害志，以意逆志，是为得之。如以辞而已矣，《云汉》之诗曰：周余黎民，靡有孑遗；信斯言也，是周无遗民也。由此言之，言周民无遗者，亦饰词也。孟子又曰：尽信《书》则不如无《书》，吾于《武成》取二三策而已矣，仁人无敌于天下，以至仁伐至不仁，而何其血之流杵也。赵注曰：经有所美，言事或过，若《康诰》曰：冒闻于上帝。《甫刑》曰：帝清问下民。《梓材》曰：欲至于万年。又曰：子子孙孙永保民。人不能闻天，天不能问民，万年永保，皆不可得为，《书》岂可案文而皆信之哉？由此言之，《书》之所载，多饰词也。已上所言，皆经传所陈也，更求之九流：《庄子·秋水》篇曰：至德者火弗能热，水弗能溺，寒暑弗能害，禽兽弗能贼，非谓其薄之也。由此推之，传记所为寓言，皆饰词也。《列子·黄帝》篇曰：庖牺氏、女娲氏、神农氏、夏后氏，蛇身人面，牛首虎鼻，此非有人之状，而有大圣之德。张注曰：人形貌自有偶与禽兽相似者，古诸圣人多有奇表，所谓蛇身人面，非被鳞腹行，无有四肢，牛首虎鼻，非戴角垂胡，曼额解领，亦如相书龟背鹄步，鸢肩鹰喙耳。由此推之，《山经》所说奇状傀形，无非饰词也。《淮南子·泛论训》曰：世俗言曰：飧太高者而鱻为上牲；葬死人者裘不可以藏；相戏以刃者，太祖軵其肘；枕户樞而卧者，鬼神蹠其首。此皆不著于法令而圣人之所不口传也。夫神明独飧鱻者何也？以为鱻者，家人所常畜而易得之物也，故因其便以尊之；裘者，难得贵贾之物也，无益于死者，而足以养生，故因其资以奢之；相戏以刃，必为过失，过失相伤，其患必大，故因太祖以累其心；户牖者，风气之所往来，而风气者，阴阳相拥者也，离者必病，故托鬼神以申诫之也。由此推之，世俗恒言有所虚托者，皆饰词也。此皆古之人已知之矣。汉世王充好为辨诘，琐碎米盐，著为《书虚》《语增》《儒增》《艺增》之篇，凡经传饰词，一概加以抨击，世或喜其谛实，而实不达词言之情。彼其言曰：世俗所患，患言事增其实，著文垂辞，辞出溢其真，称美过其善，进恶没其罪。何则？俗人好奇，不奇，言不用也，故誉人不增其美，则闻者不快其意，毁人不益其恶，则听者不惬于心，闻一增以为十，见百益以为千，使夫纯朴之事，十剖百判，审然之语，千反万畔，言审莫过圣人，经艺万世不易，犹或出溢，增过其实。如仲任言，意在检正文词，一切如实，然后使人不迷，其辨别妖异机祥之言，驳正帝王感生天地感变诸说，诚足以开蔽矇矣，至谓文词由此当废增饰，则谬也。近世江中知古人义词有曲，有形容，说祖之充，而不能明其故，以为但欲邑其意而已，是终不得为明清之言。谨求其故，有五说焉：一曰，言有不能斥其事，则玄言其理也。《书》叙尧之德，钦明以下四十余言，若欲历叙其事，则繁而不杀，数百千言，而仍不能尽，故括以钦明恭让，而尧之德可知，表以既睦昭明于变，而尧之所以亲九族，辨百姓，和万邦者可知。此一事也。二曰，言有不能指其数，则浑括其事也。《书》言禹九山刊旅，九川涤原，九泽既陂。此不得历言九州山泽，禹皆毕至，言此而禹功所被之广可知，历指则反于文为害。此二事也。三曰，言有不能表其精微，而假之物象。《易传》曰：圣人有以见天下之赜，而拟诸形容，象其物宜。言龙战于野，而阴阳斗争之理寓焉，但言阴阳斗争，义不晰也；言黄裳元吉，而得中居职之理寓焉，但言得中居职，义不晰也。此三事也。四曰，言有不能断限，而模略以为词。《书》曰：欲至万年。此非真欲万年，然云欲至某千某百年，则不词也。《诗》曰：子孙千亿。此亦非谓真能众多如此，然云子孙某百某十人，则亦不词也。此四事也。五曰，言有质而意不显，文而意显者。如云：晏子一狐裘三十年。一裘诚不必经一世之长,然但云晏子狐裘久而不易,则其久如何不可知,而晏子之俭德不显。如云:积甲与熊耳山齐。甲多诚不能与山比峻,然但云收甲甚多,则其多如何不可知,而光武之武功不著。此五事也。总而言之,文有饰词,可以传难言之意;文有饰词,可以省不急之文;文有饰词,可以摹难传之状;文有饰词,可以得言外之情。古文有饰,拟议形容,所以求简,非以求繁,降及后世,夸张之文,连篇积卷,非以求简,只以增繁,仲任所讥,彦和所诮,固宜在此而不在彼也。

河不容舠 孙云:《诗释文》:刀,字书作舠。《广雅》作䑠。彦和依字书作。《说文》有䑠字。云:䑠,船行不安也。从舟,刖省声,读若兀。与《诗》容刀字音义俱别。

鸮音之丑 《诗毛传》云:鸮,恶声之鸟也。

披瞽而骇聋矣 李云:枚乘《七发》:发瞽披聋。

本师所著《征信论》二篇,其于考案前文,求其谛实,言甚卓绝,远过王仲任《艺增》诸篇,兹录于左,以供参镜。

征 信 论 上

古人运而往,其籍尚在;籍所不著,推校其疑事,足以中微。而世遂质言之,虽适,谓之诬。往者高祖困于平城,用陈平计,使阏氏,围得解。其计既秘,世以为工妙踔善,故匿藏不传。独桓谭揣其必言汉有好女,今以围急,欲进之单于。内有媢者,则兵祸自沮。其量度事情,诚以眇合,虽刘子骏亦称善;然皆以为揣得其状,非质言之备故府藏录也。及应劭说《汉书》,遽驿然以为成事。故虑事一也,以辩议则适,以记注则诬。章学诚以李陵答苏武书,世疑其伪者非也,必江左之士,降北失职,忧愤而为之,自谓其说踸踔,度越于守文者,而任大椿亦称其善。此即与桓刘之事无异。中世秦宓谯周,亦推经传言神怪者傅之人事,其得情为多,卒以议无左验,不自言遂事也。此皆明哲已知之矣。或曰:淮南王推说礽祥,言相戏以刃,太祖枊其肘者,以为过失相伤,其患必大。无涉血之仇争忿斗,而以小事自内于刑戮,愚者所不知忌也,故因太祖以累其心。枕户橉而卧,鬼神履其首者,以为户牖者,风气之所从往来,而风气者,阴阳相捔者也,离者必病,故托鬼神以伸诫之也。此则可以质言乎?应之曰:凡事无期验,推校而得之者,习俗与事状异其职矣。彼习俗者,察之无色,把握之不得其体,推校而得,则无害于质言之。若淮南王所订,习俗也,而桓谭所订,事状也。事状者,上有册府,下有私录,弹求而不获,虽善推校,惩其质言矣。二者立言之大齐,不以假借者也。世儒以后之所订,而责前之故然,虽皮傅妄言,逾世则浸以为典要。昔唐人言庄周之学本田子方,推其根于子夏;近世章学诚作《经解》篇取之,以庄子称田子方,则谓子方是庄子师。然其《让王》亦举曾参原宪,其他若《则阳》《徐无鬼》《庚桑楚》,名在篇目,将一一是庄子师邪?宋人远迹子思之学,上隶曾参,寻《制言》《天圆》诸篇,与子思所论述殊矣。《檀弓》篇记曾子呼伋。古者言质,长老呼后生,则斥其名。微生亩亦呼孔子曰丘,非师弟子之征也。《檀弓》复记子思所述。郑君曰:为曾子言难继,以礼抑之,足明其非弟子也。近世阮元为《子思子章句》,亦云:师曾迪孟。见其自序。孟轲之受业,则太史公著其事矣。师曾者,何征而道是邪?释迦言空,不因于老庄;景教事天,不本于墨了;远西之言历算者,不资亍厉王丧乱,畴人在夷。世人取其近似言之,遂若典常,此三谬也。清代之遇属国,不大孰何,仍汉唐明之旧贯则然,非取法于罗马。戴氏作

《原善》及《孟子字义疏证》,遂人情而不制以理,两本孟子孙卿。王守仁以降,唐甄等已开其题端,至戴氏遂光大之,非取法于欧罗巴人言自由者。世人欲以一端傅会,忘其所自来,此二谬也。独汉人自西域来,说近情实,远之可傅身毒大夏,而近犹在氐羌。羌与髳狄,故亦与西南诸苗同种,今之苗,古之髳也,与三苗处洞庭彭蠡间者异实,而世以三苗为神州旧人,汉族攘其地有之,益失实状。汉族虽自西方来,传记所见,不及安息条支沙碛之地,今人复因以傅会。此为陈平秘计之流,探赜索隐则无害,犹不予其质言也。不然者,世久而视听瀍渍,率尔之言,将相保以为实录,其过宏矣。是以孙卿曰:言之信者,在乎区盖之间。

征 信 论 下

传曰:圣有谟勋,明征定保。故非独度事为然也,凡学皆然,其于抽史尤重。何者?诸学莫不始于期验,转求其原,视听所不能至,以名理刻之。独治史志者为异,始卒不逾期验之域,而名理却焉。今之散儒曾不谕是也,故微言以致诬,玄议以成惑。昔者孙卿有言,曰:五帝之外无传人,非无贤人也;五帝之中无传政,禹汤有传政而不若周之察,非无善政也,久故也。传者久则论略,近则论详,略则举大,详则举小,愚者闻其略而不知其详,闻其详而不知其大,是以文久而灭,节族久而绝。《非相》篇。夫《尚书》者,不具之史,略引大体,文若铭诔,非质言以纪事,故流别异《春秋》。高贵乡公曰:仁者必有勇,诛暴必用武。少康武烈之威,岂降于高祖哉?《夏书》沦亡,故勋美阙而罔载。唯有伍员粗述大略,其言复禹之绩,不失旧物,祖述圣业,旧章不愆。自非大雅兼才,孰能与于此?向令坟典具存，行事详备，则不得有异同之论也。高贵乡公可谓知往志者也。《春秋》已作，而纪传胪言，其道行事始悉，然犹多所残遗：远者庄蹻取滇，秦开却胡，事大而文已约；及夫氐羌僭制，政事尽文，前代苻姚，近世西夏之属。群盗略地，兵事槃牙，而多奇计者，皆不如帝室详；下逮近世，韩宋之兴，诸将若关先生破头潘芝麻李等，史传犹轶其名。关先生始起绛州，逾太行，转战出塞，毁上都而蹴高丽，其武略虽不逮明祖，视中山开平犹近，《明史》则已失其行军图法，此则近犹论略，非独久也。学者宜以高贵乡公为法，知其有略，不敢妄意其事；妄意之即与巫言等，比邻神仙之国。旧史盖岁有变史，国有贤豪，则为之牛事，延缘苣市之语，以造奇辞，往者中土虽有猥语短书，今殆举于士大夫之口，兔丝缘木，虒蝓缘墙，苟可以傅丽者，无所不蔽，则是使张鲁撰记，而寇谦之为图也。昔者庄周有言，曰：世之所贵道者书也，书不过语，语之所贵者意也，意有所随，不可以言传，而世因贵言传书，虽贵之，犹不足贵也。《天道篇》。史官陈列往迹详矣。事有巨而因于细，是故吴楚之战，谷始采桑；昭公之出，衅在斗鸡。其类非一也。正史或记其著，不能推本于其微者，桑鸡之事，顾幸而觉见尔。细亦因巨，是故陈平以大牢草具为端，足以间亚父；陆生大言汉皇帝贤，而可以臣南越。项王尉佗虽戆，则必不可以一言去就，固有巨者足以离合之，顾史官未尝言。故曰，意有所随，其言不传久矣。愚者徼以为智，随成心以求其情，比于谣诼，是以君子多见阙殆。昔者韩非有言，曰：听言之道溶若醉。彼自离之，吾因以知之。参伍比物，事之形也。《扬权篇》。大治史尽于有征，两征有异，犹两曹各举其契，此必一情一伪矣。往世诸子，竞于扬己，著书陈事，败人则录之，己屈则不述也。转以九流相校,而更为雌雄者众。其有从横之士,短长之书,必不自言划策无效,或饕天功以为己力。是故鲁连不帝秦王,而言秦军却五十里。校以《平原君传》,却秦军者,李同敢死之士之功。贾诩以袁刘父子答魏王,而言太子遂定。校以文帝陈王纪传,文帝以五官中郎将副丞相,而陈王才为平原小侯,魏王志定久矣。两国殊党,各为其尊亲讳,亦务进己而黜辱人。是故更始始于借交报仇,终于刮席;拓跋始为刘石附庸,终以言敌国:皆自离也。下及近世,《宋史》称岳飞破胡,兀尤号恸大奔,《金史》阙如也。邵长蘅称阎应元守江阴,满洲名王三人,大将八人,皆授首城下,然清官书亦不言。不知胜者溢传之邪? 其败者有所讳邪? 魏源驳长蘅说云:官书无三王八将名,且亦不见赠恤,断其为诬。案此未可断也,死难有恤,本汉土之制。阎应元守江阴时,满洲入中国二岁耳,未能悉谙中国典礼,降臣亦未必乐为文致,不得以赠恤不及,断其为诬;又其支属甚多,位号有滥,虽官书不见,不得谓竟无其人。至于张克捷而讳挠败,又满洲之常度。观诸遗民记载,明师斩馘大捷者,非独郑成功、李定国三数事也,而满洲官书不述其事,直云王师失利而已,足知情存隐讳,不欲布之简书。江阴之役,纵毙三王八将,其文牍且或讳言,况史臣记载邪? 从是雠质,自离者诚有可知,亦或忽恍如不可知。抽史者若以法吏听两曹,辨其成狱,不敢质其疑事,愚者以事有两异,虽本无异辞者犹疑,此何但史传邪? 曩夕之言,今日亦疑也;鸡鸣之事,日中可谰也。昔者老聃有言,曰:天下有始,以为天下母。既得其母,以知其子,既知其子,复守其母,没身不殆。守者,《墨经》云:弥异所古,言守因者,犹言寻因。母子者,犹今所谓因果,因以求果,果以求因,辨异而不过,推类而不悖。是故邪说不能离,百家无所窜,则终身免于疑殆,是抽文之枢要也。夫礼俗政教之变,可以母子更求者也,虽然,三统迭起,不能如循环,三世渐进,不能如推穀,颂貌变异,诚有成型无有哉?世人欲以成型定之,此则古今之事可以布算而知,虽燔炊史志犹可。且夫因果者,两端之论耳,无缘则因不能独生,因虽一,其缘众多,故有同因而异果者,有异因而同果者。愚者执其两端,忘其旁起,以断成事,因以起其类例。成事或与类例异,则颠倒而组裂之,是乃殆以终身,弊之至也。凡物不欲绁,丝绁于金梐则不解,马绁于曼荆则不驰。夫言则亦有绁,绁于成型,以物曲视人事,其去经世之风亦远矣。今世社会学者多此病。昔者孙卿有言曰:《礼》《乐》法而不说,《诗》《书》故而不切,《春秋》约而不速。方其人之习君子之说,则尊以徧矣,周于世矣。《劝学》篇。夫古今虽异能,相类似者不绝,故引史传以为端绪,其周用犹什三四,当其欲用,必骛于辩说者,犹赋诗有断章。愚者喜论史事为华,因以史尚平议,不尚记事。此其言尽员舆成国之秀民若一概也。往者干宝始为《晋纪·总论》,其言挥绰,而还与事状应,然大端不过数首。及孙盛、袁宏、习凿齿、范晔之伦,吹毛索瘢,事议而物辩之,固无当夫举措之异,利病之分。譬如弈棋,胜负者非一区之势也,疏附牵掣于旁者,其子固多。史之所记,尽于一区,其旁子不具见,细碎冥昧之事,史官固不悉知,知之亦不可具载。时既久远,而更欲求举措之意,利病之势,犹断棋一区以定弈法,呿口弊唇,犹将无益也。近世鄙倍之说,谓史有平议者合于科学,无平议者不合科学。案史本错杂之书,事之因果,亦非尽随定则,纵多施平议,亦乌能合科学邪?若夫制度变迁,推其沿革,学术异化,求其本师,风俗殊尚,寻其作始,如班固、沈约、李淳风所志,亦可谓善于平议矣。而今世之平议者,其情异是,上者守社会学之说而不能变,下者犹近苏轼《志林》、吕祖谦《博议》之流,但词句有异尔。学校讲授,徒陈事状,则近于优戏,不得已乃多施平议,而已不能自知其故,藉科学之号以自尊,斯所谓大愚不灵者矣。又欲以是施之史官著作,不悟史官著书,师儒口说,本非同剂。惟有书志,当尽考索之功,其论一代政化,引当大体而已,若毛举行事,订其利病,是乃科举发策之流,违于作述之志远矣。彼所持论,非独暗于人事,亦不达文章之体也。章炳麟曰:是五志者,皆明德之远言,耆艾之高致也,智者用之以尽伦,愚者用之以绝理。苟非其人,道不虚行,岂谓是邪?言而有眹,连犿无伤者则有矣。盖昔老聃良史之宗,定箸八十一章,其终有乱。夫其"信言不美,美言不信",吾以告今文五经之家;"知者不博,博者不知",吾以告治晚书疑前史者;颜师古注《汉书》,凡后出杂书,纬候异事,一切删落,最为可法。"善者不辩,辩者不善",吾以告出入风议尚论古人之士。

事类第三十八

文之为用,自喻、喻人而已。自喻奚贵?贵乎达。喻人奚贵?贵乎信。《传》曰:言以足志,文以足言,达之说也。《书》曰:圣有谟勋,明征定保,信之说也。夫以言传意,自古殆已有不能吻合之患,是故譬喻众而假借繁。水深曰深,深室亦曰深;布广曰幅,地广亦曰幅,此譬喻也。相之字,观木也,而凡视皆曰相;𥃭之字,日中视丝也,而凡明皆曰𥃭,此假借也。言期于达,而不期于与本义合,则故训之用,由此滋多。若夫累字成名,累名成文,而意仍有时而窒碍,则兴道之用,由此兴焉。道古语以剀今,道之属也。取古事以托喻,兴之属也。意皆相类,不必语出于我,事苟可信,不必义起乎今,引事引言,凡以达吾之思而已。若夫文之以喻人也,征于旧则易为信,举彼所知则易为从。故帝舜观古象,太甲称先民,盘庚念古后之闻,箕子本在昔之谊,周公告商而陈册典,穆王详刑而求古训,此则征言征事,已存于左史之文。凡若此者,皆所以为信也。尚考经传之文,引成事述故言者,不一而足。即以宣尼大圣,亲制《易传》《孝经》之辞,亦多甄采前言,旁征行事。降及百家,其风弥盛。词人有作,援古尤多。夫《沧浪》之歌,一见于《孟子》,素餐之咏,远本于诗人。彦和以为屈宋莫取旧辞,斯亦未为诚论也。逮及汉魏以下,文士撰述,必本旧言,始则资于训诂,继而引录成言,汉代之文几无一篇不采录成语者,观二《汉书》可见。终则综辑故事。爰至齐梁,而后声律对偶之文大兴,用事采言,尤关能事。其甚者,捃拾细事,争疏僻典,以一事不知为耻,以字有来历为高,文胜而质渐以漓,学富而才为之累,此则末流之弊,故宜去甚去奢,以节止之者也。然质文之数,华实之殊,事有相因,非由人力,故前人之引言用事,以达意切情为宗,后有继作,则转以去故就新为主。陆士衡云:虽杼轴于余怀,怵他人之我先,苟伤廉而愆义,故虽爱而必捐。岂唯命意谋篇,有斯怀想,即引言用事,亦如斯矣。是以后世之文,转视古人,增其繁缛,非必文士之失,实乃本于自然。今之訾謷用事之文者,殆未之思也。且夫文章之事,才学相资,才固为学之主,而学亦能使才增益。故彦和云:将赡才力,务在博见。然则学之为益,何止为才裨属而已哉?然浅见者临文而踌躇,博闻者裕之于平素,天资不充,益以强记,强记不足,助以钞撮,自《吕览》《淮南》之书,《虞初》百家之说,要皆探取往书,以资博识。后世《类苑》《书钞》,则输资于文士,效用于瞍闻,以我搜辑之勤,祛人翻检之剧,此类书所以日众也。惟论文用事,非可取办登时,观天下书必遍而后为文,则皓首亦无操觚之事。故凡为文用事,贵于能用其所尝研讨之书,用一事必求之根据,观一书必得其绩效,期之岁月,浏览益多,下笔为文,何忧贫窭。若乃假助类书,乞灵杂纂,纵复取充篇幅,终恐见笑大方。盖博见之难,古今所共,俗学所为多谬,浅夫视为畏涂,皆职此之由矣。又观省前文,迷其出处,假令前人注解已就,自可因彼成功,若笺注未施,势必须于翻检。然书尝经目,翻检易为,未识篇题,何从寻讨?是以昔人以遭人而问为懿,以耳学不精为耻,李善之注《文选》,得自师传,颜籀之注《汉书》,亦资众解,是则寻览前篇,求其根据,语能得其本始,事能举其原书,亦须年载之功,岂能卤莽以就也。尝谓文章之功,莫切于事类,学旧文者不致力于此,则不能逃孤陋之讥,自为文者不致力于此,则不能免空虚之诮。试观《颜氏家训》《勉学》《文章》二篇所述,可以知其术矣。

练字第三十九

文者集字而成，求文之工，必先求字之不妄。然自六书肇造，挈为九千，转注假借之例既立，而众字之形声义训往往互相牵缀，故用字者因之无定，此一事也。名无固宜，名无固实，在乎约定俗成，然造字之始，或含义本狭，而后扩充以为宽，或含义至通，而后减削以为局；至于采用之顷，随情取舍，义界模糊，刑名文名，盖由官府定著，论学术者亦或自定名例以便诠说，寻常文翰固无是也，故字义纷纶，检择无准，此二事也。又古字虽曰九千，亦有复重，非尽特立，即其确为本字者，恒文或转舍而不用，取彼同类之音，以为通假，取彼同类之义，不为判分，后来造字猥多，则数逾四万，用字狭少，则不逾四千，由古察今，弥为漫汗，然则字义不定，辨析尤艰，此三事也。夫雅俗常奇，古今兴废，名成于对待，故可随情设施，岂无今世恒俗之言，远本绝代輶轩之语，但求实义得当，何必拘滞所闻，然文士裁篇用字，或贵于艰深，或趋于简易，师范古籍，则资借奇字以成己文，依附流俗，则苟安鄙别以求人喻，不悟字之取舍，以义之当否为标，而辨义正名，实非易业，此四事也。舍人言练字者，谓委悉精熟于众字之义，而能简择之也。其篇之乱曰：依义弃奇。此又著文之家所宜奉以周旋者也。历观自古文章，用字不定，求其所由，盖有三焉：一曰缘形而不定。字有正假，任意而书；体有古今,随情而用。仁义之义本作谊,威仪之仪本作义,举本宁者,书仁谊可作言旁宜,从常行者,书威仪不作羊下我;孝弟之字别作悌,欢说之字别作悦,好古文者但书偏旁,从常行者加心始足。凡字有通假正变,施于文章,皆准斯例。二曰缘义而不定。字有同训者,训同则用此与彼,于义无殊。是故庶绩咸熙,易为众功皆兴可也;察其所由,易为揆厥所元可也;《春秋》书元年,子夏问何不称初哉首基,即以诸字同训为始,而发此难也。字有殊名者,名殊则用此与彼于实是一。是故鸠曰尸鸠,殊名也,《召南》曰鸠,《曹风》曰尸鸠;藻为聚藻,殊名也,诗人曰藻,《左氏》释以蕰藻;《春秋》书遇垂,而传家释之以犬丘,由此故也。字有同类者,同类则散言有别,通言不殊。礼器以白黑为素青,本于秦语,然素本白缯,非凡白之号,青为东色,非火熏之名,缘其大类相同,所以有斯变乱,逮于后世,或以缥犅目青牛,或号龙门为虯户。考之经典,《礼经》以雁为鹅,《周易》以雉为鸡,固斯志也。凡字有同训,殊名同类,施于文章,皆准斯例。三曰缘声而不定。诗歌协韵,必取谐调,则用字可无定准。《诗》言母也天只,变父言天,《易》言既雨既处,变止言处;后世如扬子云变梁父为梁基,蔡伯喈以祖踪代祖武,皆其征也。至于声偶之文,尤贵叶律,苟不宜于迭代,即须变以求谐,故危涕坠心,有时互易常位,赪茎素毳,有时悉变本名;一天也,调仄句则称有昊,调平句则曰穹苍;一地也,调平句则曰媪神,调仄句则为后土;此即千殊万异,亦与字之本质何关?又况对仗既成,字取相配,苟一偏而有蹉跎之患,斯两句皆归删落之科,然则声偶之文,用字弥无常则,奚足怪哉?综上三因,以包古今用字之情态,庶云得其梗概矣。然文人好尚,复有乖违,或是占而非今,或慕难而贱易,或崇雅而鄙俗,或趋奇而厌常,矫是四弊,亦恒有过其直者,斯用字所以愈益纷纭也。略举其族,盖有数焉:一者,字必洨长之书,训必《苍》《雅》所载,攀援之字,必写从反廾,恒久常语,必改为烝尘,甚至摹经典者,弃子史之成文,拟《史》《汉》者,摈晋宋之代语,上自相如《封禅》模拟《诗》《书》,下至近代文家步趋韩柳,高低有判,为弊不殊。二者,文阻难运,彦和之谠言,字贵易识,隐侯之卓识。而亭林顾君讥人舍恒用字而借古字之通用者为自盖其俚浅,亦沈刘之意也;然人情见诡异而震惊,亦见平庸而厌鄙,故难易之宜,至今莫定。此如黾勉密勿,本是一言,黾勉习见,故密勿为难。差池柴虒,字义无二,以差池过常,则柴虒为贵,假令时人所行,虽逸籍亦成恒语。故三豕别风,举世莫之敢议,如时人所废,虽雅诂亦为奇侅。故《汉书》《庄子》,有时视为僻书,然则难易之分,徒以兴废为断耳。三者,易抚盘为推案,变脱帽为免冠,子玄所讥,于今未改,故饮茶或曰饮荈,垂脚而云危坐,驰铁道曰附辎车,乘轮舟曰附番舶,苟俗间所恒用,必须易以故言,纵令为实有殊,不复勘其名义;加以俗言蕃众,俗书纠纷,既不知其本字本音,则从俗转觉艰阻,不如求之故籍,反可自盖荒伧。然从俗之情,亦有科判,或取便于施用,或以饰其粗疏,岂可一概而论也。四者,字不问古今,义不问雅俗,但使奇侅,遂加采获,于是孙休、武曌之奇字,与篆隶而共篇,短书译籍之异文,将经史而同录,以人所弗知为上,以世所共晓为下,用字之乱,必以此曹为最矣。又文士用字,有依人者,有自撰者,大抵贵己出者,以自撰为多,汉世小学精练,故辞赋之文,用字多由自造,魏晋以来,用字盖有常检;唐世韩愈称奇,樊绍述称涩,然如《曹成王碑》,用剟鞣鈠掀撇掇笯跐诸字,《绛守居园池记》,有瑶翻碧潋嵬眼倾耳等语,不今不古,亦何为哉?至于用字依人,亦有依古依俗之别。依古者,从所常习,奉为准绳,以时代言,则读秦汉以上书者,文中绝少近世之语,以部类言,则习经传之雅诂者,文中必无恒俗之言;依俗者,但取通行,不殊今古,称兄弟为昆玉,目城池以金汤,此本子史而成俗也，以苟切为吹毛求疵，以自欺为掩耳盗铃，此本古语而成俗者也，以心行为思想，目平准曰金融，此本译语而成俗者也，取于众所共知，不复审谂其义。然则自撰与依人，各有短长，亦互相讥姗，自非闳览深识之士，乌从定之？愚谓文体有文质，文用有高庳，其为质言，无论记事言理，必当考核名义，求其谛实，古所有而当，遵之可也，古之所无，今撰可也，一篇之中，字无歧出，前所已见，后宜尽同，观于浮屠译经，其德业诸名，以及动静状助诸字，皆有恒律，又观正史记事，大抵本于官府成言，萌俗通语，漓质趋文，大雅所笑。今之纪事言理者，必当知其利病，然后可与言文，否则研弄声调，涂饰华采，虽复工巧，等于玉卮无当者已。文饰之言，非效古固不能工妙，而人之好尚，不能尽同，此当听其自为，不必齐以一是，正如通历算者，为文或引九章，解佛书者，为文亦有译语，安其所习，亦何嫌哉？然效古以似为上，犹之学方言者，一语有差，一音不正，则群焉笑之，谓为不善学者，效古亦然，一句不类，一字不安，则亦有败绩失据之患。故效古人之文者，必用其人所经用之字，否则必用出乎其前之字，否则必用与其文相称之字，虽曰拘滞哉，其情在于求似也。若乃恒俗之文，取便于用，用字之准，惟在废兴，此如官府文移，学校讲疏，报纸记载，日用书疏，契约列诉之辞，平话剧曲之类，其用至庳，亦惟循常蹈故，不事更张可也。然自小学衰微，则文章瘠削，今欲明于练字之术，以驭文质诸体，上之宜明正名之学，下亦宜略知《说文》《尔雅》之书，然后从古从今，略无蔽固，依人自撰，皆有权衡，厘正文体，不致陷于卤莽，传译外籍，不致失其本来，由此可知练字之功，在文家为首要，非若锻句炼字之徒，苟以矜奇炫博为能也。

子思弟子，於穆不祀 孙云：祀当作似。《诗·周颂》：於穆不已。《毛传》引孟仲子说。《正义》引郑《谱》云：孟仲子者，子思弟子。又云：子思论诗，於穆不已。孟仲子曰：於穆不似。此彦和所本。

傅毅制诔，已用淮雨　李详云：卢文弨《钟山札记》卷一引傅毅制诔，已用淮雨，下有元长作序，亦用别风八字。卢氏又云：《古文苑》载傅毅《北海靖王兴诔》云：白日幽光，淮雨杳冥。今《雕龙·诔碑》篇所载，为后人易以氛雾杳冥矣。李云元长序无考，又宋本《蔡中郎集·杨赐碑》：烈风淮雨，不易其趣。今本淮雨改作虽变，疑烈风亦后人所改也。卢氏说。李又云：陆士衡《九愍》：思振袂于别风。

字靡异流　异当作易。

隐秀第四十

自始正而末奇,至朔风动秋草朔字,纪氏以《永乐大典》校之,明为伪撰,然于波起辞间一节,复云纯任自然,彦和之宗旨,即千古之定论,是仍为伪书所绐也。详此补亡之文,出辞肤浅,无所甄明,且原文明云:思合自逢,非由研虑,即补亡者,亦知不劳妆点,无待裁镕,乃中篇忽羼入驰心、溺思、呕心、煅岁诸语,此之矛盾,令人笑诧,岂以彦和而至于斯?至如用字之庸杂,举证之阔疏,又不足诮也。案此纸亡于元时,则宋时尚得见之,惜少征引者,惟张戒《岁寒堂诗话》引刘勰云:情在词外曰隐,状溢目前曰秀,此真《隐秀》篇之文。今本既云出于宋椠,何以遗此二言?然则赝迹至斯愈显,不待考索文理而亦知之矣。夫隐秀之义,诠明极艰,彦和既立专篇,可知于文苑为最要,但篇简俄空,微言遂阒,是用仰窥刘旨,旁缉旧闻,作此一篇,以备搴采。然褚生续史,或见哂于通人,束皙补诗,聊存思于旧制。其辞曰:

夫文以致曲为贵,故一义可以包余,辞以得当为先,故片言可以居要。盖言不尽意,必含余意以成巧,意不称物,宜资要言以助明。言含余意,则谓之隐,意资要言,则谓之秀。隐具于此,而义存乎彼,秀者,理有所致,而辞效其功,若义有阙略,词有省减,或迁其言说,或晦其训故,无当于隐也,若故作才语,弄其笔端,以纤巧为能,以刻饰为务,非所云秀也。然则隐以复意为工,而纤旨存乎文外,秀以卓绝为巧,而精语峙乎篇中,故曰:情在辞外曰隐,状溢目前曰秀。大则成篇,小则片语,皆可为隐,或状物色,或附情理,皆可为秀。目送归鸿易,手挥五弦难,隐之喻也;玉在山而草木润,渊生珠而岸不枯,秀之喻也。然隐秀之原,存乎神思,意有所寄,言所不追,理具文中,神余象表,则隐生焉;意有所重,明以单辞,超越常音,独标苕颖,则秀生焉。此皆功存玄解,契定机先,非涂附之功,非雕染之事,若意本浅露,语本平庸,出之以廋辞,加之以华色,此乃蒙羊质以虎皮,刻无盐为西子,非无彪炳之文,粉黛之饰,言寻本质,则伪迹章明矣。故知妙合自然,则隐秀之美易致,假于润色,则隐秀之实已乖,故今古篇章,充盈箧笥,求其隐秀,希若凤麟。陆士衡云:虽纷蔼于此世,嗟不盈于余掬,盖谓此也。今试分征前载,考彼二长,若乃圣贤述作,经典正文,言尽琳琅,句皆韶夏,摘其隐秀,诚恐匪宜,然《易传》有言中事隐之文,《左氏》明微显志晦之例,《礼》有举轻以包重,《诗》有陈古以刺今,是则文外重旨,唯经独多,至若禹拜昌辞,不过慎身数语,孔明诗旨,蔽以无邪一言,《书》引迟任之词,只存三句,《传》叙大武之颂,惟取卒章,是则举彼话言,标为殊义,于经有例,亦非后世创之也;孟子之释《书》文,《武成》一篇,洵多隐义,谢安之举经训,讦谟二语,偏有雅音;举例而思,则隐秀之在六经,如琅玕之盈玉府,更仆难数,钻仰焉穷者矣。自屈宋以降,世有名篇,略指二三,以明隐秀:若夫《离骚》依诗以取兴,《九辨》述志以谏君,贾谊《吊屈》以自伤,扬雄《剧秦》以寓讽,王粲《登楼》,叹匏悬之不用,子期闻笛,愍麦秀于为墟,令升《晋纪》之论,明金德之异包桑,元卿《高帝》之颂,诮炀失而思鱼藻。他若《古诗》十有九章,皆含深旨,《咏怀》八十二首,悉寓悲思,陈思有离析之哀,则托情于黄发,公幹含卓荦之气,故假喻于青松,虽世远人迻，本怀难尽昭晢，以意逆志，亦可得其依稀焉。又如先士茂制，讽高历赏，屈赋之青青秋兰，小山之萋萋春草，班姬之团团明月，嵇生之浩浩洪流，子荆《陟阳》之章，用晨风为高唱，兴公《天台》之赋，叙瀑布而擅场，彦伯《东征》，溯流风以尽写送之致，景纯《幽思》，述川林以寄萧瑟之怀。至若云横广阶，月照积雪，吴江枫落，池塘草生，并自昔胜言，至今莫及。且其为秀，亦不限于图貌山川，摹写物色，故所遇无故物，王恭以为佳言，思君若流水，宋帝拟其音调，延年疏诞，咏古有自寓之辞，曹公古直，乐府有悲凉之句，故知叙事叙情，皆有秀语，岂必连篇累牍，不出月露之形，积案盈箱，唯是风云之状，争奇一字，竞巧一韵，然后为秀哉？盖闻玉藻琼敷，等中原之有菽，错金镂采，异芙蕖之出波，隐秀之篇，可以自然求，难以人力致。要之理如橐籥，与天地而罔穷，思等流波，随时序而前进，缀文之士，亦唯先求学识，次练体裁，摹雅致以定习，课精思以驭篇，然后穷幽洞微，因宜适变，斫轮自辨其疾徐，伊挚自输其甘咮，古来隐秀之作，谁云其不可复继哉？

　　赞曰：意存言表，婉而成章；川含珠玉，润显圆方；苕发颖竖，托响非常；千金一字，历久逾芳。

指瑕第四十一

陈思王《与杨德祖书》曰：世人著述，不能无病，昔尼父制《春秋》，游夏之徒，乃不能措一辞，过此而言不病，吾未之见也。盖有南威之容，乃可以论于淑媛，有龙泉之利，乃可以议其断割。刘季绪才不能逮于作者，而好诋诃文章，掎摭利病，昔田巴毁五帝，罪三王，呰五霸于稷下，一旦而服千人，鲁连一说，使终身杜口，刘生之辩，未若田氏，今之仲连，求之不难，可无息乎。人各有好尚，兰茝荪蕙之芳，众人所好，而海畔有逐臭之夫；咸池六茎之发，众人所共乐，而墨翟有非之之论，岂可同哉？详陈王此书之旨，首言常文鲜无瑕谪，次明自非作者不宜妄讥古人，复明好尚不同，故是非互异，此可为谠论矣。然文人讥弹昔作之情，亦有数族，未可谓评量古人，即为轻薄，先士所作，确见其违，偶用纠绳，便为虐古也。其或实知之士，辨照是非，广览书传，疾彼误书，不能默尔，于是考之以心，效之以事，披寻证验，以考虚浮，虽使古人复生，不得罪其诽谤，此上第也。至若明知前失，恐误后人，笔之简篇，以戒沿误，虽于古人为不恭，而于后生则有益，此其次也。若夫情有爱憎，意存偏党，素所嗜好，虽明悉其误而不言，夙所鄙茧，虽本无疵颣而狂举，此为下矣。才非作者，学不周浃，滥下雌黄，轻施抨击，以不俗为俗，以不狂为狂，此乃妄人，亦无足诛斥也。自古在昔，先民有作，文章利病，诚亦多途，后生评论前贤，若非必不得已，原不必妄肆诋諆，载之纸素，若意在求胜，工诃古人，翻驳旧作，寻摘疮痏，夫岂谨厚之道？观韩退之推许三王，极崇李杜，即太白亦称崔颢，少陵亦慕兰成，何必以哂笑前文为长哉？人情每明于知人，而暗于察己，盖班固讥司马迁之蔽，而傅玄复讥固之失，所谓笑他人之未工，忘己事之已拙，上智犹其若此，而况庸庸者哉？是以论量古人，取其鉴己，己果无瑕，何必以胜古为乐，己若有过，自救不暇，而暇论人乎？好诃古者，不可不深思此义也。至于同时之文，尤不可轻于议论，昔葛洪论时人之文，每撮其所得之佳者，而不指摘其病累，故无毁誉之怨；颜之推称山东风俗，不通击难，吾初入邺，常以此忤人，至今为悔。观此二条，则弹射人文，止非佳事，自非子姓门徒，惟有括囊以求无咎云。

此篇所指之瑕，凡为六类：一、文义失当之瑕；二、比拟不类之瑕；三、字义依稀之瑕；四、语音犯忌之瑕；五、掠人美辞之瑕；六、注解谬误之瑕。虽举证稀阔，正宜引申以求。观《颜氏家训》《匡谬正俗》诸书，知文士属辞，实多瑕颣。古人往矣，诚宜为之掩藏，然覆车之轨，无或重迹，别白书之，亦所以示鉴也。窃谓文章之瑕，大分五族，而注谬之瑕不与焉。一曰体瑕；二曰事瑕；三曰语瑕；四曰字瑕；五曰剽袭之瑕。体瑕者，王朗《杂箴》，乃置巾履；陈思《文诔》，旨言自陈是也。事瑕者，相如述葛天之歌，千唱万和；曹洪谬高唐之事，不记绵驹是也。语瑕者，陈思之圣体浮轻，潘岳之将反如疑是也。字瑕者，诡异则若哅呶，依稀则若赏抚是也。以上举例，皆本原书。剽袭之瑕，苏绰拟《周书》而作《大诰》，扬雄拟《易》而作《太玄》是也。此本颜君说。总之，古人之瑕，不可不知，己文之瑕，亦不可不检。元遗山诗曰：撼树蚍蜉自觉狂，书生技痒爱论量，老来留得诗千首，却被何人较短长。今之人欲指斥前瑕者，岂可不知斯旨哉。

管仲有言九句　案《管子·戒》篇文曰：管仲复于桓公曰：无翼而飞者声也，注：出言门庭，千里必应，故曰无翼而飞。无根而固者情也，注：同舟而济，胡越不患异心，知其情也，故曰无根而固。无方而富者生也。公亦固情谨声，以严尊生，此谓道之荣。案彦和引此，断章取义，盖以无翼而飞，无根而固，喻文之传于久远，易为人所记识，即后文文章岁久而弥光，若能檃栝一朝，可以无惭千载之意。亦即赞斯言一砧，千载弗化意。

虑动二句　本陈思。

武帝诔　《金楼子·立言》篇下有管仲有言，至施之尊极，不其嗃乎云云，与此篇校，但少或逸才以爽迅二句耳。又《颜氏家训·文章》篇云：陈思王《武帝诔》，遂深永蛰之思，潘岳《悼亡赋》，乃怆手泽之遗，是方父于虫，匹妇于考也。

左思七讽　今无考，然六朝人实有太不避忌者，吴均集有《破镜赋》，颜之推斥之曰：亦见《文章》篇。昔者邑号朝歌，颜渊不舍，里名胜母，曾参敛襟，盖忌夫恶名之伤实也，破镜乃凶逆之兽，事见《汉书》，为文者幸避此名也。

崔瑗诔李公　文无考，然汉文多有此类，不足为嫌。

高厚之诗二句　六朝人常好引此事以讥人。《金楼子·杂记》篇上：何僧智者，尝于任昉坐赋诗而言其诗不类。任云：卿诗可谓高厚。何大怒曰：遂以我为狗号。任逐后解说，遂不相领。

终无抚叩酬即之语　无当作有。

夫赏训锡赉四句　用赏者，如沈休文《宋书谢灵运传论》之讽高历赏。用抚者，如傅季友《为宋公修张良庙教》之抚事弥深。

赏际奇至抚叩酬即二语　今不知所出。

斯实情讹之所变六句　案晋来用字有三弊：一曰造语依稀，如赏抚二字之外，戒严曰纂严，送别曰瞻送，解识曰领悟，契合曰会心。至如品藻称誉之词，尤为模略，如嵇绍劭长，高坐渊箸，王微迈上，卞壸峰距，王恭亭亭直上，王忱罗罗清疏，叩其实义，殊欠分明，而世俗相传，初不撢究。二曰用字重复，容貌姿美，见于《魏书》，文艳博富，亦载《国志》，此皆三字稠叠；两字复语，尤难悉数。三曰用典饰滥，呼征质曰周郑，谓霍乱为博陆，言食则糊口，道钱则孔方，称兄则孔怀，论婚则宴尔，求莫而用为求瘼，计偕而以为计阶，转相祖述，安施失所，比喻乖方，斯亦彦和所云文浇之致弊也。

比语求蚩，反音取瑕 《金楼子·杂记》篇上云：宋玉戏太宰屡游之谈，流连反语，遂有鲍照伐鼓，孝绰布武，韦粲浮柱之作。案伐布浮皆双声，惟布今属于邦纽，清浊小异，然则三语一也。《颜氏家训·文章》篇云：世人或有文章引《诗》伐鼓渊渊者，宋玉已有屡游之诮，案此事今无考。如此流比，幸须避之。此云比语反音者，如《吴志》成子阁反石子冈，《晋书》清暑反楚声，《宋书》袁愍孙反殒门，《齐书》东田反癫童，旧宫反穷厩，《梁书》鹿子开反来子哭，《南史》叔宝反少福，此所谓求蚩取瑕也。此所谓比语求蚩，只在比语反音，而唐宋以来，并忌字音，如宋人笑德迈九皇为卖韭黄，明太祖疑为世作则为为世作贼。然则彦和云不屑于古，有择于今者，岂虚也哉！

中黄育获 按今本《西京赋》薛综注，删去阉尹之说。

令章靡疚二句 此言文章但求无病。《颜氏家训·文章》篇曰：学为文章，先谋亲友，得其评论者，然后出手，慎勿师心自任，取笑傍人也。自古执笔为文者，何可胜言，至于宏丽精华，不过数十篇耳，但使不失体裁，辞意可观，遂称才士，要须动俗盖世，亦俟河之清乎。

养气第四十二

养气谓爱精自保,与《风骨》篇所云诸气字不同。此篇之作,所以补《神思》篇之未备,而求文思常利之术也。《神思》篇曰:枢机方通,则物无隐貌,关键将塞,则神有遁心,是以陶钧文思,贵在虚静,疏瀹五藏,澡雪精神。又云:秉心养术,无务苦虑,含章思契,不必劳情也。《文赋》亦曰:应感之会,通塞之纪,来不可遏,去不可止,或竭情而多悔,或率意而寡尤,虽兹物之在我,非余力之所勠。以二君之言观之,则文思利钝,至无定准,虽有上材,不能自操张弛之术,但心神澄泰,易于会理,精气疲竭,难于用思,为文者欲令文思常赢,惟有弭节安怀,优游自适,虚心静气,则应物无烦,所谓明镜不疲于屡照也。然心念既澄,亦有转不能构思者,士衡云:理翳翳而愈伏,思乙乙其若抽,虽使闭聪塞明,一念若兴,仍复未静以前之状,故彦和云:意得则舒怀命笔,理伏则投笔卷怀;亦惟听其自然,不复强思以自困,若云心虚静者,即能无滞于为文,则亦不定之说也。大凡为学为文,皆有弛张之数,故《学记》云:君子之于学也,藏焉、修焉、息焉、游焉。注云:藏,谓怀抱之;修,习也;息,谓作劳休止之谓息;游,谓闲暇无事之谓游,然则息游亦为学者所不可缺,岂必终夜以思,对案不食,若董生下帷,王劭思书,然后为贵哉?至于为文伤命,益有其征,若夫相如含笔而腐毫,扬雄辍翰于惊梦,桓谭疾感于苦思,王充气竭于思虑,彦和既举之矣。后世若杜甫之性耽佳句,李贺之呕出心肝,又有吟成一字,拈断数髭,二句三年,一吟流泪,此皆销铄精胆,蹙迫和气,虽有妙文,亦自困之至也。又人才有高下,不可强为,故《颜氏家训》云:钝学累功,不妨精熟,拙义研思,终归蚩鄙,但成学士,自足为人,必乏天才,勿强操笔。此言才气庸下,虽使沥辞镌思,终然无益也。大抵年少精力有余,而照理不深,虽用苦思,而文章未即工妙,年齿稍长,略谙文术,操觚之际,又患精力不能赴之,此所以文鲜名篇,而思理两致之匪易也。恒人或用养气之说,尽日游宕,无所用心,其于文章之术未尝研炼,甘苦疾徐未尝亲验,苟以养气为言,虽使颐神胎息,至于百龄,一旦临篇,辄成岨峿,彦和养气之说,正为刻厉之士言,不为逸游者立论也。

仲任置砚以综述 李详云:《北堂书钞·著述》篇引谢承《后汉书》云:王充贫无书,往市中省所卖书,一见便忆,门墙屋柱皆施笔砚而著《论衡》。

虽非胎息之迈术 李详云:《后汉书·方术传》:王真能为胎息服食之法。章怀注:《汉武内传》曰:王真,字叔经,上党人,习闭气而吞之,名曰胎息。

附会第四十三

　　《晋书·文苑·左思传》载刘逵《三都赋序》曰：傅辞会义，抑多精致。彦和此篇，亦有附辞会义之言，傅附同类通用字。正本渊林，然则附会之说旧矣。循玩斯文，与《镕裁》《章句》二篇所说相备，然《镕裁》篇但言定术，至于术定以后，用何道以连属众辞，则未暇晰言也。《章句》篇致意安章，至于章安以还，用何理以斟量乖顺，亦未申说也。二篇各有首尾圆合、首尾一体之言，又有纲领昭畼、内义脉注之论，而总文理定首尾之术，必宜更有专篇以备言之，此《附会》篇所以作也。附会者，总命意修辞为一贯，而兼草创讨论修饰润色之功绩者也。大抵著文裁篇，必有所诠表之一意，约之为一句，引之为一章，长短之形有殊，而所诠之一意则不异，或以质直为体，或以文饰为貌，文质之形有殊，而必有所诠，所诠必一则不异，造次出辞，精微谈理，高下之等有殊，而皆求一所诠则不异，累字以成句，累句以成章，繁简之状有殊，而累众意以诠一意则不异。王辅嗣之说《易》也，曰：众之所以得咸存者，主必致一也，动之所以得咸运者，原必无二也，物无妄然，必由此理，统之有宗，会之有元，自统而寻之，物虽众则知可以执一御也，由本而观之，义虽博则知可以一名举也。善哉！夫孰知文辞之众，亦可以执一御乎？彦和此篇，言整派者依源，理枝者循干，驱万涂于同归，贞百虑于一致，使众理虽繁,而无倒置之乖,群言虽多,而无棼丝之累,自非明致一之义,乌能言之如此简易哉？虽然,文之所诠,必为一而不能有两出矣,而所以诠则无定,假令所诠易了,虽一言可明,所诠繁细,则必集众多所诠以成一所诠,此彦和所云大体文章,类多枝派者也。即实论之,一句之文必集二字以上,二字者各各含一所诠,然则虽谓一句集众所诠以成一所诠可也,此众所诠与彼一所诠相待而成两端,虽其文枝叶扶疏,鰓理纷杂,对彼所共之一所诠,亦只处一端之地。何也？彼众所诠无一不与此一所诠相系,一也；众所诠之间,又无一不自相系以归于彼一所诠,二也。是故表其名曰源派,曰本枝,曰主朋,《章句》篇赞曰：理资配主,辞忌失朋。则不过两端而已矣。《荀子》曰：辞也者,兼异实之名,以论一意也,辨说也者,不异实名以喻动静之道也。杨倞注曰：辞者,论一意,辨者,明两端也。文辞举理虽众,成辞虽多,孰非举一端以明一端哉？知斯义也,离合同异,各尽厥能,文变多方,而两端可尽,处璇玑以观大运,顺情伪以极变化,焉有繁杂失统之讥,骈枝疣赘之患乎？或谓事理之变,诚亦纷纭,但设两端,岂能赅括,不悟一端既定,得其环中,变虽无穷,而系中则一,所系相共,焉得而不目以一端哉？且思理牵系,有恒数可求,纵其为义相反,为类有殊,而反殊之名,缘正同而立,离一不成,是故每有一所诠,其所藉之众所诠必与此一所诠有必不能离之故,用思者赖此而不忧涣散,辨体者赖此而不误规型,裁章者赖此而能翦截浮辞,酌典者赖此而能配合事类,故曰镕范所凝,各有司匠,虽无严郛,难得逾越,定势之说如此,命意之说亦如此矣。据此言之,文之成立,盖有定法,篇章字句,皆具不易之规,隐显繁简,皆合必然之例,虽随手之变,难以定法相绳,及其成篇,必与定法相会。然巧者密合,拙者多疵,晓术者易为功,暗理者难为美,譬之语言有辨有讷,辨者言事或繁或简皆足达情,讷者言事或繁或简皆难喻意,知语言以辨为贵,则文辞以巧为功,虽无术者未尝无暗合之时,而有术者则易收具美之绩。但言非尽意之器,故传意之道亦多,每有文章所诠毕同,而设辞则异,或本隐以之显,或从易以至难,或沿波以讨源,或因枝以振叶,是以缀文之理例,诚有可言,缀文之格式,难以强立,语其较略,亦惟曰句必比叙,义必关联而已,论其方术,亦惟曰密于接附,工于改易而已,考其功绩,亦惟曰统首尾合涯际而已。总上所言,可成六义:章句长短,必有所诠,所诠必一,一也。凡一所诠,待众所诠,二也。此众所诠对一所诠而为两端,三也。思有恒数,苟知致一,则众义部次,不忧凌杂,四也。文有定法,晓术者易成,五也。虽有定理,而无定式,循理为之,必无败绩失据之患,六也。若夫浮词炫博,虚响取神,隶事于失伦之所,窜句于无用之地,雕镌数语,而于篇义无关,修饰一字,而于句义罔益,虽劳苦之情,或倍蓰于恒俗,其于附会,盖无与焉。

总术第四十四

此篇乃总会《神思》以至《附会》之旨,而丁宁郑重以言之,非别有所谓总术也。篇末曰:文体多术,共相弥纶,一物携贰,莫不解体,所以列在一篇,备总情变。然则彦和之撰斯文,意在提挈纲维,指陈枢要明矣。自篇首至知言之选句,乃言文体众多。自此以下,则明文体虽多,皆宜研术,即以证圆鉴区域大判条例之不可轻。纪氏于前段则云汗漫,于次节则云与前后二段不相属,愚诚未喻纪氏之意也。今当取全文而为之销解,庶览者毋惑焉。若夫练术之功,资于平素,明术之效,呈于斯须。割情析采,笼圈条贯,摘神性,图风势,苞会通,阅声字,其事至多,其例至密,其利害是非之辨至纷纭。必先之以博观,继之以勤习,然后览先士之盛藻,可以得其用心,每自属文,亦能自喻得失。真积力久,而文术稠适,无所滞疑,纵复难得善文,亦可退求无疵,虽开塞之数靡定,而利病之理有常。颜之推云:但使不失体裁,辞意可观,遂称才士。言成就之难也。是以练术而后为文者,如轮扁之引斧,弃术而任心者,如南郭之吹竽。绳墨之外,非无美材,以不中程而去之无吝;天籁所激,非无殊响,以不合度而听者告劳。是知术之于文,等于规矩之于工师,节奏之于矇瞍,岂有不先晓解而可率尔操觚者哉?若夫晓术之后,用之临文,迟则研《京》以十年,速则奏赋于食顷,始自用思,终于定藁，同此必然之条例，初无歧出之衢途。盖思理有恒，文体有定，取势有必由之准臬，谋篇有难畔之纲维，用字造句，合术者工而不合术者拙，取事属对，有术者易而无术者难。声律待术而后安，采饰待术而后美，果其辨之有明通之识，斯为之无愦惑之虞。虽文意细若秋毫，而识照朗于镜燧。故曰乘一总万，举要治繁也。欲为文者，其可不先治练术之功哉。

今之常言八句　此一节为一意，论文笔之分。案彦和云：文笔别目两名自近代；而其区叙众体，亦从俗而分文笔，故自《明诗》以至《谐隐》，皆文之属；自《史传》以至《书记》，皆笔之属。《杂文》篇末曰：汉来杂文，名号多品；《书记》篇末曰：笔札杂名，古今多品。详杂文名目猥繁，而彦和分属二篇，且一曰杂文，一曰笔札，是其论文叙笔，囿别区分，疆畛昭然，非率为判析也。《谐隐》篇曰：文辞之有谐隐，譬九流之有小说。是彦和之意，以谐隐为文，故列《史传》前。书中多以文笔对言，惟《事类》篇曰事美而制于刀笔；为通目文翰之辞。《镕裁》篇草创鸿笔，先标三准；为兼言文笔之辞。《颂赞》篇相如属笔，始赞荆轲；为以笔目文之辞。盖散言有别，通言则文可兼笔，笔亦可兼文，刘先生云：笔不该文，未谛。审彼三文，弃局就通尔。然彦和虽分文笔，而二者并重，未尝以笔非文而遂屏弃之，故其书广收众体，而讥陆氏之未该。且其驳颜延之曰：不以言笔为优劣。亦可知不以文笔为优劣也。其他并重文笔之辞，曰：文场笔苑，有术有门。本篇赞。曰：文藻条流，托在笔札。《书记》文赞。曰：藻耀而高翔，固文笔之鸣凤也。《风骨》篇。曰：裁章贵于顺序，文笔之同致也。《章句》篇。斯皆论文与论笔相连，曷尝屏笔于文外哉？案《文心》之书，兼赅众制，明其体裁，上下洽通，古今兼照，既不从范晔之说，以有韵无韵分难易，亦不如梁元帝之说，以有情采声律与否分工拙，斯所以为笼圈条贯之书。近世仪征阮君《文笔对》，综合蔚宗、二萧昭明、元帝。之论,以立文笔之分,因谓无情辞藻韵者不得称文,此其说实有救弊之功,亦私心夙所喜好,但求之文体之真谛,与舍人之微旨,实不得如阮君所言;且彦和既目为今之常言,而《金楼子》亦云今人之学,则其判析,不自古初明矣。与其屏笔于文外,而文域狭隘,曷若合笔于文中,而文囿恢弘?屏笔于文外,则与之对垒而徒启斗争,合笔于文中,则驱于一途而可施鞭策;阮君之意诚善,而未为至懿也,救弊诚有心,而于古未尽合也。学者诚服习舍人之说,则宜兼习文笔之体,洞谙文笔之术,古今虽异,可以一理推,流派虽多,可以一术订,不亦足以张皇阮君之志事哉?今录范、沈、二萧之说于后,加以诠释。

范蔚宗《在狱与甥侄书》曰:常谓情志所托,故当以意为主,以文传意,然后抽其芬芳,振其金石耳。性别宫商,识清浊,斯自然也。案此言文以有韵为主,韵即谓宫商清浊。手笔差易于文,不拘韵故也。案此言无韵为笔,韵亦谓宫商清浊。吾思乃无定方,特能济艰难,适轻重,所禀之分,犹当未尽。案此蔚宗自言兼工文笔也。

笔札之语,始见《汉书·楼护传》:长安号曰谷子云笔札。或曰笔牍,《论衡·超奇》。或曰笔疏,同上。皆指上书奏记施于世事者而言。然《论衡》谓采掇传书以上书奏记者为文人,是固以笔为文,文笔之分,尔时所未有也。今考六朝人当时言语所谓笔者,如《晋书·王珣传》,珣梦人以大笔如椽与之,既觉,语人曰:此当有大手笔事。俄而帝崩,哀册谥议,皆珣所草。《南史·颜延之传》,宋文帝问颜之诸子才能,延之曰:竣得臣笔,测得臣文。《沈庆之传》,庆之谓颜竣曰:君但知笔札之事。《任昉传》,时人云:任笔沈诗。《刘孝绰传》,三笔六诗,三孝仪,六孝威也。诸笔字皆指公家之义,殊不见有韵无韵之别。今案文笔以有韵无韵为分,盖始于声律论既兴之后,滥觞于范晔、谢庄,《诗品》引王元长之言云:惟见范晔、谢庄颇识之耳。而王融、谢朓、沈约扬其波,以公家之言,不须安排声韵,而当时又通谓公家之言为笔,因立无韵为笔之说,其实笔之名非从无韵得也。然则属辞为笔,自汉以来之通言,无韵为笔,自宋以后之新说,要之声律之说不起,文笔之别不明,故梁元帝谓古之文笔,今之文笔,其源又异也。

沈休文《宋书·谢灵运传》论曰:夫五色相宣,八音协畅,由乎玄黄律吕,各适物宜。欲使宫羽相变,低昂舛节,若前有浮声,则后须切响。一简之内,音韵尽殊,两句之中,轻重悉异。妙达此旨,始言可文。案此休文袭蔚宗之说而以有韵为文也。

案彦和《声律》篇云:摘文乖张而不识所调。又云:亦文家之吃也。又云:缀文难精,而作韵甚易。此所谓文,皆同隐侯之说。《南史·陆厥传》云:永明末,盛为文章,沈约、谢朓、王融,以气类相推毂,汝南周颙善识声韵,为文皆用宫商,以平上去入为四声。以此制韵,有平头,上尾,蜂腰,鹤膝。五字之中,音韵悉异,两句之内,角徵不同,不可增减,世呼为永明体。又《庾肩吾传》云:齐永明中,王融、谢朓、沈约,文章始用四声,以为新变。至是转拘声韵,弥为丽靡。是有韵为文之说,托始范、谢而成于永明,所谓文者,即指句中声律而言。沈约既云,词人累千载而未悟,则文笔之别,安可施于刘宋以前耶?愚谓文笔之分,不关体制,苟惬声律,皆可名文,音节粗疏,通谓之笔。此永明以后声韵大行时之说,与专指某体为文,某体为笔之说,又自不同,然则以有韵为押脚韵者隘矣。要之文笔之辨,缴绕纠缠,或从体裁分,则与声律论有时抵牾;永明以前虽诗赋亦有时不合声律,休文明云,张、蔡、曹、王,曾无先觉,潘、陆、颜、谢,去之弥远矣。或从声律分,则与体裁或致参差。章表奏议在笔之内,非无高文,封禅书记,或时用韵。今谓就永明以前而论,则文笔本世俗所分之名,初无严界,徒以施用于世俗与否为断,而亦难于晰言。就永明以后而论,但以合声律者为文,不合声律为笔,则古今文章称笔不称文者太众，欲以尊文，而反令文体狭隘，至使苏绰、韩愈之流起而为之改更，矫枉过直，而文体转趣于枯槁，磔裂章句，隳废声韵，而自以为贤。夫孰非襞积细微，转相凌驾，文多拘忌，伤其真美者之有以召衅哉。故曰，中之为用。故未可远也。

梁昭明太子《文选序》曰：自姬汉以来，眇焉悠邈，时更七代，数逾千祀，词人才子，则名溢于缥囊，飞文染翰，则卷盈乎缃帙，自非略其芜秽，集其清英，盖欲兼功太半，难矣。以上言选文以清英为贵。若夫姬公之籍，孔父之书，与日月俱悬，鬼神争奥，孝敬之准式，人伦之师表，岂可重以芟夷，加之剪截。以上言尊经不选之意。老庄之作，管孟之流，盖以立意为宗，不必能文为本；今之所撰，又以略诸。以上言子以立意为宗，而文未必善，故不选。若贤人之美辞，忠臣之抗直，谋夫之话，辨士之端，事美一时，语流千载，概见坟籍，旁出子史，若斯之流，又亦繁博，虽传之简牍，而事异篇章，今之所集，亦所不取。以上言子史载言，虽美不取。至于记事之史，系年之书，所以褒贬是非，纪别同异，方之篇翰，亦已不同。以上言不选史之意。若其赞论之综缉辞采，序述之错比文华，事出于沉思，义归于翰藻，故与夫篇什杂而集之。以上言不选史而选史之赞论序述之意。篇什，谓文章之单行者。

案此昭明自言选文之例，据此序观之，盖以综缉辞采，错比文华，事出沉思，义归翰藻为贵，所谓集其清英也，然未尝有文笔之别。阮君补苴以刘彦和、梁元帝二家之说，而强谓昭明所选是文非笔耳。

梁元帝《金楼子·立言》篇下曰：古人之学者有二，今人之学者有四。夫子门徒，转相师受，通圣人之经，谓之儒。屈原宋玉枚乘长卿之徒，止于辞赋，则谓之文。此言古之学二。今之儒博穷子史，但能识其事，不能通其理者，泛谓之学。此言儒分为二。至如不便为诗如阎纂，善为章奏如伯松，若此之流，泛谓之笔。此言文分为二，而指明今之所谓笔之义界。吟咏风谣,流连哀思谓之文。此言今之所谓文之义界。又曰:笔退则非谓成篇,此篇即单篇,亦即昭明所云篇什。进则不云取义,谓有所立义如经史子,然则以经史子为笔者非矣。神其巧惠,笔端而已。此言笔但以当时施用能达意而已。至如文者,惟须绮縠纷披,即昭明所谓综缉辞采,错比文华,亦即翰藻。宫徵靡曼,唇吻遒会,所谓有韵为文。情灵摇荡。即前所云吟咏风谣,流连哀思,亦即昭明所谓事出沉思。此以上言今之所谓文,其好尚如此。而古之文笔,其源又异。此言古之文笔以体裁分,今之文笔以声律分。

案文笔之别,以此条为最详明。其于声律以外,又增情采二者,合而定之,则曰有情采韵者为文,无情采韵者为笔。然自永明以来,声律之说新起,所重在韵,但言有韵为文,无韵为笔。虽然,若从梁元帝之说,则文笔益不得以体制分也。详声律之说,为梁武所不好。见《沈约传》。而昭明简文《与湘东王书》推谢朓、沈约之诗,任昉、陆倕之笔。元帝似皆信从。固知风气既成,举世仿效,自非钟记室,岂敢言平上去入,余病未能哉。

李详云:彦和言文笔别目两名自近代,而颜延之以为笔之为体,言之文也。案此尚言笔文未分,然《南史·颜延之传》言其诸子,竣得臣笔,测得臣文,又作首鼠两端之说,则无怪彦和诋之矣。而南朝所言文笔界目,其理至微。阮文达《揅经室文集》有《学海堂文笔策问》,其子阮福《拟对》附后,即文达所修润也。《拟对》略云:《金楼子》云:吟咏风谣,流连哀思者谓之文。而学者率多不便属辞,守其章句,迟于通变,质于心用,徒能扬榷前言,抵掌多识,然而挹源知流,亦可贵。笔退则非谓成篇,进则不云取义,神其巧惠,笔端而已。至如文者,惟须绮縠纷披,宫徵靡曼,唇吻遒会,情灵摇荡。福又引彦和无韵为笔,有韵为文,谓文笔之义,此最分明。盖文取乎沉思翰藻,吟咏哀思,故有情辞声韵者为文。笔从聿,亦名不聿。聿,述也,故直言无文采为笔。详案阮氏父子断断于文笔之别,最为精审,而以情辞声韵附会彦和之说,不使人疑专指用韵之文而言,则于六朝文笔之分豁然矣。谨案:李氏之引《文心》,不达章句。延之论笔一节,本不与上八句相连,其言言笔之分,与其竣得臣笔,测得臣文之语,自为二事,未见其首鼠两端也。阮福之引《金楼》,亦不达章句,中间论今之所谓学数语,引之何为?又永明以来,所谓有韵,本不指押韵脚而言,文贵情辞声韵,本于梁元,亦非阮氏独创。至彦和之分文笔,实以押韵脚与否为断,并无有情采声韵为文之意。阮氏不能辨于前,李君亦不能辨于后,斯可异己。又案:彦和他篇,虽分文笔,而此篇则明斥其分别之谬。故曰:文以足言,理兼诗书,别目两名,自近代耳。师法彦和者,断从此篇之论可也。

颜延之以为笔之为体至**非以言笔为优劣也** 此一节为一意,先序颜延之言笔之分,中举证以驳之,终述己意以折颜。颜延年之说,今不知所出,宜在所著之《庭诰》中。盖颜氏尝多论文之辞,而颇多疏失,如《诗品》下引王融之言曰:宫商与二仪俱生,自古词人不知之,唯颜宪子即延之之谥。乃云律吕音调,其实大缪。延之论音律,而见诮于元长,亦犹论言笔而见诮于彦和矣。颜氏之分言笔,盖与文笔不同,故云笔之为体,言之文也,此文谓有文采,经典质实,故云非笔,传记广博,故云非言,然《易》明有《文言》,是经典亦可称笔,彦和以此驳之,殊为明快。近世阮氏谓文非经史子,而亦引《文言》成说,可谓矛盾自陷,与颜氏异代同惑者矣。

若笔不言文 不字为为字之误。纪氏以此一字不憭,而引郭象注《庄》之语以自慰,览古者宜如是耶?

予以为以下数语 言属笔皆称为笔,而经传又笔中之细名。同出于言,同入于笔,经传之优劣在理,而不以言笔为优劣也。信如此言,则上一节所云文笔之分,何不可以是难之。以此而观,知彦和不坚守文笔之辨明矣。

分经以典奥为不刊 分当作六。

昔陆氏文赋至**知言之选难备矣** 此一节言陆氏《文赋》所举文体未尽,而自言圆鉴区域大判条例之超绝于陆氏。案《文赋》以辞赋之故,举体未能详备,彦和拓之,所载文体,几于网罗无遗。然经传子史,笔札杂文,难于罗缕,视其经略,诚恢廓于平原,至其诋陆氏非知言之选,则亦尚待商兑也。

凡精虑造文至**盖有征矣** 此一节言作文须术,而无术者之外貌,有时与有术者外貌相同,譬诸调钟张琴,其事匪易,而庸工奏乐,亦时有可取,究之不尽其术,则适然之美不足听也。

案部整伍至**辞气丛杂而至** 此言晓术之后,未必所撰皆工,初求令章靡疚,所谓因时顺机,动不失正也。天机骏利,或有奇文,所谓数逢其极,机入其巧,则义味腾跃而生,辞气丛杂而至也。然不知恒数者,亦必无望于机入其巧矣。

视之则锦绘四句 此颂文之至工者,犹《文赋》末段所云配金石流管弦耳。黄氏评四者兼之为难,直是吃语。

思无定契,理有恒存 八字最要。不知思无定契,则谓文有定格,不知理有恒存,则谓文可妄为,救此二流,咨惟舍人矣。

序志第五十

涓子琴心 涓子,盖即《史记·孟子荀卿列传》之环渊。环渊楚人,为齐稷下先生。此《列仙传》所以称为齐人。言黄老道德之术,著书上下篇。《琴心》盖即此书之名,犹《王孙子》一名《巧心》也。环一作蠉,一作蜎,声类并同。

古来文章,以雕缛成体 此与后章文绣鞶帨离本弥甚之说,似有差违,实则彦和之意,以为文章本贵修饰,特去甚去泰耳。全书皆此旨。

夫有肖貌天地 此数语本《汉书·刑法志》。彼文曰:夫人肖天地之貌,怀五常之性。则此有字当作人字。

执丹漆之礼器 丹漆之礼器,盖笾豆也。《三礼图》《玉函山房辑本》。凡有辑本者,不更举出处,以省繁复。云:豆以木为之,受四升,高尺二寸,漆赤中。《周礼》注曰:笾,竹器圆者。

魏文述典 谓《典论论文》。《文选》有。

陈思序书 《与杨德祖书》中有序列文士之言。《文选》有。

应场文论

应场文质论_{严可均辑《全后汉文》四十二。凡采自严辑者，但举严书卷数，不更举出处。}

盖皇穹肇载，阴阳初分，日月运其光，列宿曜其文，百谷丽于土，芳华茂于春。是以圣人合德天地，禀气淳灵，仰观象于玄表，俯察式于群形，穷神知化，万物是经。故否泰异趋，道无攸一，二政代序，有文有质。若乃陶唐建国，成周革命，九官咸乂，济济休令，火龙黼黻，炜铧于廊庙，衮冕旂旃，舄奕乎朝廷，冠德百王，莫参其政，是以仲尼叹焕乎之文，从郁郁之盛也。夫质者端一，玄静俭啬，潜化利用，承清泰，御平业，循轨量，守成法。至乎应天顺民，拨乱夷世，摛藻奋权，赫奕丕烈，纪禅协律，礼仪焕列，览坟丘于皇代，建不刊之洪制，显宣尼之典教，探微言之所弊。若乃和氏之明璧，轻縠之袿裳，必将游玩于左右，振饰于宫房，岂争牢伪之势，金布之刚乎？且少言辞者，孟僖之所以答郊劳也，寡智见者，庆氏之所以困相鼠也。今子弃五典之文，暗智礼之大，信管望之小，寻老氏之蔽，所谓循轨常趋，未能释连环之结也。且高帝龙飞丰沛，虎据秦楚，唯德是建，唯贤是与，陆郦摛其文辩，良平奋其权谞，萧何创其章律，叔孙定其庠序，周樊展其忠教，韩彭列其威武，明建天下者非一士之术，营宫室者非一匠之矩也。逮自高后乱德，损我宗刘。朱虚轸其虑，辟疆释其忧，曲逆规其模，郦友诈其游，袭据北军，实赖其畴，冢嗣之不替，实四老之由也。夫谏则无议以陈，问则服汗沾濡，岂若陈平敏对，叔孙据书，言辨国典，辞定皇居，然后知质者之不足，文者之有余也。

案此文泛论文质之宜,似非文论。以黄注指为此篇,故录之。

陆机文赋 《文选》有。

仲治流别 见《全晋文》七十七,全论已佚,仅得十许条,文繁不录,当随宜征引于别篇。

宏范翰林 李充,《晋书》字弘度,此云宏范,或其字两行。文仅数条。见《全晋文》五十三。

李充翰林论

或问曰:何如斯可谓之文?答曰:孔文举之书,陆士衡之议,斯可谓成文矣。

潘安仁之为文也,犹翔禽之羽毛,衣被之绡縠。

容象图而赞立,宜使辞简而义正。孔融之赞杨公,亦其义也。

表宜以远大为本,不以华藻为先,若曹子建之表,可谓成文矣。诸葛亮之表刘主,裴公之辞侍中,羊公之让开府,可谓德音矣。

驳不以华藻为先,世以傅长虞每奏驳事,为邦之司直矣。

研玉名理,而论难生焉。论贵于允理,不求支离,若嵇康之论文矣。

在朝论政而议奏出,宜以远大为本。陆机《议晋断》,亦名其美矣。

盟檄发于师旅,相如《喻蜀父老》,可谓德音矣。

此《翰林论》之一斑,观其所取,盖以沉思翰藻为贵者,故极推孔陆而立名曰《翰林》。

陆赋巧而碎乱 碎乱者,盖谓其不能具条贯。然陆本赋体,势不能如散文之叙录有纲,此与《总术》篇所云,皆疑少过。

君山 桓谭《新论》颇有论文之言,今略举数条如左:见《全后汉文》十。

> 贾谊不左迁失志,则文彩不发;淮南不贵盛富饶,则不能广聘俊士,使著文作书,太史公不典掌书记,则不能条悉古今;扬雄不贫,则不能作《玄言》。《新论·求辅》篇。

> 余少时好《离骚》,博观他书,辄欲反学。《新论·道赋》篇。

> 扬子云工于赋,余欲从学。子云曰:能读千赋则善赋。同上。

> 谚曰:侏儒见一节,而长短可知。孔子言举一隅足以三隅反。观吾小时二赋,亦足以揆其能否。同上。

公干 刘桢论文之言,今无考。

吉甫 应贞论文之言,今无考。

士龙 士龙与兄平原书牍,大抵商量文事,兹且录一首,以示一节。《全晋文》一百二。

> 云再拜。往日论文,先辞而后情,尚洁而不取悦泽。尝忆兄道张公言,子论文实欲自得,今日便欲宗其言。兄文章之高远绝异,不可复称言。然犹皆欲微多,但清新相接,不以此为病耳。若复令小省,恐其妙欲不见可复称极,不审兄由以为尔不。

论文取笔 六朝人分文笔,大概有二途:其一以有韵者为文,无韵者为笔;其一以有文采者为文,无文采者为笔。谓宜兼二说而用之。详具《总术》篇札记。

原始以表末四句 谓《明诗》篇以下至《书记》篇每篇叙述之次第。兹举《颂赞》篇以示例:自昔帝喾之世起,至相继于时矣止,此原始以表末也。颂者容也二句，释名以章义也。若夫子云之表充国以下，此选文以定篇也。原夫颂惟典雅以下，此敷理以举统也。

及其品列成文七句　此义最要。同异是非，称心而论，本无成见，自少纷纭。故《文心》多袭前人之论，而不嫌其钞袭，未若世之君子必以己言为贵也。即如《颂赞》篇大意本之《文章流别》，《哀吊》篇亦有取于挚君，信乎通人之识，自有殊于流俗已。

傲岸泉石　鲍照《代挽歌》：傲岸平生中，不为物所裁。

附录：物色第四十六

长沙骆鸿凯绍宾撰

春秋代序，阴阳惨舒至**清风与明月同夜，白日与春林共朝哉**
此言写景文之所由发生也。夫春庚秋蝉，集候相悲，露本风荣，临年共悦，凡夫动植，且或有心，况在含灵，而能无感？是以望小星有嗟实命，遇摽梅而怨愆期，《风》诗十五，信有劳人思妇触物兴怀之所作矣。何况慧业文人，灵珠在抱，会心不远，眷物弥重，能不见木落而悲秋，闻虫吟而兴感乎？尔则写景之篇，充盈文囿，非无故也。

陆机《文赋》曰：悲落叶于劲秋，喜柔条于芳春。锺嵘《诗品序》曰：气之动物，物之感人，摇荡性灵，形诸歌咏。又曰：若乃春风春鸟，秋月秋蝉，夏云暑雨，冬月祁寒，斯四候之感诸诗者也。昭明《答湘东王求文集诗苑书》曰：或日因春阳，具物韶丽，树花发，莺鸣和，春泉生，暄风至，陶嘉月而熙游，藉芳草而眺瞩，或朱炎受谢，白藏纪时，玉露夕流，金风时扇，悟秋士之心，登高而远托，或夏条可结，倦于邑而属词，冬雪千里，睹纷霏而兴咏。简文《答张缵示集书》曰：至如春庭落景，转蕙承风，秋雨且晴，檐梧初下，浮云生野，明月入楼，时命亲宾，乍动严驾，是以沉吟短翰，补缀庸音，寓目写心，因事而作。萧子显《自序》曰：若乃登高极目，临水送归，风动春朝，月明秋夜，早雁初莺，开花落叶，有来斯应，每不能已也。

陈后主《与詹事江总书》曰：每清风朗月，美景良辰，对群山之参差，望巨波之滉漾，或玩新花，时观落叶，既听春鸟，又聆秋雁，未尝不促膝举觞，连情发藻。此诸家之言，皆谓四序之中缘景生情，发为吟咏，与刘氏之意正同。

是以诗人感物至辞人丽淫于繁句也 此言《诗》《骚》汉赋写景迁变也。诗人感物，连类不穷者，明三百篇写景之辞所以广也。赋体之直状景物者姑置无论，即比兴之作，亦莫不假于物，事难显陈，理难言罄，辄托物连类以形之，此比之义也。外境当前，适与官接，而吾情郁陶，借物抒之，此兴之义也。比有凭而兴无端，故兴之为用，尤广于比。举例明之：兴有物异而感同者，亦有物同而感异者，九罭鳟鲂，鸿飞遵渚，二事绝殊，而皆以喻义公之失所；牂羊坟首，三星在罶，两言不类，而皆以伤周道之陵夷，此物异而感同也；《柏舟》命篇，《邶》《鄘》两见，然《邶》诗以喻仁人之不用，《鄘》诗以况女子之有常；《杕杜》之目，《风》《雅》兼存，而《小雅》以譬得时，《唐风》以哀孤立，此物同而感异也。夫其托物在乎有意无意之间，而取义仅求一节之合，_{如《关雎》篇诗人仅借雎鸠挚而有别以起兴，非即以雎鸠比淑女也。}兴之在诗，所以为用无穷也。

《豳风·九罭》传云：九罭，缌罟，小鱼之网也。鳟鲂，大鱼也。疏引王肃云：以兴下土小国不宜久留圣人。又鸿飞遵渚，传云：鸿不宜遵渚也。笺云：鸿，大鸟也，不宜与凫鹥之属飞而遵渚，以喻周公今与凡人处东都之邑，失其所也。

《小雅·苕之华》传云：牂羊坟首，言无是道也。三星在罶，言不可久也。笺云：无是道者喻周已衰，求其复兴不可得也。不可久者，喻心星之光耀见于鱼笱之间，其去须臾也。

《邶风·柏舟》笺云：舟，载渡物者，今不用，而与众物泛泛然俱流水中。兴者，喻仁人之不用而与群小并列，亦犹是也。

《鄘风·柏舟》笺云：舟在河中，犹妇人之在夫家，是其常处。

《小雅·杕杜》传云：杕杜犹得其时蕃滋，役夫劳苦，不得尽其天性。

《唐风·有杕之杜》传云：道左之阳，人所宜休息也。笺云：今人不休息者，以特生阴寡也。兴者，喻武公初兼其宗族，不求贤者与之在位，君子不归，似特生之杜然。

气谓物之神气，采谓物之色彩也；既随物以宛转，亦与心而徘徊，二语互文足义，犹云写气图貌，属采附声，既随物以宛转，亦与心而徘徊也。夫气貌声采，庶汇各殊，俾色揣称，夫岂易事？又况大钧槃物，块圠无垠，迎之未形，揽之已逝，智同胶柱，事等契舟，然则物态各殊既如彼，无常又如此，自非入乎其内，令神与物冥，亦安能传其真状哉？

王夫之云：池塘生春草，明月照积雪，蝴蝶飞南园，皆心中目中与相融洽，一出语时即得珠圆玉润。又云：会景而生心，体物而得神，则自有灵通之句，参化工之妙，若但于句求巧，则性情先为外荡，生意索然矣。观此，知心物未融，则写景未有能臻工妙者也。

诗人写景，以少总多，情貌无遗。观刘氏所举，已见梗概。兹更录王夫之说以示例：

庭燎有辉，乡晨之景，莫妙于此，晨色渐明，赤光杂烟而埃曘，但以有辉二字写之，唐人除夕诗，殿庭银烛上熏天之句，写除夜之景，与此仿佛，而简至不逮远矣。花迎剑佩，差为晓色朦胧传神，而又云星初落，则痕迹露尽，益叹三百篇之不可及也。

苏子瞻谓桑之未落，其叶沃若，诗人体物之工，固也，然得物态，未得物理。桃之夭夭，其叶蓁蓁，灼灼其华，有蕡其实，乃穷物理。夭夭者，桃之稚者也，桃至拱把以上，则液流蠹结，花不荣，叶不盛,实不蕃,小树弱枝,婀袅妍茂为有加耳。

此云《离骚》,包《楚辞》而言。嵯峨之类聚,葳蕤之群积云者,谓写山水草木之词渐趋繁富也。兹举例如次:

> 山峻高以蔽日兮,下幽晦以多雨,霰雪纷其无垠兮,云霏霏而承宇。《涉江》。
>
> 上高岩之峭岸兮,处雌霓之标颠,据青冥而攄虹兮,遂倏忽而扪天。《悲回风》。

右写山。

> 朝骋骛兮江皋,夕弭节兮北渚。鸟次兮屋上,水周兮堂下。《湘君》。
>
> 冯昆仑以澄雾兮,隐岷山以清江,惮涌湍之礚礚兮,听波声之汹汹。《悲回风》。

右写水。

> 袅袅兮秋风,洞庭波兮木叶下。《湘夫人》。
>
> 雷填填兮雨冥冥,猿啾啾兮狖夜鸣,风飒飒兮木萧萧。《山鬼》。

右写风云。

> 秋兰兮麋芜,罗生兮堂下,绿叶兮素茎,芳菲菲兮袭予。《少司命》。
>
> 秋兰兮青青,绿叶兮紫茎。同上。

右写草木。

字必鱼贯者,谓好用连语双声叠韵诸联绵字也。此盖因扬、马之流,精通小学,故能撮字书之单词,缀为俪语,或本形声假借之

法,自铸新词。刘氏所谓扬、马之作,旨趣幽深,读者非师传不能析其辞,非博学不能综其理也。兹举相如《上林赋》句为例:

> 汹涌澎湃,滭弗宓汨,偪侧泌㴸,横流逆折,转腾洌瀄,滂濞沆溉。崇山矗矗,茏苁崔巍,深林巨穴,崭岩参差。九嵕南山,巀嶭峨峨,岩陁甗锜,摧崣崛崎。

至如雅咏棠华至则繁而不珍 此言写景文不宜多用五色之词也。昔人诮为诗好用珠玉等字者为七宝妆,吾师每称陈文述诗为国旗体,亦嫌其一篇之中多用采色字也。

自近代以来,文贵形似至即字而知时也 此节与《明诗》所论,皆明刘宋以后诗赋写景之异于前代也。

《明诗》云:宋初文咏,体有因革,庄老告退,而山水方滋,俪采百字之偶,争价一句之奇,情必极貌以写物,辞必穷力而追新,此近世之所竞也。

体物为妙,功在密附数语,刘氏虽以此评当时,实亦凡写景者所当奉为准则也。盖物态万殊,时序屡变,摛辞之士,所贵凭其精密之心,以写当前之境,庶阅者于字句间悠然心领,若深入其境焉,如此则藻不徒抒,而景以文显矣;不则状甲方之景,可移乙地,摹春日之色,或似秋容,剿袭雷同,徒增厌苦,虽烂若缛绣,亦何用哉?

《岘佣说诗》云:写景须曲肖此景,渡头余落日,墟里上孤烟,确是晚村光景;两边山木合,终日子规啼,确是深山光景;黄云断春色,画角起边愁,实是穷边光景;野径云俱黑,江船火独明,确是暮江光景。观此,则写景之贵于密附,益可见矣。

《诗麈》云:写景之句,以雕琢工致为妙品,真境凑泊为神品,平淡率真为逸品。如芳草平仲绿,清夜子规啼;沈佺期。明月松间照,清泉石上流;王维。雨中山果落,灯下草虫鸣;王维。绿树村边合,青山郭外斜;孟浩然。松生青石上,泉落白云间;贾岛。泉声入秋寺,月色遍寒山;于武陵。皆逸品也。如日落江湖白,潮来天地青;王维。四更山吐月,残夜水明楼;杜甫。柳塘春水漫,花坞夕阳迟;严维。鸡声茅店月,人迹板桥霜;温庭筠。皆神品也。其他登妙品者,则不可枚举也。按此所谓逸品,所谓神品,皆指其功在密附言之。

然物有恒姿至**晓会通也** 此言写景文之作术也。物有恒姿至或精思愈疏,谓物之姿态有恒,而人之运思多变,或率尔操觚,竟能密合,或镂心洒翰,转益浮词也。寻心物之感,其机至微,其时至速,故有卒然遇之,不劳而获者,亦有交臂失之,回顾已远者,此中张弛通滞之数,虽有上材,恒不能自喻其故,文家常言,以为天机骏利易于烛物,六情壅塞难于用思,通塞之宜,文之工拙分焉,斯诚不刊之论矣。然欲令机恒通而鲜塞,亦自有术。刘氏《神思》篇云:陶钧文思,贵在虚静。盖谓不虚不静,则如有物障塞于中,而理之在外者,无自而入,意之在内者无自而出,关键不通,斯机情无由畅遂也。此虽为一切文言,而写景尤要。是故缀文之士,苟能虚心静气以涵养其天机,则景物当前,自能与之默契,抽毫命笔,不假苦思,自造精微,所谓信手拈来,悉成妙谛也;不则以心逐物,物足以扰心,取物赴心,心难于照物,思虑虽苦,终如系影捕风矣。

诗骚所标并据要害至**善于适要虽旧弥新** 此言写景变化之法也。夫文贵自出心裁,独标新颖,谢朝华之已披,启夕秀于未振,焉取规摹仿效,致来因袭之讥。然写花鸟,绘烟岚,则诚有不尽尔者。盖物色古今所同,远视黄山,气成葱翠,适当秋日,草尽萎黄,古有此景,今亦无以异也。是故古人之作,虽已泄宇宙之秘,穷化工之妙,清辞丽句,脍炙文林,然后贤有作,倘能即势会奇,因方借巧,妙得规摹变化之诀,自成化腐为新之功。又况意之为用。其出不穷,同叙一景而以悲愉各异,则后者初非袭前,如落日照大旗,马鸣风萧萧,杜甫《后出塞》。与萧萧马鸣,悠悠斾旌,《诗·大雅·角弓》篇。一叙愁惨之象,一状整暇之容,语同而用意别,特作者临文偶然凑合,非相袭也。同赋一物而比兴不同,则诸作各擅其胜,如同一咏蝉,虞世南居高声自远,端不借秋风,是清华人语;骆宾王露重飞难进,风多响自沉,是患难人语;李商隐本以高难饱,徒劳恨费声,是牢骚人语;此因比兴之不同而各据胜境也。由此观之,雨滴空阶,月照积雪,亭皋叶下,池塘草生,凡诸美景,虽至不可纪极之世,言之亦无害为佳构,李文饶所谓文章譬诸日月,虽终古常见而光景常新,不其然哉。

文章变化之法,古人有不易其意而别造新语,或规摹其意而形容之者,有翻意者,有点化成句者,有用意造语不嫌雷同者,而且文诗赋词得相通变,学者措意于此,其于刘氏所谓因方借巧,即势会奇,可以知所从事矣。兹各举例明之:

  山谷云:诗意无穷而人之才有限,以有限之才追无穷之意,虽少陵、渊明,不得工也。然不易其意而造其语,谓之换骨法,规模其意而形容之,谓之夺胎法。如郑谷《十月菊》曰:自然今日人心别,未必秋香一夜衰,此意甚佳,而病在气不长。曾子固曰:诗当使人一览语尽而意有余,乃古人用心处,所以舒王《菊》诗曰:千花百卉凋零后,始见闲人把一枝。坡则云:万事到头都是梦,休!休!明日黄花蝶也愁。李翰林曰:鸟飞不尽暮天碧。又曰:青天尽处没孤鸿。其病如前所论。山谷《登达观台》诗曰:瘦藤挂到风烟上,乞与游人眼暂开,不知眼界开多少,白鸟去尽青天回。凡此之类,皆换骨法也。顾况诗曰:一别五十年,人堪几回别。其诗简缓而立意精确。舒王《与故人》诗曰:一日君家把酒杯,六年波浪与尘埃,不知乌石江边路,到老相寻得几回。乐天曰:临风杪秋树,对酒长年身,醉貌如霜叶,虽红不是春。东坡《南中》诗曰:儿童误喜朱颜在,一笑那知是酒红。凡此皆夺胎法。《冷斋夜话》。

杜牧之《阿房宫赋》云:明星荧荧,开妆镜也;绿云扰扰,梳晓鬟也;渭流涨腻,弃脂水也;烟斜雾横,焚椒兰也;雷霆乍惊,宫车过也;辘辘远听,杳不知其所之也。盛言秦之奢侈。杨敬之作《华山赋》有云:见若咫尺,田千亩矣;见若环堵,城千雉矣;见若杯水,池百里矣;见若蚁垤,台九层矣;蜂窠联联,起阿房矣;小星荧荧,焚咸阳矣。《华山赋》杜佑常称之,牧之乃佑孙,是仿敬之所作信矣。《野客丛书》:或读《阿房宫赋》至歌台暖响,春光融融,舞殿冷袖,风雨凄凄,一宫之间而气候不齐。击节叹赏,以为善形容广大。仆谓盖体魏卞兰《许昌宫赋》,曰:其阴则望舒凉室,羲和温房,隆冬御绤,盛夏重裘,一宇之深邃,致寒暑于阴阳。非出于此乎?《瑞桂堂暇录》。

右不易其意而造其语,及规模其意而形容者。

王楙曰:山谷《酴醾》诗:露湿何郎试汤饼,日烘荀令炷炉香,一联盖出于商隐之意,而翻案尤工耳。商隐诗曰:谢郎衣袖初翻雪。荀令熏炉更换香。《冷斋夜话》。

徐世俊曰:张仲宗《踏莎行》:醉来扶上木兰舟,将愁不去将人去。引用李端诗,青枫绿草将愁去,远入吴云暝不还。此返用之而胜。王阮亭曰:有词翻来极浅反为入情者,孙葆光云:双桨不知消息,远汀时起鸂鶒;洪玙云:醉来扶上木兰舟,醒来忘却桃源路;无如查荃云:斜阳影里,寒烟明处,双桨去悠悠。翻令人不能为怀。并《古今词话》。

词家多翻诗意入词。李后主《一斛珠》末句云:绣床斜凭娇无那,烂嚼红绒,笑向檀郎唾。杨孟载《春绣》绝句云:闲情正在停针处,笑嚼红绒唾碧窗。此却翻词入诗。《词筌》。

右翻意者。

诗家有换骨法,谓用古人意而点化之使加工也。刘禹锡云:遥望洞庭水湖面,白银盘里一青螺。山谷点化之则云:可惜不当湖水面,银山堆里看青山。孔稚圭《白苎歌》云:山虚钟磬彻。山谷点化之则云:山空响管弦。学诗者不可不知此。水田飞白鹭,夏木啭黄鹂,李嘉祐诗也,王摩诘衍之为七言,曰:漠漠水田飞白鹭,阴阴夏木啭黄鹂,而兴益远。九天阊阖开宫殿,万国衣冠拜冕旒,王摩诘诗也,杜子美删之为五言句,阊阖开黄道,衣冠拜紫宸,而语益工。诗人点化前作,正如李光弼将郭子仪之军,重经号令,精彩数倍。《韵语阳秋》。

王勃《滕王阁序》:层台耸翠,上出重霄,飞阁流丹,下临无地。即王巾《头陀寺碑文》:层轩延袤,上出云霓,飞阁逶迤,下临无地。落霞与孤鹜齐飞,秋水共长天一色,即庾子山《马射赋》:落花与芝盖齐飞,杨柳共春旗一色。《湛渊诗话》。

《铁围山丛谈》云:寒鸦飞数点,流水绕孤村。隋炀帝语也。少游《满庭芳》引用之,云:斜阳外,寒鸦数点,流水绕孤村。《古今词话》。

右点化成句者。

唐人诗句不厌雷同,绝句尤多。试举其略:杜牧《边上闻胡笳》诗云：何处吹笳薄暮天，塞垣高鸟没狼烟，游人一听堪头白，苏武争禁十九年。胡曾诗云：漠漠黄沙际碧天，问人云此是居延，停骖一顾犹魂断，苏武争消十九年。戎昱《湘浦曲》云：虞帝南巡不复还，翠蛾幽怨水云间，昨夜月明湘浦宿，闺中环珮度空山。高骈云：帝舜南巡不复还，二妃幽怨水云间，当时珠泪垂多少，只到而今竹尚斑。李贺《咏竹》云：无情有恨何人见，露压烟笼十万枝。皮日休《咏白莲》云：无情有恨何人见，月晓风清欲坠时。《升庵诗话》。

右用意造语不嫌雷同者。

四序纷回，而入兴贵闲至**情晔晔而更新**　数语尤精。四序纷回，入兴贵闲者，盖以四序之中，万象森罗，触于耳而寓于目者，所在皆是，苟非置其心于翛然闲旷之域，诚恐当前好景，容易失之也。陶诗：采菊东篱下，悠然见南山，山气日夕佳，飞鸟相与还，此中有真意，欲辩已忘言。因采菊而见山，一与自然相接，便见真意，而至于欲辩忘言，使非渊明摆落世纷，寄心闲远，曷至此乎？物色虽繁，析辞尚简者，盖以一时之内，一地之间，物态皆极缤纷，表之于文，惟须约其词旨，务令略加点缀，即已真境显然；陶诗：暧暧远人村，依依墟里烟，狗吠深巷中，鸡鸣高树颠四语，着墨不多，而村墟景象，如溢目前，若事铺陈，诚恐累牍连篇有所不尽也。味飘飘而轻举，情晔晔而日新者，味即文味，情即文情也。夫既以闲旷之兴领略自然之美，则观察真矣，复以简至之辞摄取物象之神，则技术巧矣，写景如是，而文之情味有不引人入胜者哉？

若乃山林皋壤至**抑亦江山之助乎**　此言物色之有助于文思也。彼灵均之赋，隐深意于山阿，寄遥情于木末，烟雨致其绵渺，风云托其幽邈，所谓得助江山，诚如刘说。他若灵运山水，开诗家之新境,柳州八记,称记体之擅场,并皆得自穷幽揽胜之功,假于风物湖山之助。林峦多态,任才士之品题,川岳无私,呈宝藏于文苑。所谓取不尽而用不竭者,其此之谓乎。

　　赞曰山沓水匝至**兴来如答**　此与本篇首节意同。纪昀曰:诸赞之中,此为第一。正因题目佳耳。

说文略说

此文原载《黄侃论学杂著》,1964年上海古籍出版社出版。

论文字初起之时代

文字起源，在《说文序》中，已有二说：其一说，即世所共传言仓颉造字，又推其本于八卦结绳。《说文序》云："古者，庖牺氏之王天下也，仰则观象于天，俯则观法于地，视鸟兽之文与地之宜，近取诸身，远取诸物；于是始作《易》八卦以垂宪象。及神农氏结绳为治而统其事，庶业其繁，饰伪萌生。黄帝之史仓颉，见鸟兽蹄迒之迹，知分理之可相别异也，初造书契。"许君以仓颉为黄帝史，本于《世本》，司马迁、班固、韦诞、宋忠，皆同此说。按八卦为有限之符号，文字则为无限之符号，以八卦为文字起源，似也。至于结绳之用，较之八卦，又稍灵活，究不足以应变。能应变者，端推文字。故自来言文字之起源者，皆用许君之论。

关于仓颉之异说。《书》疏引慎到曰：仓颉在庖牺前。张揖本之，言仓颉为帝王，生于禅通之纪。崔瑗、曹植、蔡邕、索靖，皆以为古之王者。如此说，则造书者埌为仓颉，而非黄帝之臣。所以必为说者，盖疑文字不应至黄帝时始起也。

《说文序》下文又云："封于泰山者，七十有二代，靡有同焉。"此言出于《管子》，《管子》云："七十二代，识其十二；十二之首，乃为无怀。夫无怀下距黄帝，已为远矣，况又在无怀以前乎。"信如此说，则文字之兴，遥遥在庖牺之上，所以慎到有仓颉在伏羲前之论也。

按文字之生，必以寖渐，约定俗成，众所公仞，然后行之而无阂。窃意邃古之初，已有文字，时代绵邈，屡经变更；壤地佫离，复难齐一。至黄帝代炎，始一方夏；史官制定文字，亦如周之有史籀，秦之有李斯。然则仓颉作书云者，宜同鲧作城郭之例；非必前之所无，忽然创造，乃名为作也。《周礼·大行人》：王之所以抚邦国诸侯者，九岁属瞽史，谕书名；依郑君说，名即字也。据此，隆周之治，同书文字，职在史官；是亦循黄帝以来之旧而已。

《荀子》云："好书者众矣，而仓颉独传者，壹也。"今本此说，以为文字远起于古初，而仓颉仍无嫌于作字；庶几和会乖违，得其实相者欤。

论文字制造之先后

今日研讨文字制造之次序，所依据者，自《说文》外，惟有《周礼》故书、《仪礼》古文、魏《三体石经》。自馀《石鼓》之类，时代难明；钟鼎之文，帅说旷绝；止可略而不论。

《说文序》云："仓颉之初作书，盖依类象形，此象形兼指事而言，故《说文》于指事字，每曰象其事之形。故谓之文；其后形声相益，即谓之字；文者，物象之本，字者，言孳乳而寖多也。以迄五帝三王之世，改易殊体，封于泰山者，七十有二代，靡有同焉。"据此文，则造字之始，必先具诸文，然后诸字始得因之以立。所云初、后，疑皆指仓颉一人之身。故《韩非》言仓颉作字，自营为厶，背厶为公，王育说秃字云：仓颉出，见秃人伏禾中，因以制字；明仓颉非不作字也。

文字成立先后，既不可紊，即使出于仓颉一人，亦自无嫌。盖提挈纲维，止在初文数百；自是以降，要皆由初文变易孳乳而来也。

由文入字，中间必经过半字之一级。半字者，一曰，合体，合体指事，如叉、如扠；合体象形，如果、如朵。二曰，渻变，渻者，如凡，如朵；变者，如匕、如匕、如𠃑、如夭、如矢、如尢。三曰，兼声，如氏，如冎。四曰，复重，如二、三，积于一；艸、茻，积于屮，𠬪，从𠂇，又，北，从人、匕。此种半字，即为会意、形声之原。再后，乃有纯乎会意、形声之字出。其奇侅者，会意、形声已成字矣，或又加以一文，犹留上古初造字时之痕迹。如龙之为字，从肉，童省声；固形声字矣，而是为象形。牵之为字，从牛，玄声；又形声字矣，而冂象牛縻。此二文，或象形，或指事，又非前之半字比；今为定其名，曰杂体。

以上所说，造字次序：一曰文，二曰半字，三曰字，四曰杂体。就大体言，二可附于一中，四亦三之支别。然则文、字二名，可以统摄诸字无所遗也。

就文而论，亦非造自一时。何以明之？屮之与茻，水之与川，声有对转，而语无殊；丨之与囟，日之与入，义有微殊，而声未变；此如造自一时，何由重复？是则转注之例，已行于诸文之间久矣。一幺也，既以为玄之古文，又以为糸之古文；一丨也，既以为上行之进，又以为下行之退；同文异用，假借之例又行矣。今若推其本原，往往集数十初文而联为一贯，用以得文字之太初；斯诚考文者一愉快事也。

论六书起源及次第

六书之总名，始见《周官·保氏》。说其细目，始于刘歆。《汉书·艺文志》即本子骏《辑略》。或遂谓六书之名，至周始有。然观刘云："六书者，造字之本"，是仓颉时已有矣。依类象形புடி谓之文，文者，物象之本；及孳乳为字，亦非突尔而成。故文之中，包有半字、合体、渻变、复重诸例，即是会意之萌芽；氐、𠃊诸文，亦是形声之始。综文之数，不过数百，而变易、孳乳，大氐同原，更加省并，则其根柢亦甚有限，故知转注已有矣。始制文字而百官治，万民察，若非兼该众义，则文不足用，文不足用，尚何察与治之有？故知假借之法，行于太初；依其理以造形声之字，而假借之用益大。是故形声之字，其偏旁之声，有义可言者，近于会意；即无义可言者，亦莫不由于假借。然则六书为造字之本，使无是者，焉能笼圈一切，消息盈虚哉？

《说文》列六书之名，略与刘、郑异。郑众《周礼·保氏》注。刘云：《周官·保氏》，掌养国子，教之六书，谓象形、象事、象意、象声、转注、假借，造字之本也。郑云：六书：象形、会意、转注、处事、假借、谐声也。许之名目次第，则为指事、象形、形声、会意、转注、假借。今皆依许义用之。何者？指事之字，当在最先。生民之初，官形感触，以发词言，感叹居前，由之以为形容物态之语；既得其实，乃图言语之便，为之立名。是故象形之字，必不得先于指事。今且就许氏举日、月二字论之：日之为字，许云：从囗一；此为借体字，借体者，借他字之体以成此字之形；说者不知许意，或改，或疑，皆为无当。进求日字之义，云：实也，太阳之精不亏。实之为字，本从至来，室，从至声，而云室，实也，可证。至、止同义，是日字犹当以止为根也。月字为象形固矣，然亦依日之形而阙之，其造字当又在日之后。且其义为阙，阙本从夬来，夬又受义于乂，是月字犹当以乂为根也。师说日月之文，古文同于入兀内外，今别作解。盖指事，视而可识，察而可见；事不可指，借形以表之。是故象形之字乃所以济指事之穷。其字拘于物名，而其义乃不独仅指其物之实，假借之义已行于其间也。至指事，刘为象事，郑为处事；形声，刘为象声，郑为谐声；会意，刘为象意；虽大意不违，究以许所立名为分明而易晓，故相承用之焉。

论变易孳乳二大例上

《说文序》曰："以迄五帝、三王之世,改易殊体";此变易之明文也。变易之例,约分为三:一曰,字形小变;二曰,字形大变,而犹知其为同,三曰,字形既变,或同声,或声转,然皆两字,骤视之不知为同。

一者,如上,古文作丄,指事也;篆则为丄,此但依据古文,偶加笔画,实无意义。中,古文亦作𠂧,中本古文,据古文偏旁知之。其中一曲,亦豪无所表也。《说文》所载,隸,重文有篆文隸,从古文之体。弟,古文作𢎩。从古文韦省,丿声;而篆文即从古文之象。民,古文作𠔿,象形者也;而篆文即从古文之象。酉,古文作丣,从卯、从一,闭门象也,而篆文即象古文酉之形。此等变移笔画,而别为一字。后来隶、草变更,与正字宛若二文,皆此例之行者也。二者,如冰与凝,后世以为二字者也,而《说文》以为同;求与裘,后世以为二字者也,而《说文》以为同;杭与抗,后世以为二字者也,而《说文》以为同;云与雲,后世以为二字者也,而《说文》以为同。不但此也,祀之与禩,一文也,使《说文》不以为重文,未尝不可为二字也;琼与璚,一文也,使《说文》不以为重文,未尝不可为二字也。凡《说文》所云重文,多此一类。后世俗别字之多,又此例之行者也。

三者,天之训为颠,则古者直以天为首,在大宇中则天为最高,在人身中则首为最高,此所以一言天而可表二物也。然与天同语者,有囟,声稍变矣,由囟与天而有颠。此之造字,纯乎变易也。颠语转而有顶,有题,义又无大殊也。假使用一字数音之例,而云天又音囟,音颠,音顶,音题,又有何不可?是故囟、颠、顶、题,皆天之变易字也。而《说文》不言其同,吾侪骤视亦莫悟其同也。丂,古文以为于字,于者,象气之舒于,此可知于即丂之变易矣。然从于出者,有乎,语之馀也;有兮,象气越于也;有余,语之舒也;有㐾,二余也;有粤,亏也。自亏以下,《说文》列为数字,而声或尚同,或已转;使推其本原,固一字也。后世造字,因声小变而别造一文,又此例之行者也。

论变易孳乳二大例下

《说文序》曰："其后形声相益，即谓之字；字者，言孳乳而寖多也。"是孳乳之明文。然此中有三类：一曰，所孳之字，声与本字同，或形由本字得，一见而可识者也；二曰，所孳之字，虽声形皆变，然由训诂辗转寻求，尚可得其径路者也；三曰，后出诸文，必为孳乳，然其词言之柢，难于寻求者也。

一者，如由人而有仁，仁训亲也；然《说文》又有儿字，即古文奇字人，而训仁人；是仁之语本于人也。由马而有武，武之字，《说文》但引《左传》"止戈为武"说之；止戈者，能禁他人之暴而兵不用，此非大武不能。然马下说解云：武也，是武之字本于马也。由水而有准，准，平也；水之性平，故准从水来。由雷而有类，种类相似也；雷之声同，故类从雷来。此孳乳之字声与本字同者也。

如由句而有钩，曲也；有笱，曲竹捕鱼笱也。由臤而有紧，缠丝急也；有坚，刚也。由丩而有茻，艸之相丩；有纠，绳三合也；由𠂢而有衇，血理之分衺行体中者；有覛，邪视也。又如一叉声也，其所孳之字，如搔、瑵、蚤、骚、慅，声同，而形亦受之，未尝改易偏旁也。一壬声也，其所孳之字，如莛、茎、挺、梃、筳、桯、柽、珽、胫、颈、经、径、廷、庭、逕、侹、娙、劲、呈、逞、程，声同，其所受之形亦皆从壬，不必别取偏旁也。此孳乳之字形由本字得也。

二者，如谆云：告晓之孰也；谆与孰声转，而皆从㐨声。是以知谆之语亦由㐨来也。皮云：剥取兽革者谓之皮；朮下则云：分枲茎皮也；是二义相近，是以知皮之语当由朮来也。安之字，从女在宀下，而晏、侒、宴，悉与同义；检孔字之训云：乙至而得子，嘉美之也；乙、燕同物而声转，是以知安之字由燕来也。容之字训盛，而古与欲通用，《庄子·天下》篇："语心之容"，即语心之欲也；欲从谷声，而得谷义，是以知容之语亦由谷来也。凡此类字，辗转推求，而踪迹自在。亦有一义而二原，同字而别解者，果得其鯷理，求之亦非甚难也。

三者，名物诸文，如《说文》玉部、艸部中字，《尔雅·释草》以下诸篇，不明其得名之由，则从何孳乳不可说。后世字书，俗别字多。苟其关于训诂，大概可以从省并。惟名词之字，不易推得本原，亦由名物之孳乳，自来解者甚少耳。

论俗书滋多之故

郑君《周礼》注云："资字，以齐、次为声，从贝变易。"《说文》以赍、资异字，郑以为同字。如此言，是古字重复，皆由变易。变易之始，或不相知而变，各据音而加偏旁是也。或相蒙而变，籀不同于古，篆不同于籀，同字而异书，是也。《说文》重文，大氐为二例所摄；其间又有或体，如祀或从異作禩，是也。有后人改作，如對，汉文改作对，疊，王莽改作曡，是也。有今俗字，如灋，今作法；函，俗作肣，是也。自《说文》以来，隶书改变，皆循故例，故俗书亦增多。即以《说文序》言之，著于竹帛之著，篆止作箸；叵复见远流之叵，篆止当作不可。是许君论字，已不能尽汰俗书。至吕忱《字林》，江式所云：附托许慎《说文》，文得正隶，不差篆意者也；而其书所载字，至万二千八百馀，已多《说文》数千。案其异体，如《说文》之玭，《字林》作玾；《说文》之䰰，《字林》作䰡；《说文》之蜡，《字林》作褶；《说文》之谥，《字林》作谥。又如《说文》之橑，《字林》变其形而作橾；《说文》之槀，《字林》变其形而作槁。此皆篆有正文，隶从改作。由晋迄清，又逾千岁，字书屡出，字数递增，要其大半，皆为变易。俗书滋多，此其一也。

文字孳乳，大氐义有小变，为制一文。有由别而之通者，从丫而有角，是也；有由通而之别者，从鸟而有㹳，是也；有所施异，因造一名者,从叉而有杈,是也;有义稍狭,因造一名者,因句而有钩,是也。蝉、蜕一语,而蝉言其体,蜕是其貌;尢、尳一根,而尢为总名,尳为别物;在上曰颈,在下曰胫,形同也,而因处异,造二文;冕服有市,玄端有韠,物同也,而因制异,造二文。此则转注所施,随意赋形,由少趋多,自然之势。此中,有古已造而今从同,《说文》本字,往往不见经传,即此理。有古本同而今别造,是故《说文》以后,孳乳转多。以《字林》而言,其所载之字,如祢,《说文》应通用昵,今以为亲庙,别造一文;牰,《说文》应通用吽,今以为牛鸣,别造一文;迿,《说文》应通用绕,今以为围,别造一文;註,《说文》应通用注,今以为解,别造一文。此等字在今日有不能废者。陆德明云:"六文、八体,各有其义,形声、会意,宁拘一揆;岂必飞禽即须安鸟,水族便应著鱼,蟲属要作虫旁,草类皆从两屮?如此之类,实不可依,今并校量,不从流俗。"陆氏之言,施之经典,自是正义;而俗书递增偏旁,亦未尝不合孳乳之理。近世造字,如化学诸名,深合造字之理,其可怪笑者,不可援以为例。俗书滋多,此其二也。

论六书条例为中国一切字所同循不仅施于说文

汉世俗书渐众,故其释字形亦不本于古。以泉、货为白水、真人,以卯金刀为劉,以日月为易,以千里草为董,以乙力士为地,以白下羊为皋,此皆在《说文序》所举诸生廷尉谬说之外。以造字正义衡之,固为谬妄,察其离析之法,亦自合于解字之理。是诸字者,亦此曹意中之会意字也。自是以后,文武为斌,不可为叵,樊然淆乱,日有所增,而皆不能违六书之例。惟孙休为子立名,及梁四公子名,其字无从下笔,自馀皆可以六书说之。往张揖有《难字》《错误字》诸书,今悉亡佚。今且就徐铉校《说文》后附二十八字,所谓俗书讹谬不合六书之体者,说之,而六书之例行于其中,已可见矣。

亹,徐氏以为不知所从,无以下笔。此字从文省,从釁声,亹,隶变釁字也,此俗形声字。个,徐氏以为不见义,无以下笔。此字即介字隶变,变易字也。暮,徐氏云:本作莫。以六书论之,莫已从日,暮又加日,诚为疣赘;然暗又加口;某已从木,楳又加木;困已从禾,稇又加禾。经典《说文》并有此例。孰,徐氏云:本作孰。此字从丮,章声外,更加一形为两形一声字;《说文》丮部:巩,重文挈,或加手,即是其例。捧,徐氏云:本作奉。此与暮同说。遨,徐氏云:本作敖。来为行来之来,而古文有逨,汉书有徕,即是其例。徘徊,徐氏云:本作裴回。此双声字,应训为般还,一声相变。然濩泜即摩莎,而《说文》有专字;蹢躅即彳亍,而《说文》分四文,裵回更制徘徊,亦不违孳乳之理。迴,徐氏云：本作回。案一,有重文弍;工,有重文弍;门,有古文閅,或体坰;初文更加偏旁,非无此例。腰,徐氏云：本只作要。案㐭,本从∧象屋形,或作廩,则又加广、加禾。《说文》非无此例。鸣,徐氏云：本只作乌。案鸣呼连语,而其本字只应用乎;呼,外息也,无呼叫义,必求本字,但宜作嘑耳。今乎既变为嘑,乌又何不可加口之有哉？慾,徐氏云：此后人加心。与熟同例。楝,徐氏云：本只作柬。与上同例。俸,徐氏云：本只作奉。奉禄别为俸,犹富满变为富耳,彼亦可加,此何独误。鞦韆,徐氏云：非皮革所为,非车马之用,不合从革。案鞦韆之索,容以革为,故孳乳加以革旁。若云汉世始起,不应制字,无以解于鄁篆,鄁乃霍光所定汉俗篆也。影,徐氏云：不当从彡。案影,始见葛洪《字苑》,曾为颜之推所讥。然形景连言,古今常语,形既从彡,景亦蒙之加彡。斌,徐氏云：本作彬。案彬乃份古文,训文质备也。此字始见魏明帝初公卿奏文武为斌,谨制乐名章斌之舞。然武虎为虤,见《周礼》,与此会意正同。悦,徐氏云：经典只作说。此如詩,或作悖。藝,徐氏云：本只作埶。此又加艺;如頪或从芸之例。著,徐氏云：本作箸。汉隶：艸、竹不分,此变易之例。墅。与野同说。蓑。与廩同说。喷,徐氏云：当通用喷。案《说文》当作婧,隶从臣者,喷或体读,艸书之变易。糞,徐氏云：无学部。案此等字为部首之例。黇,徐氏云：无疒部。案可从黄。蠹,徐氏云：无直部。案可依三等字为部首之例。麑,徐氏云：当用㲋。此用谭长说,嘑作䝞之例。池,徐氏云：当用沱。隶书,它、也偏旁多变易。

论字体之分类

昔颜元孙《干禄字书》以为文字大较有俗、通、正三体。《五经文字》《九经字样》兼载篆、隶、正、通，间举讹谬。后来《佩觿》《复古编》《字鉴》之类，皆能依据正书，以订俗误。清世毕沅作《经典文字辨证》，自言五例如次：

一曰，正。皆《说文》所有。

二曰，省。笔迹稍省于《说文》；䅿为香，鵰为鹏，是也。

三曰，通。变而不戾于《说文》；秌为秋，䳑为鹊，是也。又势不能符于籀篆，不得不从隶楷；𠈉为齐，壺为壶，是也。

四曰，别。经典之字为《说文》所无者；然纻、谁，别而有据，遻、厧，别而难依，亦有两例。

五曰，俗。流俗所制，不本前闻，或乖声义。

今依毕氏之言，更加研索，取证刘歆、许慎之言，得分古今为二类八目，如次：

第一类　《说文》正字。

一、正。《汉书》称：《凡将》《急就》《元尚》，皆《仓颉》中正字。《说文》叙篆文，合古籀，遂为正文之渊棷。今所谓正，并以《说文》正文为主。

二、同。《说文》言五帝三王之世，改易殊体；又六国时，文字异形。今《说文》所载重文,皆此物也。

三、通。咮、噣、噭,各有本义,而皆可通用咮;龤、协、恊,各有本义,而皆可通用协。此出于转注。

四、借。难易之字,不作㦬,而作难;厚薄之字,不作洦,而作薄。此出于假借。

第二类 《说文》后出字。

五、讹。《说文》所举兵、什、虫、茍四字是。后世则如壻作聟,荅作答是。

六、变。《说文》所举篆、籀、省、改诸文是。后世则如淖为潮,莜为茶是。

七、后。《说文》牺下云:贾侍中说,此非古。后世则如从弟有悌,从赴有讣是。

八、别。《说文》所举今字俗字,后世则如祝作呪,玱作锵是。

论字书编制递变一

自始制文字以迄于今，字书体裁，凡经几变。榷而论之，分为九种：一曰，六书之教；二曰，附之诂训；三曰，编为章句；四曰，分别部居；五曰，以韵编字；六曰，以声编字；七曰，计画编字；八曰，分类编字；九曰，专明一类。

一者，《周礼·保氏》："教国子，先以六书。"《内则》："十年出就外傅，学书计与请肄简。"注：简谓所书篇数也。分言，则学书别有教术，而其书今不可考见矣。《韩非子》云：仓颉作字，自营为厶，背厶为公。此疑即教六书之成语。

二者，尔雅观古，足以辩言。欲识古言，势须识字。故《尔雅》所以正名，《方言》亦称别字；此谓以训诂存文字，究非专论文字之书。

三者，《三仓》《急就》，由章句以组成；由此上推《籀篇》，以教学僮，必为韵语，若《弟子职》之伦；是以得载人名，《说文》奭下云：此燕召公名，读若郝，《史篇》名丑。得有借字；鼎，籀文以为贞字，即其证也。其书十五篇，建武时，亡六篇，许君所见尚有九篇。《说文序》既云："合以古、籀"，则此九篇必全行收入。而今计之，亦属寥寥，疑其文多亦不能逾《仓颉》。至后世以韵语编字之书，实无不祖《仓颉》者。《说文序》引《仓颉》："幼子承诏"，《尔雅》郭注引《仓颉》："考妣延年"，《颜氏家训》引《仓颉》篇:"汉兼天下,海内并厕,豨黥韩覆,畔讨残灭。"此汉人顺续《仓颉》之文,疑出《训纂》。是其文皆四字也。《周礼》郑注引《仓颉·鞄鬵篇》,又引《柯楫篇》,是并有子目也。元吾邱衍谓《仓颉》十五篇,即《说文》目录五百四十字,谬甚。其后司马相如《凡将篇》,史游《急就篇》,间以三言、四言、七言成句。《急就》之文,泛施日用,尤便于闾里书师。盖取《仓颉》正字,书以草书,于当世之用最切,而后来书家亦爱书之,所以独传也。自《三仓》以下,三仓者:《仓颉》《训纂》《滂喜》,与《仓颉》《爰历》《博学》异。《埤仓》《广仓》,既因其名,虑同其体。崔瑗《飞龙》,灵帝《皇羲》,蔡邕《劝学》《圣皇》《女史》,朱育《幼学》,无名氏《黄初》,项峻《始学》,陆机《吴章》,陆昕《悟蒙》,皆此类。而周兴嗣《千字文》,独存于今时。《千字文》取王羲之书千字而次其韵,所以称工。宋人谓为词理无可取,谬也。又萧子范亦有《千字文》。《千字文》后,虽有《万字文》,及《五百字文》,沿袭《千字文》之名者,世亦不常用。然则此类次韵教字之书,仅《急就》《千字》二种存耳。详儿童记诵,本以谐于唇吻为宜,故古人教字,多用此种体制。然于字之解析,未之有闻;若所依是正体,尚可不至讹谬,所依俗体,必至妄说,如《说文序》所谓者。此所以必待《说文》出,而后有真正字书也。

论字书编制递变二

四者,分部之字书,断从《说文》为始。其序曰:"分别部居,不相杂厕也。"段君曰:"谓分别为五百四十部也。周之字书,汉时存者,《史籀》十五篇,其体式大约同后代《三仓》。许所引《史篇》三:姚下,匋下,奭下,略如后代《仓颉传》《仓颉故》。秦之《仓颉》《爰历》《博学》合为《仓颉》篇者,每章十五句,每句四字。《训纂》《滂喜》同之。《凡将篇》每句七字。《急就》同之。案《急就》又有三言、四言。其体例皆杂取需用之字,以文理编成有韵之句,与后世《千字文》无异,所谓杂厕也。识字者,略识其字,而其形或讹;其音义皆有所未谛。虽有扬雄之《仓颉训纂》,杜林之《仓颉训纂》《仓颉故》,而散而释之,随字敷演,不得字形之本始、字音字义之所以然。许君以为音生于义,义箸于形;圣人之造字,有义以有音,有音以有形;学者之识字,必审形以知音,审音以知义。圣人造字,实自象形始。段君意:指事亦所以象形,故云造字自象形始。故合所有之字,分别其部为五百四十。每部各建一首,而同首者,则曰:凡某之属,皆从某。于是形立,而音义易明。凡字必有所属之首,五百四十字可以统释天下古今之字。此前古未有之书,许君之所独创。颜黄门曰:其书檃栝有条例,剖析穷根源;不信其说,则冥冥不知一点一画有何意焉。案黄门又曰:许慎检以六文,贯以部分,使不得误,误则觉之。此最为知许君者矣。"案段君此说,发明许书之所以为独至,至精至塙,无待更赘一词矣。

许书列部之次弟,据其自序,谓据形系联;徐锴因之以作部叙。大氏以形相近为次,如一、丄、示、三、王、玉、珏相次是也。亦有以义为次者,如齿、牙相次是也。亦有无所蒙者,冓之后次以幺,予之后次以放,是也。必以为皆有意,斯诬矣。

许书列字之次弟,大氏先名后事。如玉部,自璙以下,皆玉名也;自璧以下,皆玉器也;自瑳以下,皆玉事也;自瑀以下,皆附于玉者也;殿之以灵,用玉者也。其中又或以声音为次,如示部:禛、祯、祇、禔相近;祉、福、祐、祺相近;祭、祀、祡相近;祝、禬相近。又或以义同异为次,如祈、祷同训求,则最相近;祸训害,祟训祸,训相联则最相近。大氏次字之法,不外此三者矣。自《说文》而后,《字林》《古今字诂》《古今字训》《开元文字音义》《玉篇》,虽与《说文》字体部数、部次、字数、字次各有异同;究之皆分部编字之书,《说文》之流裔也。

论字书编制递变三

五者,以韵编字之书,复分三类:

其一,体为韵书,而意兼在存字。此如今之《广韵》,本于陆氏《切韵》。《切韵》之作,意在审音,及郭知玄以下,人有增益,至于孙愐,遂加至二万六千一百馀。《集韵》字数五万三千五百廿五,新增二万七千三百三十一字。两书皆兼登正、隶,时举讹俗,虽以韵排列,其实字书也。

其二,就韵书之体而列字,如小徐《说文篆韵谱》之类。此类在今日尚有承用之者,在已明韵部之人,翻检略不劳费;在未明韵部者,检之适足增烦,亦未为尽善也。

其三,部首字依《说文》次序,部中字则依始东终乏之次,如宋世《类篇》是也。《类篇》之为书,本因仍《集韵》;其部首仍就十四篇旧目,而部中之字,依见于《集韵》为先后。其序曰:"字书之于天下,可以为多矣,然而从其有声也,而待之以《集韵》,天下之字以声相从者无不得也;从其有形也,而待之以《类篇》,天下之字以形相从者,无不得也。"今按其书,一、丄、示、三、王之次,一如《说文》;而一部之字,首丕,次元,次天,与《说文》不同;则以丕在脂韵,居元、先二韵之前故也。在未有编画字书以前,此法颇为简便;以视《玉篇》等书,列字先后豪无程准者,又远胜之矣。

六者,以《龙龛手鉴》《四声篇海》《五音集韵》三书为例。

《龙龛手鉴》,辽僧行均撰。僧智光字法炬为之序,序作于统和十五年丁酉。契丹圣宗年号,即宋太宗至道三年。其书凡部首之字,以平、上、去、入为序;各部之字,复用四声列之。后李焘作《五音韵谱》,实用其例而小变之。案此与《类篇》之例大同,惟《类篇》部首字仍依《说文》原次,不用四声排列耳。

《四声篇海》,金韩孝彦著。其书以《玉篇》五百四十二部依三十六字母次之,更增三十馀部,同母之部,则依四声为先后;同部之字,则依笔画为先后;此实计画编字之权舆也。

《五音集韵》,孝彦子道昭著。取《玉篇》《类篇》等书之字,改并部次,别以五音,系以三十六字母,以百六十韵贯之。虽韵书,亦兼字书者也。

论字书编制递变四

七者，计画编字之书，复分两类：其一，计点画之形编之；其二，计点画之数编之。

计画形为字书次序者，首宋李从周《字通》。《四库提要》曰："是书以《说文》校隶书之偏旁，凡分八十九部，为字六百有一；其分部不用《说文》门类，而分以隶书之点画；既乖古法，又据隶书分部，乃仍以篆文大书，隶书夹注，于体例亦颇不叶。且如水字、火字，既入两点类，而下三点类又出水字、火字；旁三点类，示字类，又再出水字；下四点内，又出火字、水字。如此之类，凡一百二十三条，破碎凡杂，殊无端绪。至于千字，收于上两点类，独从篆而不从隶，既自乱其例。回字，收于中日字类；臣字、巨字、臣字，收于目字类；东字，收于里字类；并隶书亦不相合。"

案李氏此书，亦略祖《说文》据形系联之意，惟名目繁碎，又于检阅非便，故后人竟无效之者。近年海上字书，其检字法分点起、撇起、直起、横起等类，在书僮缮帖，颇称平易；殆因李书而悟得其术者欤？未可以其书不行而诋訾之也。

计画数为字书次序者，滥觞于《四声篇海》，然其书部首仍不以画数为先后。其举部首字、部中字，悉以画数编列者，在明，则数《字汇》《正字通》；在清，则数《康熙字典》，迄今为字书中最易检寻之书。

　　梅膺祚《字汇序》曰:"字学为书以传者,无虑数十家。《说文》《玉篇》皆立耑于一,毕终于亥,是后或次以四声,或辨以六书,权以母子,类族别生,固未有颛言数类者。《篇海》从母以辨音,亦尝从数以析类,惜乎其本末横决,繙拾棘艰也。吾从弟诞生_{膺祚字。}之《字汇》,其耑其终,悉以数多寡,其法自一画至十七画,列二百十四部,统三万三千百七十九字。"《四库提要》曰:"张自烈《正字通》视《字汇》考据稍博,然征引繁芜,颇多舛驳。"案清世字典,实依据此二书。观仁帝谕曰:增《字汇》之阙遗,删《正字通》之繁冗。《四库提要》曰:"《字汇》疏舛,《正字通》尤为芜杂。康熙四十九年,乃谕陈廷敬等,删繁补漏,辨疑订讹,勒为此书;仍两家旧目,以十二辰纪十二集;部首之字,以画之多寡为序;部中字亦然。"据此二文,《字典》本于明人书明甚。今《字典》独以官书盛行,梅、张二君几于名氏翳如,诚可叹也。

论字书编制递变五

八者,分类编字之书,且举《六书故》《六书统》二书为例。

《四库提要》曰:"《六书故》,元戴侗撰。大旨主于以六书明字义,谓字义明则贯通群籍,理无不明。凡分九部:一曰,数;二曰,天文;三曰,地理;四曰,人;五曰,动物;六曰,植物;七曰,工事;八曰,杂;九曰,疑。尽变《说文》之部分,实自侗始。其文皆从钟鼎,其注既用隶书,又皆改从篆体,非今、非古,颇碍施行。"案此书分列四百七十九目,各以其所谓字母统字子,而究不便检寻。吾邱衍《学古编》訾之,以为六书到此为一厄。后之治小学者,于其所据故籍,偶有征引;其自下己意者,寡采盖甚稀云。

杨桓《六书统》自序曰:"以凡文字之有统而为六书也,因名之曰《六书统》:一曰,象形;其别十。二曰,会意;其别十六。三曰,指事;其别九。四曰,转注;其别十八。五曰,形声;其别十八。六曰,假借。其别十四。其序:先古文大篆,次钟鼎文,次小篆。其象形、会意、转注、形声四例,大致本于戴侗;馀两例,则桓以己意钩稽。"《四库提要》诋为支离破碎,非过论也。

九者,此类之书,大别为三种:一曰,存古字;二曰,资常用;三曰,正讹失。

存古字之书:《古今字》见宋书。《古今官书》卫敬仲。《古文奇字》

郭显卿。《汗简》郭忠恕。《古文四声韵》夏竦。《汉隶字源》娄机。

资常用之书：《通俗文》服虔。《续通俗文》李虔。《杂字解诂》周氏。《常用字训》殷仲堪。《训俗文字略》颜之推。《诂幼》颜延之。《杂字指》郭显卿。《俗语杂字》王劭。《俗语难字》李少通。《单行字》李彤。《字偶》李彤。《异字》朱育。《难字》张揖。《要用字苑》葛洪。

正讹失之书：《误错字》张揖。《要用字对误》邹诞生。《字辨》李铉，专删正六艺经注中谬字。《五经文字》张参。《九经字样》唐玄度。《干禄字书》颜元孙。《佩觿》郭忠恕。《复古编》张有。《字鉴》李文仲。

此类之书，虽不能囊括文字之全，而就一涂以指示，最便于学者。惜第一类书，存者多难据信；第二类书，全付湮沉。惟三类书尚多，可资参考耳。

论说文所依据上

先正有言："言不空生，论不虚作，"况于剖判文字之书乎！文字者，经艺之本，王政之始，前人所以垂后，后人所以识古。假使人用己私，邪辞巧说，其何以解谬误，晓学者哉？《说文》之为书，盖无一字、无一解不有所依据，即令与它书违悖，亦必有其故。其说解不见它书者，由它书既不尽用本字，则本义亦无由楬明也。近世人或目《说文》为专载小篆，而古文、大篆，未为完备；或称《说文》说解穿凿剿说之失；皆不识《说文》之真义者也。今且略载两家之说如左，次加驳议；驳议已，乃取《说文》所依据胪陈之：前一家之说，远本于郦道元《水经注》。

孙诒让《名原序》曰："今《说文》九千文，则以秦篆为正；其所录古文，盖捃拾漆书经典及鼎彝款识为之；籀文则出于《史篇》，要皆周以后文字也。仓、沮旧文，虽杂厕其间，而叵复识别。况自黄帝以迄于秦，更历八代，积年数千；王者之兴，必有所因于故名，亦必有所作于新名；新故相袭，变易孳益，巧历不能计，又孰从而稽核之乎？自宋以来，彝器文间出，考释家或据以补正许书之讹阙；迩年又有龟甲文出土，尤简淆奇诡。"又云，"李斯之作小篆，废古籀，尤为文字之大厄，盖秦、汉间诸儒，传读经典，已不能精究古文。《书》《诗》传自伏生、毛公，《左氏春秋》上于张苍；大毛公当六国时，前于李斯；伏固秦博士，张则柱下史，咸逮见李斯者；三君所传，尚不无舛驳。斯之学识，度未能过三君；而乃奋臆制作，徇俗蔑古，其违失仓、史之指，宁足责耶？"

顾炎武《日知录》曰："秦、宋、辭，皆国名也；秦，从禾，以地宜禾，亦已迂矣；宋，从木为居；辭，从辛为皋，此何理也？《费誓》之费，改为柴，训为恶米；武王之㱃，改为㘽，训为靁土；威为姑；也为女阴；殹为击声；囷为故卢；普为日无色；此何理也？貉之为言恶也；视犬之字如画狗；狗，叩也，岂孔子之言乎？训有，则曰不宜有也。训郭，则举齐之郭氏；不几于剿说而失其本旨乎？居，为法古；用，为卜中；以及童、襄、吊、辱、臾、罚、劳、宰、冥、刑诸解，不几于穿凿而远于理情乎？若夫参之训，天文之不合者也；亳之训，地理之不合者也；书中所引乐浪事数十条，而他经籍反多阙略；此采摭之失其当者也。"

论说文所依据中

《说文》虽以小篆为正,实兼晐史皇以降之书。试以字数明之:李斯《仓颉》、赵高《爰历》、胡毋敬《博学》,汉时合为一篇,断六十字以为一章,凡五十五章;是小篆总数廑得三千三百字耳。《说义》之数,正篆则溢九千,重文亦逾千数,较之秦篆,三倍而强;是知正文之中,不少古籀。今孙氏漫云:《说文》九千文则以秦篆为正;此其不考,一也。

小篆之文,并非李斯别出新意,有所制作,如孙休、武曌之为也。《说文序》曰:"六国之时,文字异形,秦并天下,丞相李斯乃奏同之,罢其不与秦文合者。"夫云"罢其不与秦文合者",则必留其与秦文合者矣;此所留者,秦固有之文,非斯所手造也。今以《说文》古籀旁证,有同于《说文》所载古籀者,亦有同于《说文》正篆者;是则正篆本于古籀,较然明白矣。古文诸字,虽未必尽出轩辕,除公、厶、秃诸字,造自仓颉,明文可见者;独体诸文,势不得造于后世。孙氏乃云《说文》所载古籀要皆周以后文字;此其不考,二也。

《说文》之于古文,则受之贾逵;而称《易》孟氏以及《论语》《孝经》皆古文;于籀文,则本之王育;于山川所得鼎彝,则云其铭即前代之古文,皆自相似;所谓皆自相似者,必彼此参互而定之,又证之于壁经《左传》也。序又曰:"必遵修旧文而不穿凿。"又曰:"非其不知而不问,人用己私,是非无正,巧说邪辞,使天下学者疑。"又曰:"博采通人,至于小大,信而有证。"又曰:"闻疑载疑。"许冲上《说文》书曰:"博问通人,考之于逵。"据此诸文,是《说文》于篆书外,所载古籀、鼎籀,无一臆说。今自宋以来,彝器踵盛;近日甲骨诸文,出自泉壤;虽其物未必皆赝,而说者纷纭,无师以正。汉世说经者,于《古文尚书》十六篇,《逸礼》三十九篇,以无师说,称之曰逸。挽近古器,虑亦同兹。即偶有一二明白可信者,尚当在慎取之列。孙氏遽取此等后出之文,欲以凌驾许书之上;此其不考,三也。

李斯用小篆,而未尝废古文;故秦书八体有大篆,古文在大篆中也。即令废由李斯,伏生、毛公、张苍未必遂用李斯,忘其师授。今云"秦、汉间诸儒传读经典,已不能精究古文",是直视伏生辈皆老而善忘之师丹矣。且李斯作小篆,皆取《史籀》大篆,或颇省改者。省改之迹,明见《说文》,自馀无变焉。今云李斯"奋臆制作";此其不考,四也。右驳孙说。

顾宁人之说,前有孙渊如驳之。录之如下:

孙渊如与段若膺书

仆少读《水经注》,称许氏字说,专释于篆,而不本古文;怪郦道元读书卤莽,并《说文序》中所云"今叙篆文,合以古籀"之言,都未寓目。及见顾炎武《日知录》,指驳《说文》,又可抚掌。今举其一二:如驳《说文》郭字云:齐之郭氏,善善不能进,恶恶不能退,是以亡国。此出《新序》。案《新序》本《韩诗外传》。盖郭字,国名,因述其国之事,用刘向说也。又驳《说文》弔字云:人持弓,会驱禽。此出《吴越春秋》陈音之言。《吴越春秋》:陈音谓越王曰:弩生于弓,弓生于弹,弹起古之孝子。古者人民朴质,饥食鸟兽,渴饮雾露,死则裹以白茅,投于中野。孝子不忍见父母为禽兽所食,故作弹以守之,绝鸟兽之害。故歌曰:"断竹,续竹,飞土,逐肉。"案许君所云,古之葬者厚衣之以薪,从人持弓会驱禽,即本陈音此说,而推明吊所以从人弓意。皆非许叔重臆说,顾氏未能远考。又叓字,为束缚捽曳,则即《汉书》"瘐死狱中"本字,无足异者。案《尔雅》:瘉,病也,及《诗》之"交相为瘉",亦以此为本字;《说文》瘉训病瘳,不训病也。瘐亦与瘉通,《诗》"忧心愈愈",《释训》作瘐瘐,《汉书·宣帝纪》师古注:瘐或作瘉。至诋《说文》参为商星,为不合天文,亳为京兆杜陵亭,为不合地理,则顾氏尤疏陋。据《说文》参、商为句,以注字连篆字读之,下云,星也;盖言参、商俱星名。《说文》此例甚多,如"偓佺,仙人也"之类,得读偓断句,而以佺仙人解之乎?案说解连篆,固有此例。然释参毋庸连商为言。段氏以商当作晋,许氏记忆之误。案当作唐星,商唐隶书形近而误。《左传》"迁实沈于大夏,主参。唐人是因。"此参所以为唐星也。若亳为京兆杜陵亭,出《秦本纪》。宁公二年,遣兵伐荡社;三年,与亳战。皇甫谧云:"亳王号汤,西夷之国。"《括地志》:"案其国在三原、始平之界。"《说文》指谓此亳,非《尚书》亳殷之亳。彼亳,古作薄字,在偃师;惟杜陵之亳,以亭名,而字从高省,此则许叔重说文字必用本义之苦心。顾氏知亳殷之亳,不省亳王之亳;可谓不善读书,以不狂为狂矣。案《史记·六国表》:"汤起于亳",《集解》徐广曰:京兆杜县有亳亭。《史记》以汤起于亳,与禹兴西羌,周始丰镐并言,则史公意,固以关中之亳为即契汤之亳。《书序》云:"汤始居亳,从先王居",明亳本契所封地。许君释亳,以京兆杜陵亭当之,意同史公以亳为契汤之亳也。《说文》言地,必举其本地,而不问后来变迁之名。故郑下云:"京兆县,周厉王子友所封;宗周之灭,郑徙溱洧之上,今新郑是也。"今释亳以京兆杜陵为主,而不问后来之亳,犹此例也。段玉裁说:言亭者,以其字从高;然亭制起于秦,亳之名,不因于亭;以解字为书,固有不得不涉于皮傅者。案亭从高,而从高者不必皆有亭义,许以为从高省者,非谓其由亭得义也。案亳有大义,与溥、薄声同。故《尚书大传》载夏人歌曰:"盍归于亳",亳亦大矣。亳之从高省,由此也。岂以区区一亭而从高乎?

论说文所依据下

(一) 六书之依据

《说文序》云:"周礼:八岁入小学,保氏教国子,先以六书。"又云:"尉律:又以八体试之。"许冲上书云:"自周礼,汉律,皆当学六书,贯通其意";据许冲言,则汉时试书,必须解说文字之指意。故石建自责书马四足不足一,马援纠印文皋字为四羊,可知汉世士人,类能言文字下笔之意。《说文》一书,凡言象、言从者,皆解析文字;其言阙,或但言如此者,皆但知其为何字,而不知其下笔之理者也。惟其所言者,皆有所依据。凡字于六书属何类,许君必有所据而言之,决非任意指为象形或指事、会意、形声也。今且钞解释字形之文,在《说文》之前者,次录《三仓》训诂《仓颉训故》杜林撰,《三仓训故》张揖、郭璞撰,今合而录之。中言字体所从者;次录郑康成经注言字形者,以证《说文》言从某、象某之文,必有所宗,初无杜撰也。

《说文》引:王董仲舒曰:古之造文者,三画而连其中,谓之王:三者天地人也,而参通之者王也。孔子曰:一贯三为王。士孔子曰:推十合一为士。斯从斤断艸,谭长说。公《韩非》曰:背厶为公。乏《春秋传》:反正为乏。 𠈪从是少,贾侍中说。對汉汉帝去其口以从士。爲王育曰:爪,象形也。貞一曰:鼎省声,京房所说。用从卜,从中,卫宏说。羊孔子曰:牛羊之字,以形举也。芈象形,官溥说。糞官溥说：似米而非米者,矢字。平从于,从八;八,分也,爰礼说。盅从皿,以食囚也,官溥说。東官溥说：从日在木中。帀从反之而匝也,周盛说。曡扬雄说,从晶,从宜。亡新改从三田。牖谭长以为甫上口也,非户也,牖所以见日。黍孔子曰：黍可为酒,禾入水也。粉从黹,从粉省,卫宏说。儿孔子曰：在人下,故诘屈。秃王育说：仓颉出见秃人伏禾中,因以制字。㬎贾侍中说：此断首倒县㬎字。厶韩非说：仓颉作字,自营为厶。易祕书说：日月为易,象阴阳也。犬孔子曰：视犬之字,如画狗也。耿杜林说：从光,圣省。女象形,王育说。武楚庄王曰：夫武,定功、戢兵,故止戈为武。无王育说：天屈西北为无。匃逯安说：亡人为匃。蠢蠹或从木,象虫在木中形,谭长说。蛊《春秋传》曰：皿蟲为蛊,晦淫之所生也。畜淮南子曰：玄田为畜。轠轳或从畾,司马相如说。曹从車,象形,杜林说。㠯贾侍中说：象形。醫殴,恶姿也,醫之性然,得酒而使,从酉,王育说。亥《春秋传》曰：亥有二首八身。

《三仓》训诂：珏双玉为珏,故字从两玉。爨字从臼持甑,甑也,冂为灶口,収以推柴内火。囹字从口,豕在其中也。貿字从贝、卯。曡扬雄说：即《说文》所引。印字从爪卪也。厶自营为厶。耐字本从彡,杜林改从寸也;杜林以为法度之字皆从寸,后改如是。駛字从马,史声。冶与冰同意,故字从仌。耿杜林说,即《说文》所引。母其中有两点,象人乳形,竖通者即音无。匃字体从人,从亡,言人亡财物,则行求匃也。繭字从虫,从糸,芇声。

郑注三礼：豐其为字从豆,䇜声。槷从木,熱省声。資其字以齐、次为声,从贝变易。綀杜子春云：綜当为糸旁泉。纔古䌼,以才为声。

（二）字 体 之 依 据

《序》曰："仓颉之初作书,盖依类象形,故谓之文;其后形声相益,即谓之字。"又曰："以迄五帝三王之世,改易殊体。"又曰："宣王太史籀箸大篆十五篇,与古文或异。"又曰："孔子书《六经》,左丘明述《春秋传》,皆以古文。"又曰：七国"文字异形"。又曰：李斯《仓颉》等三篇,"皆取古文大篆或颇省改,所谓小篆者也"。又曰："秦书有八体：一曰大篆，二曰小篆。"又曰："扬雄作训纂篇。"又曰："仓颉已下十四篇，凡五千三百四十字。"又曰："亡新颇改定古文，时有六书，一曰古文，孔子壁中书也；二曰奇字，即古文而异者也；三曰篆书，即小篆。"又曰："北平侯张苍献《春秋左氏传》。"又曰："郡国亦往往于山川得鼎彝，其铭即前代之古文，皆自相似。"又曰："今叙篆文，合以古籀。"综上所言，则《说文》以小篆为质，不当云以小篆为主。而益以古文，及奇字，及古文异体，及大篆异体，及篆书异体，及后所改定，及鼎彝之铭，实萃集仓颉造书以来迄于汉世文字之大成。如或有遗漏，则为编莕未周，或见闻亦有不及耳。今如谓《说文》为已完具，则《说文》偏旁有而正篆无者已多；如谓《说文》为只据小篆，而不识古文，则显与《序》文不合。折中立论，当云《说文》为据六书以解释字体之书，汉以前文字已略具于是；继此而有发见，当以补苴罅漏，而不可妄破《说文》。斯为平情之言欤！

略疏《说文》所载字属于古籀篆者，如下：

古文：弌古文一。案于正篆下言古文某者，其正篆不定是小篆，正篆下言籀文某者同。丄此古文上。此以古文为正篆之明证。啇亦古文旁。此古字多或之证。蠭《夏书》：蚳从虫賓。凡引经者多是古文，引全句者同。屮古文或以为艸字。此明古文通借；籀文通借同。疋古文以为《诗》大疋字，亦以为足字。此明古文一字两用。褢或从衣，从朕，下引《虞书》。此证言或者，往往为古文。敆《周书》以为讨。此与古文以为讨同。兟古文羌如此。此但知为某字，而不知其所从。琯古者玉琯，从玉，官声。此不言或而知为古文。賏或曰，此古货字。此引或说以有疑。躄上言逸篇，下言或。此亦明为古文异体。仝奇字仓。嘼古文兽下，从内。此不立正篆，而附见于说解；馀籀篆附见说解者准此。辠秦以辠似皇字，改为罪。此不言古义，而可从知其为古文。羛墨翟书义。此不言为古文，而出自先秦书，亦可准古文之例。柴引《虞书》曰："至于岱宗柴。"《说文序》明言其称《易》孟氏等，皆古文也；是其引经，皆出古文；故"至于岱宗"四字，皆作古文观之。弌古文一。案古文一弌为合体指事字；然由此证知弌亦古文。凡正篆不言古籀文,而偏旁见于古籀文中者,准此。

籀文：霧籀文旁,此籀文之首见于《说文》者。艸部：蒜篆后有一行云：左文五十三,大篆从艸。据此,是芥下诸字皆有一从艸之大篆。葦籀文蓬省。案已有大篆蓬,又有此葦,是籀文亦多或。爰籀文以为车辕字。此明籀文通借。奭燕召公名,《史篇》名丑。案此称《史篇》；然扬子云曰：《史篇》莫善于《仓颉》,作《训纂》；是《仓颉》亦称《史篇》。此《史篇》未必即《史籀》。人此籀文。此以籀文为正篆之明证。兀籀文大,改古文。此大篆取古文省改之明证。晉籀文晉,从二子,一曰：晉即奇字簪。此古籀文同形而音说不同。霧籀文旁。由此证知雨字、方字为籀文；凡由偏旁而比知为籀文者,同此例。

篆文：上篆文上。此称篆文之首见者,又可为篆文亦作重文之证。禩祀或从異,此不能断其为古、籀、篆,而但称为或者,然《周礼》故书已有禩字,是古文也。凡称或者,中有古籀文,以是例之。蓮司马相如说：蔆从遴。凡称某说者,多非《仓颉》中字,则亦古籀也。犧贾侍中说：此非古字。既云非古字,则古籀文无之,古盖以献为犧；《司尊彝》：献尊,先郑注：献读为犧可证。對汉文帝以为责对而为言,多非诚对,故去其口以从士。此篆体中有汉世所改之明证。革象古文革之形。此小篆取古籀省改之明证。同此例者,有隶从古文之体；於,象古文乌省；巽,篆文巽；亭,篆文高；弟,从古字之象；民,从古文之象；酉,象古文酉之形。《说文》所见小篆省改古籀者,不过此数。麓汉令：鬲。此明非秦篆所有；然汉令必有所承,则亦出于古籀也。羹小篆。此称小篆之首见于篇者。𠃌古文及,秦刻石及如此。此明秦虽有小篆,仍自不废古文；自馀㩻字、屮字,皆同此例。眽祕书：瞑。祕书虽出汉世,必有所本,盖古籀也。白此亦自字也。此部首重文有从之以为形者,亦未可断其古为小篆也。雝或从人,上并无雝。此正篆文但见说解中者。𦛗或从肉,下并无胑篆。此重文但见正篆中者。肩俗。此篆体有俗,明见于《说文》者,盖汉世讹文之类也。曡古口复注中。此古字尔,附见于篆下者。疊亡新以为三日太盛,改为三田。此亡新颇改定古文之明证。瀰谭长以为甫上日也,非户也。此存异说于说解中。粟或说规模字,见無下。此与米字见粪下同例。罪秦以罪为皋字。此明罪罟之罪,本古所有,特自秦始以为刑罪之罪。法今文省。此称今文之首见者,与称俗同意,明篆中亦有今古之区分也。䃾—曰此与駅同。此或说以为一字而许君不从者。幽从山,从豩,邠之重,而不言或。凡或体不言或者,同此例。

右略疏《说文》字体言所出者,独无一条称某彝之文。详其由来,盖有二焉:一则古时鼎彝所出本少,见于史者,独有美阳、仲山父二鼎而已。当时拓墨之法未兴,许君未必能遍见,故《说文》中绝无注出某彝器者。二则《叙》云:鼎彝之铭"即前代之古文,皆自相似";《说文》中所云古文者,必有鼎彝与壁中之相类似者;既以孔氏古文为主,则鼎彝可略而不言。若谓《说文》竟无钟鼎,又非也。

(三) 说解之依据

《序》曰:"博采通人,至于小大,信而有征,稽撰其说。"又曰:"其称《易》孟氏,《书》孔氏,《诗》毛氏,《礼·周官》,《春秋》左氏,《论语》,《孝经》,皆古文也。"又曰:"其于所不知,盖阙如也。"又曰:"闻疑载疑。"许冲上书云:"先帝诏侍中骑都尉贾逵修理旧文,臣父故南阁祭酒慎本从逵受古学。"又曰:"慎博问通人,考之于逵,作《说文解字》,六艺群书之诂皆训其意。"据此诸文,是《说文》中之说解与引书,皆有凭据;其有疑殆,丘盖不言,而无一字之凿空。故许君云:"遵守旧文而不穿凿……非其不知而不问,人用己私,巧说衺辞,使天下学者疑。"世顾谓《说文》之训,多不与常训合,遂疑许君有独创之见;此大非矣。今疏《说文》所引诸家说解,及六艺以外群书,如左方:

《说文》所引诸家说解

董仲舒王、蠭。孔子王、士、羊、乌、黍、儿、貉、犬、狗。尹彤屮。淮南子芸、畜、蜩、魼。司马相如芎、蓮、鞠、㗧、鶪、鵃、藻、虖、蚖、蟪、镭。杜林菫、茡、薀、肙、构、朱、导、怯、渭、耿、姚、奰、嫛、䣱、瓺、斡、壴。刘向䕯。谭长㭊、獴、造、叚、牗沙、蠡。贾侍中牺、赺、迹、蹢、谟、檽、穄、稽、稺、囹、𪐗、厄、豫、娶、毒、陛、亚、曰、酏。傅毅䯤。张林辛。扬雄拜、胗、肺、蹲、叠、頯、挚、拜、氏、䣂、绎、𩥭、斡。黄颠𥊙。王育为、秃、女、旡、医。京房贞。卫宏用、㪁。官溥芈、粪、盥、东。庄都典。爰礼平。周盛帀。徐巡槀、陉。郑司农𩜁。甯严狛。桑钦溺、湿、汶、铦。楚庄王𠣾。逯安句。刘歆蠭。张彻铅。班固陧。欧阳乔离。宋弘毗。一云首见祥下。一曰首见禋下。旧云首见脘下。或说首见皀下。复说首见狱下。或以为首见姚下。或云首见螭下。博士说心下。

《说文》所引书《六艺》不计。

《老子》蛊。《汉律》祂。《逸周书》祘，又獾下《周书》。《墨子》绷。《五行传》疧。《尔雅》瑗。逸《论语》堁。《春秋·国语》珠。《楚辞》菩。《孝经说》公。《韩非》公。汉令趚。《春秋·公羊传》辵。《司马法》狗。《弟子职》疋。《孟子》源，又㜯下，称孟轲。传话。《秦刻石》及。《秦刻石·绎山文》汷。俗语聿。祕书䀠。《史篇》奭。天老凤。《师旷》鹭。《鲁郊礼》䳜。汉律、令䇣。军法乘。伊尹栌。《鲁诗说》甫。吕不韦偨。《韩诗传》魅。《甘氏星经》婳。扬雄赋氏。乐浪挈令纼。《山海经》劦。

论自汉迄宋为说文之学者

《说文》书成未久,郑康成注经即援以为证。《周礼·考工记·冶氏》注引许叔重《说文解字》云:"铧,镰也";《仪礼·既夕礼》注引许叔重说:"有辐曰轮,无辐曰辁。"次则应劭《风俗通义》、晋灼《汉书》注,亦间有称引。然其研治此书与否,未有明文。自孟生、李喜以降,迄于安石《字说》未作以前,中间传习《说文》,有文可据者,略如左方所列:

汉则有孟生、李喜。

许冲上书:"慎作《说文解字》凡十五卷,慎前以诏书校书东观,教小黄门孟生、李喜等,以文字未定,未奏上。"

又许君弟子有尹珍、见《后汉书·西南夷传》。高彪,见《外黄令高彪碑》。其受《说文》与否,无文可知。

汉、魏之际有邯郸淳。

《魏书·江式传》:上表曰:"陈留邯郸淳,博古开艺,特善《仓》《雅》;许氏《字指》,即《说文》。八体六书,精究闲理。"

吴则有严峻。

《吴志》:"严峻少耽学,善《诗》《书》《三礼》,又好《说文》。"

晋则有吕忱。

江式表云:"晋世义阳王典祠,令任城吕忱表上《字林》六卷,寻其况趣,附托许慎《说文》;而按偶章句,隐别古籀奇惑之字,文得正隶,不差篆意也。"

《五经文字》序列:"后有吕忱,又集《说文》之所漏略,著《字林》五篇以补之。"

李焘《说文韵谱》序:"晋东莱县令吕忱继作《字林》五卷,以补叔重所阙遗者,于叔重部叙初无移徙。忱书甚简,顾为他说揉乱;且传写讹脱,学者鲜通。今往往附见《说文》,盖莫知自谁氏始。"

任大椿《字林考逸》序:"《唐六典》载:书学博士,以石经、《说文》《字林》教士。《字林》之学,阅魏、晋、陈、隋,至唐极盛,故张怀瓘以为《说文》之亚。今字书传世者,莫古于《说文》《玉篇》,而《字林》实承许氏之绪,开《玉篇》之先。"

江应元,江琼。

江式表云:"臣六世祖琼家世陈留,往晋之初,与从父兄应元,俱受学于卫凯。古篆之法,《仓》《雅》《方言》《说文》之谊,当时并收善誉。祖避地河西,数世传习,斯业所以不坠也。"

又有《说文音隐》,作者不知谁氏。

《隋书·经籍志》:《说文音隐》四卷,在庚俨默《演说文》之前。

桂馥云:"《宋书》谢灵运《山居赋》自注云:鳗音优,鲤音礼,鲋音附,鲔音叙,鳟音寸衮反,鲵音睨,鲢音连,鳊音愍仙反,鲂音房,鲔音痈,鲹音沙,鳜音居缀反,鳘音上羊反,鲻音比之反,鳢音竹企反,皆《说文》《字林》音。馥据此,知《音隐》在宋以前。"

毕沅有《说文解字旧音》。其序曰:"唐以前传注家多称《说文解字音》,《隋书·经籍志》有《说文音隐》,疑即是也。是编,《隋志》次在吕忱之下,但云有四卷,而不详撰著姓名及时代。考《诗》:有鹭雉鸣,鹭,沈重音:耀皎反。此云:以水;鹭,本音以水,水字三写成小,遂为以小,以小转为耀皎。可见沈时已讹读同幺。又忱音鹭为於水,於水与以水适合。则是编为忱以前人所作无疑。许君之书,今所存者,有徐铉等校定音,并《唐韵》也;有徐锴《系传》音,朱翱所加也;有《五音韵谱》音,则锴所加也;然皆唐以后所改更。是编所辑虽寡,要为探本之谊。"

南朝则有庾俨默。

《隋志》:"梁有《演说文》一卷,庾俨默注,亡。"梁有者,谓梁"七录"有也。

顾野王。

李焘《五音韵谱》序曰:"陈左将军顾野王更因《说文》造《玉篇》三十卷。梁大同末,献之。其部叙既有所升降损益,其文又增多于叔重。唐上元末,处士孙强复修野王《玉篇》,愈增多其文。今行于俗间者,强所修也。叔重专为篆学,而野王杂以隶书,用世既久,故篆学愈微。野王虽曰推本叔重,而追逐世好,非复叔重之旧。自强以下,固无讥焉。"

北朝则有江文威。

江式表云:"世祖太延中,臣亡祖文威,杖策归国,奉献五世传掌之书,古篆八体之法。"

江式。

江式表云:"汝南许慎,嗟时人之好奇,叹俗儒之穿凿,故撰《说文解字》十五篇;首一终亥,各有部属,包括《六艺》群书之诂,评释百氏诸子之训;天地山川草木鸟兽昆虫杂物奇怪珍异王制礼仪世间人事,莫不毕载。可谓类聚群分,杂而不越,文质彬彬,最可得而论也。"

又云:"臣敢借六世之资,奉遵祖考之训,辄求撰集古来文字,以许慎《说文》为主;爰采孔氏《尚书》《五经》音注、《籀篇》《尔雅》《三仓》《凡将》《方言》《通俗文祖文宗》《埤仓》《广雅》《古今字诂》《三字石经》《字林》《韵集》诸赋文字,有六书之谊者,皆以次类编联；文无复重，纠为一部。其古籀奇惑俗隶诸体，咸使班于篆下，各有区别。诂训假借之义，佥随文而解。音读楚夏之声，并逐字而注。其所不知者，则阙如也。"

《北史·江式传》："式书成，号曰《古今文字》，凡四十卷；大体依许氏《说文》为本，上篆下隶。"

李铉。

《北史·李铉传》："以去圣久远，文字多有乖谬，于讲授之暇，遂览《说文》《仓》《雅》，删正《六艺》经注中谬字，名曰《字辨》。"

赵文深。

《周书·赵文深传》："太祖以隶书纰缪，命文深与黎季明、沈遐等依《说文》及《字林》刊定六体，成一万馀言；行于世。"

按此皆六朝人研习《说文》，有明文可考者。馀如卫恒《四体书势》云："许慎撰《说文》，用篆书为正，以为体例，最可得而论"；是卫恒亦最誉《说文》。又梁江总有《借刘太常说文诗》。有云："三写遍钻研，六书多补益"；此则总持亦笃好《说文》者也。

颜之推。

《颜氏家训·书证》篇："客有难主人曰：今之经典，子皆谓非；按谓非本字也。《说文》所明，子皆云是；然则许慎胜孔子乎？主人抚掌大笑，应之曰：今之经典，子以为皆孔子手迹耶？客曰：今之《说文》，皆许慎手迹耶？答曰：许慎检以六文，贯以部分，使不得误，误则觉之。孔子存其义，而不论其文也；先儒尚得改文从意，何况书写流传耶？必如《左传》止戈为武，反正为乏，皿蟲为蠱，亥有二首六身之类，后人自不得辄改也。安敢以《说文》校其是非哉？"

又曰："大抵服其为书隐括有条例，剖析穷根源，郑玄注书，往往引其为证。若不信其说，则冥冥不知一点一画有何意焉。"

又曰："吾昔初看《说文》，蚩薄世字，从正则惧人不识，随俗则意嫌其非，略是不得下笔也。所见渐广，更知通变，救前之执，将欲半焉。若文章著述，犹择微相影响者行之；官曹文书，世间尺牍，幸不违俗也。案弥互字，从二间舟；《诗》云：互之柸柜，是也。今之隶书，转舟为日；而何法盛《中兴书》乃以舟在二间为舟航字，谬也。《春秋说》以人十四心为德，《诗说》以二在天下为西，《汉书》以货泉为白水真人，《新论》以金昆为银，《国志》以天上有口为吴，《晋书》以黄头小人为恭，《宋书》以召刀为劭，《参同契》以人负告为造：如此之类，一作例盖数术谬语，假借依附，杂以戏笑耳。如犹转贡字为项，以叱为匕，安可用据一作此定文字音读乎？潘、陆诸子，离合诗赋，杕卜破字经，及鲍昭谜字，皆取会流俗，不足以形声论之也。"

唐则有玄宗皇帝。

玄宗《开元文字音义》序："古文字惟《说文》《字林》最有品式，因备所遗缺，首定隶书，次存篆字。"案《字林》以隶为主，此云存篆字，则专录《说文》也。

张九龄贺状云："表隶以训今，存篆以证古；众释大备，取证于前修；片言旁通，去嫌于翻字。"

李阳冰。

李焘曰："大历间，李阳冰独以篆学得名，时称中兴；更刊定《说文》，仍祖叔重。然颇出私意，诋诃许氏，学者恨之。"

林罕《字原偏傍小说》序曰："罕今所篆者，则取李阳冰《重定说文》。"

徐铉进《说文》表曰："唐大历中，李阳冰篆迹殊绝，独冠古今；于是刊定《说文》，修正笔法，学者师慕，篆籀中兴。然颇排斥许氏，自为臆说。"

徐锴《说文系传·祛妄》篇曰："《说文》之学，久矣！其说有不可得而详者，通识君子，所宜详而论之。楚夏殊音，方俗异语；六书之内,形声居多;其会意之字,学者不了,鄙近传写,多妄加声字。笃论之士,所宜隐括;而李阳冰随而讥之,以为己力,不亦诬乎?"

案阳冰书不传,散见于二徐书中者,尚数十条。今录其最奇侅者如下:

弋,质也;天地既分,人生其间,形质已成,故一二三皆从弋。毒,从屮母出;屮地之盛从土,土可制毒,非取毒声;毒,乌代反。靳、折各异,靳,自折;折,人手折之。侖,从亼册;亼,古集字。品,象众管如册之形,而置窍尔。叚,从㠯;㠯,予也;匚,器也;又,手也;手持器,为求之于人,人予之也。皮,从又持皮。叓,墨斗中形,象车轴头画墨之形;上画平引,不从屮也。厶,不公也;重厶为玄,会意,非象形。竹,谓之艸,非也。主,丶象膏泽之气,土象土木为台,气生火之义,会意。厷,仓颉作字,无形象者,则取音以为之训;矢引则为矧,其类往往而有之,矣字是也。木,象木之形;木者,五行之一,岂取象于艸乎?日,古文正圜,象日形,其中一点象乌,非口一;盖篆籀方其外,引其点尔。尗,父之弟为尗,从上小,言其尊行居上而已小也。自字,从卪而生,一重为卪,二为自,三为自。豕,从肉力。状,象形之中,犬字象似文之尤者,故状从犬。州,三屮为州。龍,右旁反半弱,象夭矫飞骞形。非,两手相背也。罜,从卯,卯时人不卧。午,五月笋成,竹之半枝出地。

张参,唐玄度。

林罕《字原偏停小说》序云:"大历中,司业张参作《五经文字》三卷,凡一百六十部。其序略云:自非经典文义之所在,虽切于时,略不集录,以明为经,不为字也。"开成中,唐玄度以《五经文字》有所不载,复作《新加九经字样》一卷,凡七十六部。其序略云:"有偏傍上下本所无者,篹为杂办部以统之。然九经所有之字,即加训切。况是隶书,莫如篆意;其字注解,或云《说文》者,即前来两《说文》也；或云《石经》者，即蔡邕于国学所立《石经》也；或云隶省者，即隶减也。"

案前来两《说文》，一即上文所云："太尉祭酒许慎，取字形类，作偏傍条例十五卷，名之曰《说文》，颇有遗漏者也"；一即上文所云："唐将作少监李阳冰，许氏《说文》，复加刊正，作三十卷，今之所行者是也。"据此，是少温以后，两本并行，唐本《说文》所以不可尽信也。

孙渊如刊《说文》序曰："张参、唐玄度不通六书，所引不为典要。"侃案：如林罕言，则张、唐所取《说文》，兼杂许、李，不通六书之咎；非必当人自负，疑皆阳冰累之也。王筠《说文释例》云："《五经文字》《九经字样》两书所引《说文》，近人以其为唐本也，往往信之，以改今本。然不可信者居多，谨分别说之：其可信者，《五经文字》之俜、寪、幂、巂、案不可信。帑、案不可信。继、全、案不可信。我、茧、跨。案不可信。其不可信者，雦、羹、柴、寂、辞、夂、夊、酉、旁、盍。《九经字样》之可信者，煋、案不可信。鬭、案不可信。畏。案不可信。其不可信者，亲、桼、扑、笙、礼、忱、蛇、绚、䡎、舌、高、兑、晨、参、鼎、要、夙、黎。大抵唐、宋人所引《说文》，或彼此不同，或一书而屡引不同，可知其时别本甚多，不归一律。直由魏、晋以后，传述《说文》者，不知为说经之钤键，而视为杂凑之字书；故有许君不收之字，而以意增之者；不解许君之说，而以意改之，或以《字林》改之者。是以《尔雅疏》所引朱字说，陋谬不通，亦谓出自《说文》。然则张氏、唐氏所引，犹之此也，岂尽关其读书粗疏乎？"侃案：箓友犹未知张、唐之疏谬皆本于阳冰，遽加诋谯，遂令张、唐蒙冤于千载；若知皆阳冰所为，则二徐之功可明，而张、唐之责可贷矣。

五季则有林罕。

罕有《字原偏傍小说》三卷。其序曰："罕今所篆者，则取李阳冰重定《说文》；所隶者，则取《开元文字》。今以《说文》浩大，备载群言，卷轴繁多，卒难寻究；是以剪截浮词，撮其机要，于偏傍五百四十一字，各随字训释；名之曰《林氏字原偏傍小说》。"晁公武《郡斋读书志》曰："唐林罕撰。凡五百四十一字，以《说文》部居，随字出文，以定偏傍。其说颇与许慎不同，而互有得失。邵必缘进《礼记石经》，陛对，仁宗顾问：罕之书如何？必曰：虽有所长，而微好怪。《说文》歸字，从堆，从止，从帚，案当云：从自，从止，从婦省。以堆为声；罕云：从追，于声为近；此长于许氏矣。案追亦从自声，何必改作，罕、必均谬也。《说文》：哭，从吅，从獄省，案当云：獄省声。罕乃云：象犬嗥，此怪也。有石刻在成都，公武尝从数友就观之，其解字殊可骇笑者，不疑奵怪之论诚然。"

徐锴。

《说文》至今日，犹得见真本之功，断推二徐。而楚金书先成，其书有《通释》三十篇，释《说文》本文十五篇。《部叙》二篇，释《说文》部次之意。《通论》三篇，释常见要字，推其造字之意。《祛妄》一篇，纠正李阳冰。《类聚》一篇，取《说文》字义同类者释之。《错综》一篇，体仿《系辞》，最为无谓。《疑义》一篇，记《说文》逸字，及与小篆有异诸体。《系述》一篇。是其自叙。今本《通释》，阙弟二十五卷即十三篇。宋钞本以大徐书补之。其全书，则宋人如尤袤、王应麟已云其断烂难读。又楚金所释，微伤于繁冗；故卢抱经与翁覃溪书，讥其牵强证引，改窜经典旧文以从己；又讥其引书，多不契勘，甚且人人所诵习者，而亦舛互相仍；又其分疏音义，多可疑，其引经史，亦多失其本意。其掊击楚金，可谓至矣。然今世所传《说文》，仅二徐本，足以校大徐者，亦惟小徐。如大徐本：福，祐也；小徐作备也。祐为上讳，必为讹字。嚳字下，大徐云阙，小徐本云，家本无注，楚金疑为许冲之言。此皆有益校勘。又形声、读若，多于大徐数百。如开卷元字，大徐本云，从兀，小徐引俗本有声字；瑞，大徐本云，从耑，小徐引俗本有声字。此类皆经大徐疑以为声不通，而妄去之。小徐虽未尝不疑，见《祛妄》篇。而犹不敢轻删；此则有益于吾辈研究古声韵者，甚大也。

宋则有徐铉、句中正、葛湍、王惟恭等。

宋雍熙中，徐铉受诏与句中正、葛湍、王惟恭等校定《说文》，今所行三十卷本是也。其表略云：许慎作《说文解字》。"而隶书行之已久……加以行、草、八分纷然间出，反以篆、籀为奇怪之迹，不复经心。至于六籍旧文，相承传写，多求便俗，渐失本原；《尔雅》所载艸、木、鱼、鸟之名，肆意增益，不可观矣。诸儒传释，亦非精究小学之徒，莫能矫正。李阳冰刊定《说文》……颇排斥许氏，自为臆说，夫以师心之见，破先儒之祖述，岂圣人之意乎？……篆书埋替，为日已久；凡传写《说文》者，皆非其人；故错乱遗脱，不可尽究。今以集书正副本及群臣家藏者，备加详考。有许慎注义、序例中所载，而诸部不见者，审知漏落，悉从补录。复有经典相承传写，及时俗要用，而《说文》不载者，承诏皆附益之；以广篆籀之路，亦皆形声相从，不违六书之义者。其间《说文》具有正体，而时俗讹变者，则具于注中。其有义理乖舛，违戾六书者，并序列于后；俾夫学者无或致疑。大抵此书务援古以正今，不徇今而违古。……又许慎注解，词简义奥，不可周知；阳冰之后，诸儒笺述，有可取者，亦从附益。犹有未尽，则臣等粗为训释，以成一家之书。《说文》之时，未有翻切，后人附益，互有异同；今并以孙愐《唐韵》音切为定。"

钱大昕曰："《说文》传写已久，多错乱遗脱。今所存者，独徐铉等校定之本。铉等虽工篆书，至于形声相从之例，不能悉通，妄以意说。如《说文》：代、经、配、卦、暵、籢、隶、𨏉、熻、翚、能、兑、粥、诉、赣、移、虔、驳、皎、辂、赂、蘸诸字下，徐皆致疑。其他增入会意之训，大半穿凿附会。王荆公《字说》，盖滥觞于此。"

孙星衍曰："汉人之书多散佚，独《说文》有完帙。盖以历代刻印得存，而传写脱误亦所不免。大氐一日已下，义多假借，后人去之，或节省其文，或失其要义，或引字移易，或妄改其文；俱出增修者不通古义。赖有唐人、北宋书传引据，可以是正文字。今世多深于《说文》之学者，蒙以为汉人完帙仅存此书，次第尚可循求。倘加校订，不合乱其旧次，增加俗字。唐人引据，多误以《字林》为《说文》；张参、唐玄度不通六书，所引不为典要；并不宜取以更改正文。后有同志，或鉴于斯。"

其他

礼学略说[1]

礼学浩穰，遽数之不能终其物；悉数之乃留，更仆未可终也。于是提其纲维，撮其指意，其言著略，故曰略说。凡所称引，悉本旧闻，我无加损焉。扶微辅弱，予病未能；聚讼佐斗，我亦未暇；诵数而已，无能往来，慎之至也。

六艺经传以千万数，而礼文尤简奥。今即以二经、二记计之：《周礼》四万五千八百六字，<small>郑耕老所计</small>。《仪礼》五万六千六百二十四字，<small>阎若璩所计</small>。《礼记》九万九千二十字，<small>郑所计</small>。《大戴礼记》三万七千八百七十五字。<small>据孔广森所计，得此总数</small>。较之《春秋三传》，虽差为少，然其历时修短，含义广局，则迥不侔。故曰：累世不能通，当年不能究；非虚言也。然经礼三百，曲礼三千，<small>见《记·礼器》</small>。其数弥多；先哲制作之旧，今不过存什一于千百耳。欲考古礼之详，尚患其少，宁患其多哉？

礼学所以难治，其故可约说也：一曰，古书残缺；一曰，古制茫昧；一曰，古文简奥；一曰，异说纷纭。古礼自孔子时而不具；班爵禄之制，孟子已不闻其详。《周礼》，仅存五篇；其中全职亡失者，则有司禄、军司马、舆司马、行司马、掌疆、司甲、掌察、掌货赂、都则、

---

[1] 只存上篇，见《黄侃论学杂著》。

都士、家上。其它阙挩废灭，犹不计焉。古文《记》，二百十四篇；今合大小戴，犹不能足此数。且《石渠奏议》、《五经异义》、《六艺论》、《圣证论》、何承天《礼论》、刘秩《政典》，莫非礼家要籍；而无一全者。此一事也。《史记》言封禅，旷远者千有馀载，近者数百载；故其仪阙然湮灭，其详不可得而记闻。汉世儒者，已不能辨明封禅事。故刘子骏称国家将有大事，若立辟雍、封禅、巡狩之仪，则幽冥而莫知其原也。夫封建之制，税敛之法，学校以教民，禘祫以追远，宫室则有明堂，饮食则有大飨；此皆大事，非复微琐仪文之比也。而说者纷错，迄无定论；夫非古制茫昧，明文难征之故与！此二事也。《周官》有故书、今书，《仪礼》有古文、今文，即《礼记》亦非一本；故序、谢制异，因声近而捆殽；瓠、瓬形殊，缘写乱而争驳；英荡之义，变从竹而意歧；郊宫之名，改为蒿而说诡；此文字之难定也。古之立文，有详此而略彼，有举外以包中，有互文，有变例；数其科别，亦已猥繁。《三礼》之中，《仪礼》尤为难读；郑君作注，其辞简质，有时字少于经。《礼记》可讽诵者，无过通论诸篇；其诠释《礼经》者，微通《经》亦无由通《记》；况羡文错简，往往有之。此文辞之难通也。宫正，司农旧读，郑以为不辞；大功，旧传之文，郑以为失次。《礼记》句读，尤多诡奇；周公曰，岂不可，时人已昧其言；公罔之裘，言者不在此位，后世孰明其旨？此句读之难辨也。禘本祭天，而追享亦称禘；祧为迁庙，而祖庙通谓之祧；昏礼，主人之称，在前为舅，在后为婿；丧服，兄弟之号，或施同族，或称外姻；十升为斗，四升亦曰斗；计米称秉，计禾亦称秉；一社稷也，或为地示之号，或为配祭之人；一诸公也，《周官》则指上公，《仪礼》则为三监；乡或眩郊，而乡里、郊里有别；肆通训解，而豚解、体解有殊；罍、尊异物，更有罍尊；圭璧各形，复有圭璧。此名称之难壹也。凡此四科，皆古文简奥之说也。此三事也。有一制而数文异说者；如《周礼》礼神六玉,即仪礼之方明;然《周礼》上璧下琮,《仪礼》则上圭下璧;此犹为两书也。至大宗伯之社稷,即司服之社稷。一则在山川上,一则在山川下;则同一书而前后违牾已。有一文而数家异说者;今文、古文,往往差异,姑置勿谈;即同一师承,立说亦复不齐壹。故马融《周官传》,讥郑众独以书序言成王既黜殷命,还归在丰,作《周官》,则此《周官》也,失之矣。又讥贾逵以为六乡大夫则冢宰以下及六遂为十五万家,纮千里之地,其谬焉。郑、贾、马,渊源相接,说之歧异如此;又何怪后世哓哓谨咋乎!有一人而前后异说者;同一四望之说,先郑于大宗伯曰:日月星海;于小宗伯曰:道气出入。一城方之说,后郑于《书传》注作二解:前解云,宜自七以杀;后解云,宜自九以杀;《周礼》注,《毛诗》笺,则又同后解。其佗游移不定,似此者多。凡此三科,皆所谓异说纷纭也。此四事也。夫以礼学奥博,益以四事,弥觉研核之难;此所以有讲诵师言,至于百万,犹有不解者也。说礼所据,有明文,有师说。明文者,礼之本经,则《周礼》《仪礼》,是也。师说有先后,先师说非无失违,后师说非无审谛,要其序不可乱也。《汉书·王莽传》:莽上奏爵邑之制,曰:实考周爵五等,地四等,有明文;殷爵二等,有其说,无其文。所谓有明文者,爵五等,见《周官》;地四等,出《王制》。所谓有其说者,但有《春秋》公羊家说也。《礼纬》有殷爵三等之言;据郑康成说,谶纬之出,当六国之亡,则王巨君亦得据之矣。然匡衡当元帝时,议立孔子世为殷后,所据则《礼记》:孔子自称殷人,而云先师所共传。元帝乃以其语为不经,夫《记》有明文,而曰不经,即明《记》非经之比矣。盖以《王制》为明文,犹未善也。成帝时,梅福复援引《穀梁》,请封孔子之后;于是推迹古文,以《左氏》《穀梁》《世本》《礼记》相明;遂下诏封孔子世为殷绍嘉侯。是则以古文为明文,而以师说辅之也。及许叔重作《五经异义》,时时引明文以决从违;故玉罍之说,石主之说,鸾和之说，虽出传记，皆谓无明文，遂无以决之。独说力征，并引《礼》戴说，古《周礼》说，乃云《五经》说各不同；是无明文可据。则又不以《周礼》为明文，所以来康成之驳也。张融有言，以《周礼》孔子之言为本，《穀梁》说及《小记》为枝叶，《石渠论》《白虎通》为证验，其分别至明。固知师说短长，断以经义；经义差牾，出以弥缝；师说分歧，考其证左。此乃治经之通法，非独治礼为然。或者是末师而非往古，背传记而信野言；或又曰，据明文何论家法；似皆失之。

董景道说经，《三礼》之义，皆遵郑氏；著《礼通论》，非驳诸儒，演广郑旨。此由郑学精博贯通，亦缘郑氏以前，未有兼注《三礼》者，以《周礼》、《仪礼》、小戴《礼记》为《三礼》，亦自郑始。《隋书·经籍志》：《三礼目录》一卷，郑玄撰。故舍郑无所宗也。《周官》，旧有传四篇，亡矣。《仪礼·丧服》有子夏传；而十七篇有记者，十二篇。《士冠》《士昏》《乡饮酒》《乡射》《燕礼》《聘礼》《公食大夫》《觐礼》《丧服》《既夕》《士虞》《特牲馈食》。《艺文志》所载《记》百三十一篇，明堂、阴阳、王史氏曲台、后仓中庸说，明堂阴阳说等，以及今之《小戴记》四十九篇，《大戴记》二十九篇，皆传训章句之属也。然或存，或亡。存者，又文义简质，非注莫解；东汉说《周礼》者，郑兴及子众、卫宏、贾逵、马融，皆作《周礼解诂》；今惟郑康成注，孤行百代。说《仪礼》者，仅马季长注《丧服》经传一篇，至全注十七篇，亦自郑氏始。《礼记》虽有马融，见《东汉会要》。卢植，今皆不传；《礼记》释文及疏云：郑亦并依卢、马之本而为注；然后之言小戴者，皆传郑氏。郑又考正礼图，存古遗制；是《三礼》之学，萃于北海。故《大戴记》，郑所未注，则若存若亡，八十五篇，遂残其半矣。由晋及唐，诸经所主，或有不同；至于《诗》共宗毛，《礼》同遵郑。即王肃、李撰之伦，有心异郑，学终未昌；此必有由来矣。寻康成戒子书云：思述先圣之玄意，整百家之不齐。其《周礼序》，称扬郑、卫、贾、马,谓其所变易,灼然如晦之见明;其所弥缝,奄然如合符复析。其自言注经之意,则曰:天下之事,以前验后,其不合者,何可悉信?是故悉信亦非,不信亦非。此可知郑君之雅达广揽,博综众长矣。虽良玉有瑕,终为良玉;后人或攻瘢索痏,抑补阙拾遗,终不硋其为绝学也。若夫质于辞训,通人颇讥其繁。《后汉书》本传语。然观郑志答张逸云:文义自解,故不言之;凡说不解者耳,众篇皆然。是知注文本简,有时不得不繁。岂秦近君说《尧典》篇目二字,至十余万言之比哉?

今欲通《三礼》郑学,又非假道于陆、孔、贾、杜四家之书无由。陆氏《经典释文序录》载当时所见《三礼》异本,自马、卢、王肃外,凡二十余家。而梁皇侃《礼记义疏》及《丧服义疏》,亦在录中。自晋、宋逮于周、隋,传礼业者,江左尤盛;其为义疏者,南人贺循、贺玚、庾蔚之、崔灵恩、沈重、范宣等,皇氏特其一耳。北人有徐遵明、李业兴、李宝鼎、侯聪、熊安生等。唐初,孔颖达等奉敕修《正义》,时行世者,惟皇、熊二家,故据皇为本而补之以熊。贾疏《周礼》,依《文献通考》引董迪说,实据沈重义疏,兼据陈劭《周礼》异同评重疏;其疏《仪礼》则云:为章疏者有二家:信都黄庆者,齐之盛德;李孟哲者,隋曰硕儒。时之所尚,李则为先;丧服章疏甚多,时人皆资黄氏。是则贾所本者,惟此二家。沈重亦有《仪礼义疏》,不审亦为贾所据否?要之孔、贾皆因旧疏而致功,不尽为己义也。《南史・何承天传》称先是《礼论》有八百卷,承天删减,并各以类相从,凡为三百卷。又《徐勉传》:徐勉受诏知撰五礼,大凡一百廿帙,一千一百七十六卷,八千二十九条。其后杜佑《通典》删取以为《礼典》;其述历代沿革者六十五卷,则向来礼论之菁英也。综观四家之书,陆氏《释文》成于陈世,所载异本、异读略备,六朝故谊赖此见其梗概;与后来颜师古定本,孔、贾二疏,开成石经,多有不同,读《三礼》者,先辨

礼学略说 | 277

音义,则此书其管籥也。孔疏虽依傍皇疏,然亦时用弹正,采摭旧文,词富理博;说礼之家,钻研莫尽。故清世,诸经悉有新疏,独《礼记》阙如者,亦以襄驾其上之难也。贾疏《周礼》,郅为简当,虽不无委曲迁就,而精粹居多;故孙氏新疏仍用者,十之七八也。《仪礼》疏有条不紊,选言既富,阐义亦周;对于经注,细心推勘,如遇不合,必求其致误之由;其博不及孔,而精细则过之。《通典》新载议礼之文,大都缜密以栗;欲谈典制而又工属文,固非此莫宗已。唯王鸣盛讥其繁复,又言其书偶涉经处,每驳去古义,别创新说;盖唐中叶经学已乱,故佑多徇俗。王氏之言,疑非笃论耳。六朝义疏,一经多至数十家,前所举乃其著者。

自唐已后,历宋至元,礼学之书,亦可谓多矣。举其卓跞殊特,为治《礼》者所必宜参稽,则亦可数也。自郑氏为《礼图》,其后阮谌、夏侯、伏郎、张镒、梁正继作;宋初,聂崇义采旧图而为《三礼图集注》,虽或疏舛,然言礼图者,未能弃也。王安石《周礼新义》,于训诂字义穿凿实多;然亦发挥经旨,未可以彼托行新法而遂屏其书也。陈祥道《礼书》,多攻驳郑学,而依据王氏新说为多;然解释名物,与图合行,实唐、宋以来言礼者之总略也。王与之《周礼订义》,萃宋人说《周礼》之精华;陈友仁《周礼集说》,亦赅洽;末附俞廷椿《复古编》,可见割裂经文之所自也。朱子《仪礼经传通解》,欲以通礼之伦类;后之《礼书纲目》《五礼通考》《礼经释例》,皆师放而为之。其厘析经文,每一节后辄为之标题;后之《仪礼郑注句读》《仪礼章句》,亦皆师放而为之。李如圭《仪礼集释》,全载郑注,旁辑旧训。复作《仪礼释宫》,以考古宫室之制;今之专考古名物而成一编,如《弁服释例》之伦,固师李氏之意也。杨复《仪礼图》,详绘《礼经》各篇陈设之方位,功亦勤矣;后来张、黄诸图,自当益加详密;而杨氏创始之功,亦未可末杀也。卫湜《礼记集说》,博求诸家零篇碎简,收拾略遍;即抵排郑、孔而援据明白者,亦并入甄录;或云微伤于繁,亦不碍为说礼之渊楲也。敖继公《仪礼集说》,自序云:此书旧有郑康成注,疵多而醇少;予今辄删其不合于经者,而存其不谬者。是其书轻诋郑注,意旨已明;故清世褚寅亮作《仪礼管见》,于敖说之故与郑违而实背经训者,一一订正。《四库目录》乃云:敖书于郑注有所去取,而无所攻击,亶其然乎?元人陈澔,有所谓《礼记集说》者,自明永乐以来,科举以之试士;或言其可取者甚少,由今观之,盖虽列于学官,而非礼家所重云。

清世礼家辈出,日趋精密;于衣服、宫室之度,冠、昏、丧、祭之仪,军、赋、官禄之制,天文、地理之说,皆能考求古义,罗缕言之。略举其人,则昆山徐乾学健庵,鄞万斯人充宗、斯同季野,济阳张尔岐稷若,吴惠士奇天牧、子栋定宇,仁和杭世骏大宗,婺源江永慎修,休宁戴震东原,金匮秦蕙田味经、歙金榜辅之、程瑶田易畴,金坛段玉裁若膺,长洲褚寅亮擂升,吴江沈彤果堂,嘉定王鸣盛凤喈,兴化任大椿子植,曲阜孔广森㢲轩,山阳丁晏俭卿,绩溪胡匡衷朴斋、其孙培翚竹村,泾胡承珙墨庄,嘉定金曰追璞园,仪征阮元伯元,甘泉焦循理堂,江都汪中容甫,歙凌廷堪次仲,武进张惠言皋文,侯官陈寿祺恭甫,南海曾钊勉士,江都凌曙晓楼,临海金鹗秋史,洪颐煊筠轩、其弟震煊槛堂,德清许宗彦周生,句容陈立卓人,遵义郑珍子尹,番禺陈澧兰甫,定海黄以周元同,瑞安孙诒让仲容,先师德清俞君,仪征刘君,此皆有成书,可以为埻。则其考释经记,宣明古训,往往超越汉、唐之儒,而亦有不分师说之病。至于笃守专家,按文究例,守唐人疏不破注之法者,亦鲜见其人也。群书之中,搴其苕颖;则江氏《周礼疑义举要》,融会郑汪而参以新说;惠氏《礼说》,于古音、古字,多所疏通,于注,引汉制求其原委;则后之为汉读考、汉制考者,当以此为先河也。戴氏始为《考工记图》;阮氏继之,弥为精核。及孙氏《周礼正义》出,而后此经古义靡不搜罗;后之考周官者,未有能舍是者也。《仪礼》要籍,无过于凌氏之《礼经释例》,胡氏之《仪礼释宫》,张氏之《仪礼图》。而尤精备者,则推胡氏之正义;其书四例:曰补注,曰申注,曰附注,曰订注。盖无所依违,期为通学。惜全书未成;补之者,弟子江宁杨大堉,未能称也。《礼记》,孔疏翔实,后儒未易加;故新疏独阙。朱彬《训纂》,义不师古;其余短促,未足成为巨编。至通论《三礼》之书,若《礼书纲目》《白虎通疏证》《礼笺》《求古录》《礼说》《礼学卮言》《五礼通考》《礼书通故》;此皆博综经记,包含至富矣。其间家法分明,则宜数句容之陈,文辞廉悍,则无如临海之金;析义详密,则莫过定海之黄。洵能循是挈撑,宁有擿埴冥行之患哉?《大戴礼记》,以孔氏《补注》、孙氏《斠补》为最善。

《三礼》中,《周礼》广大,《仪礼》繁密,《礼记》纷错,等之未有易治者。陈兰甫谓:《仪礼》难读,昔人读法,略有数端:曰,分节;曰,绘图;曰,释例。又谓:读《礼记》,当略仿刘向《别录》之法,分类读之,则用志不纷,易得门径。孙仲容谓:《周礼》五篇,文繁事富;要以大宰八法为纲领,众职分陈,区轸靡越。蒙案二说皆是。然治《礼》次弟,窃谓当以辨字读、析章句为先务;次则审名义,次则求条例,次则括纲要;庶几于力鲜,于思寡,省竹帛之浮辞,免烦碎之非消乎!辨字读、析章句,奈何?辨字者,经、记殊文,缘声同而假借者,有之;缘字近而讹误者,有之;缘字别而师说违异者,有之;先师说字,不与《说文》相应者,亦有之。视之作示,《士昏礼》今文。祼之作果,《大行人》故书。此声同假借也。甀之为瓶,《驳五经异义》。焉之为马,《缝人》。此字近讹误也。《士昏礼》当阿:阿,栋也;今文阿为庪,庪非阿也。太宰:九贡,二曰嫔贡,谓丝枲也;故书嫔作宾,宾非嫔也。此字别而师说违异者也。《说文》:祀、禩同字;杜子春读禩为祀，是不以为一字也。资、赍异字；郑康成则云：资、赍同耳，其字以齐次为声，从贝变易；是以为一字也。《说文》：豐，象形；而郑云：从豆，曲声。《说文》有股肱字，从月，殳声；而《士虞礼》古文，有左股上，注曰：此字从肉殳，非殳矛之殳声；是谓别有一股字为胫字之异文也。《说文》据古文而作；然小祝置铭，今书或为名；是铭为古文也，而《说文》无铭字。《士昏礼》：北止，古文止作趾；是趾为古文也，而《说文》无趾字。凡许说与经本、经说不相应者，类如此；或欲一概齐之，则非矣。辨读者，断句有殊，则指意因之而异。御史，掌赞书，句数凡从政者；郑司农读，言掌赞书数；后郑以为不辞，故改之；盖既以数字上属，下句但云凡从政者，不成句，辞即句。《荀子》云：辞也者，兼异实之名以论一意也。所以必须改之也。何劭公讥学者，援引他经，失其句读；在汉时尚有此，则今日尤宜加之意已。如《周礼》：州长，各掌其州之教治政令之法；教治政令，犹党正云：政令教治，亦犹乡大夫之政教禁令，族师之戒令政事也；而贾疏读至教字为句，别以治政令之法为句，则不辞矣。《仪礼·大射仪》君与宾耦射节云：宾降取弓矢于堂西，请公卿则适次；下文又云：公将射，则宾降适堂西，诸公卿取弓矢于次中。似宾与公卿有两次取矣，不知节首二句，乃预说下文而分别之；当读云：宾降取弓矢，逗于堂西。句诸公卿，逗则适次。句此明宾与公卿取矢之地不同，句读明而义旨亦憭然矣。《记·檀弓篇》：孔子少孤，不知其墓，旧读句。殡于五父之衢。句人之见之者，皆以为葬也。句其慎也，盖殡也。慎读为引，六字句。问于郰曼父之母，句然后得合葬于防。此文依注，于情理有不可通。今依孙邃人、江慎修说更考之，则其文，当曰：孔子少孤，句不知其墓殡于五父之衢；十字句。人之见之者，皆以为葬也。句问于郰曼父之母，逗盖殡也。句然后得合葬于防，句其慎也。句如此则情理允惬；不致如注疏之说，厚诬宣尼也。析章句者，发明章句，始于子夏。故《豳风·东山》之诗，篇义有一章、二章、三章、四章之明文。楚庄王称：武王克商作颂，有其卒章其三、其六之目；以及《左氏》说《巧言》之卒章，《静女》之四章。是古而自有篇章之分，子夏殆更阐显之乎？故《三礼》亦有篇章之分。窦公献书，乃《大司乐》章；是因《礼》有篇章之分也。郑君《礼器》注，引《仪礼·既夕》文，而云《士丧礼》下篇陈器；是《仪礼》节目之分，不自贾疏始也。《礼记》，则《文王世子》有节末标目，如云文王之为世子也，云教世子，云周公践阼；《乐记》亦有子贡问乐之标目。是分章、分节，且标目以明之，皆古法也。故丧大功章，大夫之妾为君子之庶子，女子子嫁者、未嫁者，为世父母、叔父母、姑姊妹二条，以传文并合颠倒，而旧说遂生误解。郑君既斥为不辞，而厘正传文之次第，于是经义乃明。故知离析章句，乃治礼之始基也。审名称，奈何？《荀子》曰：爵名从周，文名从礼；说者以为爵名则五等诸侯及三百六十官，文名即节文威仪，礼则周之《仪礼》；是治礼之事固当斤斤于正名。故传曰：名者，人治之大者也，可不慎乎？然礼之用名，实不画一，同异、兼单，共别状所；棼然淆乱，则稽实定数之事无以施，故诵数之儒亦皆乱也。昔许君作《五经异义》引俗语：社神为社公，以证其社为上公之说；康成驳之曰：今人亦谓雷曰雷公，天曰天公，岂上公也。固知无双之学，时复酿嘲；则辨名察号，不可不谨也。原《经》《记》名称之所由难辨者，或一名，而含义甚广；或二名，而为异无多；或冢常称，而谊则大殊；或加微别，而辞终不溷；亦有详此略彼，举轻包重；通言、别言有判，对言、散言有分。然名以定事，事以检名；察其所以然，则形名之与事物无所隐其理矣。今试举二事言之：如禘礼，郑、王异义，舛戾难定。依郑义，则禘为最大之祭之名，天人共之。故祭圜丘称禘，夏正南郊称禘，禘于大庙称禘，即地祇之祭方丘亦称禘，人鬼之祭祫大于禘亦称禘；南郊可称禘，则北郊祭后土亦可称禘；南郊祭上帝可称禘,则明堂祭上帝亦可称禘;三岁一禘,庙祀定制既称禘,三年丧毕之终禘,即吉禘亦可冢禘之称;是禘之一名所包至广。若王子雍之义,则据《尔雅》"禘,大祭;绎,又祭"连文,以为皆祭宗庙之名;谓禘祭为祭庙,非祭天。又以《祭法》说禘无圜丘之名,《周官》圜丘不名为禘,故《大传》言王者,禘其祖之所自出,以其祖配之;所谓祖,即后稷;所自出,即喾也。郑义以所自出为天,祖为喾。由是讥郑君乱礼之名实。今案二家之义,南北师儒,申彼绌此,自非详察礼名,焉得有定论哉?又如兄弟、昆弟,本属通言,而在《礼经》,则多析言之;盖昆弟,专施于同父,其异父者,必加从父、从祖以为别,而兄弟之称,有时即指昆弟,有时上兼大功之亲。而《丧服传》乃云:小功以下为兄弟,是又传指小功以下也。又兄弟之称,宜属同辈;而《丧服》所称,则尊卑不必与己同,同族异族皆然。故大功章,经云:大夫为世父母、叔父母、昆弟、昆弟之子为士者;记云:大夫于兄弟降一等;此兄弟即包经所称而言。《服问》云:公子之妻为公子之外兄弟;注云:谓为公子之外祖父母、从母缌麻;疏中之云:此等皆小功之服,凡小功者皆为兄弟;以外族故称外兄弟。是兄弟之称,所晐极众也。至兄弟、昆弟,有必不可溷者,如《丧服记》言夫之所为兄弟服,妻降一等;此兄弟服三字连读,非指人言,乃指服言,降一等之文又明有无服者。晋成粲乃改记文兄弟为昆弟,又删之所二字,以为嫂叔大功之证。唐世遂为嫂叔制小功服,又为弟妻及夫兄亦小功。近世万斯同、徐乾学并从粲说。不知大功章传,明言夫之昆弟无服。《檀弓》言嫂叔之无服也,盖推而远之也。名义一乱,纰缪重眈。然则治礼者,舍深藏名号,何所首务乎?求条例,奈何?发凡言例,本《礼经》之旧法。《周礼》之列数陈事,条理粲然;此固凡之大者,虽不言凡,而义在晐括可知也。至其明言凡而属通例者,如《屦人》云:凡四时之祭祀以宜服之;《牧人》云:凡时祀之牲,必用牷物;《司几筵》云：凡吉事变几,凶事仍几;《职方氏》云：凡邦国小大相维,王设其牧;《大行人》云：凡诸侯之卿,其礼各下其君二等,以下及其大夫士亦如之。此皆言凡之明文,使人循之而得其统贯者也。《仪礼》中经文言凡者,尚稀;至《记》之言凡者,则不可胜数。如《乡饮酒礼记》云：凡奠者于左,将举于右;凡旅不洗,不洗者不祭;《礼记·曲礼》云：凡为人子之礼云云,凡与客人者云云,凡进食之礼云云,凡为君使者云云;此皆《记》之言凡,果蒐集而排比之,即可求《经》之伦类。郑君注《礼》,大抵先就经以求例,复据例以通经,故经文所无,往往据例以补之;经文之误,往往据例以正之。如《丧服》齐衰三月章,止言曾祖父母,而注兼高祖言之;又大夫为宗子,注云：宗子既不降其母,妻亦不降;此其据例补经也。如《大射仪》：小臣诏揖诸公卿大夫,诸公卿大夫西面北上;注云：上言大夫,误衍耳;以大夫诸公卿面有异,下又特言揖大夫,大夫皆少进;故知此大夫、大夫四字皆误衍。《聘礼》私觌节,士介请觌,摈者执上币以出礼请受,宾固辞;注云：固衍字,当如面大夫也;以下士介面大夫但言宾辞,不言固,故知此固为衍字;此其据例以正经也。陈兰甫云：有郑注发凡,而贾疏辨其同异者;有郑注不云凡,而与发凡无异,疏申明为凡例者;有注不发凡,而疏发凡者;有经是变例,注发凡,而疏申明之者;有疏不云凡,而无异发凡者。综而论之：郑、贾熟于经例,乃能作注、作疏;注精而简,疏则详而密,分析常例、变例,究其因由。近时则凌氏《礼经释例》,善承其学,大有助于读《礼经》者矣。案近儒推求《礼》例,自以凌氏为巨擘。其余补苴罅漏,精确不移者,亦不乏人。且如黄元同释隋祭之例,陈兰甫释三大乐之例,孙仲颂释九旗之例,此皆近师所为;而弥缝密合,实有过于前人者。循此旧文,以读《经》《记》,展转参照,通其伦类,不难矣。括纲要,奈何?《论语》：颜回请问礼目;郑注云：

欲知其要，盖以三百三千卒难周备，故请问其要目。刘向校书，每一书已，向辄条其篇目，撮其指意，录而奏之；是知记事提要，即用日少，畜德多之方也。《礼记》中，如《礼器》一篇，其撮论《礼》意，如云：礼时为大，顺次之，体次之，宜次之，称次之；如云：礼有以多为贵者，有以少为贵者，有以大为贵者，有以小为贵者，有以高为贵者，有以下为贵者，有以文为贵者，有以素为贵者；如云：君子之于礼也，有所竭情尽慎，致其敬而诚若，有美而文而诚若，有直而行也，有曲而杀也，有经而等也，有顺而讨也，有撕而播也，有推而进也，有放而文也，有放而不致也，有顺而撫也。此诸文者，皆能掇其大要，不为繁说。其佗若《郊特牲》之括论冠、昏及祭，《人传》之括论丧服，以及《冠义》以下诸篇，皆各就一礼，而陈其梗概者也。汉以来说经之书，简要明皙者，殆无过《白虎通德论》；设主客之问，望似繁碎，其实简明。若辩论之文，举纷纭之说，而能使之有条秩者，尤不可胜数。今举郑君鲁礼禘祫志，及谯周论昏年，束晳论昏期之文，以示例：郑君之论禘、祫也，先据《春秋》以考鲁礼禘、祫之疏数，而后断言之曰：儒家之说禘、祫也，通俗不同。学者竞传其闻，是用讻讻争论，从数百年来矣。窃念《春秋》者，书天子诸侯中失之事，得礼则善，违礼则讥，可以发起是非。故据而述焉。从其禘、祫之先后，考其疏数之所由，而粗记注焉。鲁礼三年之丧毕，则祫于大祖；明年春，禘于群庙；僖也，宣也，八年皆有禘、祫祭；则《公羊传》所云五年而再殷祭，祫在六年，明矣。《明堂位》曰：鲁王礼也；以此相准况，可知也。案禘、祫之说，当以郑君所推三年禘、五年祫之论为定。此文简当极矣。谯允南之论昏年也，以《周礼》及《二戴记》《穀梁》并有"男子三十娶，女子二十嫁"之明文，而与《左氏》《国语》："十五生子"，《丧服》"有为夫长殇"之文，不合；汉、魏诸儒，纷纷异说：或谓天子下至庶人，同三十娶，二十嫁；或谓大夫、士以上,不拘年数;或谓男十六,女十四以上可嫁娶,三十、二十言其极法。故谯氏论之曰:国不可久无储贰,故天子、诸侯十五而冠,十五而娶;娶必先冠,以夫妇之道,王教之本,不可以童子之道治之。十五为成童,以次成人,欲人君之早有继体,故因以为节。《书》称成王十五而冠,著在《金縢》。《周礼·媒氏》曰:令男三十而娶,女二十而嫁。《内则》云:女子十五而笄;说曰,许嫁也。是故男自二十以至三十,女自十五以至二十,皆得以嫁娶;先是则速,后是则晚。凡人嫁娶,或以贤淑,或以方类,岂但年数而已。若必差十年乃为夫妇,是废贤淑方类,苟比年数而已,礼何为然哉?则三十而娶,二十而嫁,说嫁娶之限,盖不得复过此尔。故舜年三十无室,《书》称曰鳏。《周礼》云:女子年二十未有嫁者,仲春之月,奔者不禁。奔者,不待礼聘,因媒请嫁而已矣。此文说昏年无定,郅为精确,足以释诸家之纷矣。束氏之论昏期也,以《周礼》:中春之月,令会男女;与《夏小正》:"二月绥多士女"之文合,而与《荀子》:"霜降逆女冰泮杀止"之文不合。故郑、王二氏,各有所主;为二家之学者,互相攻诘,未见闳通。故束氏论之曰:春秋二百四十年,鲁女出嫁,夫人来归,大夫逆女,天王娶后;自正月至十二月,悉不以得时、失时为褒贬,何限于仲春、季秋以相非哉?若婚姻季秋,期尽仲春,则隐二年冬十月,夏之八月,未及季秋,伯姬归于纪;周之季春,夏之正月也,桓九年春,季姜归于京师;庄二十五年六月,夏之四月也,已过仲春,伯姬归于杞;或出盛时之前,或在期尽之后,而经无贬文,三传不讥,何哉?凡诗人之兴,取义繁广,或见譬类,或称所见,不必皆可以定时候也。《周礼》:以仲春会男女之无夫家者,盖一切相配合之时,而非常人之节。《曲礼》曰:男女非有行媒,不相知名;故日月以告君,斋戒以告鬼神。若常人必在仲春,则其日月有常,不得前却,何复日月以告君乎?夫冠昏、笄嫁,男女之节;冠以二十为限，而无春秋之期；笲以嫁而设，不以日月为断；何独嫁娶当系于时月乎？王肃云：昏姻始于季秋，止于仲春，不言春不可以嫁也。而马昭多引《春秋》以为之证，反《诗》相难，错矣。两家俱失，义皆不通。通年听婚，盖古正礼也。杜君卿评之曰：婚姻之义，在于贤淑，四时通用，叶于《诗》《礼》；安可以秋、冬之节，方为好合之期？先贤以时月为限，恐非至当；束氏之说，畅于礼矣。以上所举三文，皆能以简明之辞，定异同之说；《三礼》中似此者，难以悉陈；学者果能执其纲要，通此学不为难矣。若夫孔、贾二疏，或因一二语而作疏至数千言；或括一礼之繁文，不过数百言；有时博洽，有时精约，皆使人由之而得其纲要者也。

有礼之意，有礼之具，有礼之文。何谓礼意？《郊特牲》曰：礼之所尊，尊其义也；失其义，陈其数，祝史之事也；故其数可陈也，其义难知也。传记之言发明礼意者，所在而是。且如三年之丧，人道之至文者也；然自周衰礼废，滕之父兄百官，不欲文公行丧，而曰：宗国鲁先君莫之行，吾先君亦莫之行。即孔子门人如宰我者，有可期之论；则异端之肆讥，如墨家。后儒之妄说，如杜预。何足责乎？然试观《三年问》之论制丧之意，自非蠢愚，未有不泣下沾襟者。其言曰：凡生天地之间者，有血气之属必有知；有知之属，莫不知爱其类。今是大鸟兽，则失丧其群匹，越月逾时焉，则必反巡过其故乡；翔回焉，鸣号焉，蹢躅焉，踟蹰焉，然后乃能去之。小者至于燕雀，犹有啁噍之顷焉，然后乃能去之。故有血气之属者，莫知于人；故人于亲也，至死不穷。将由夫患邪淫之人与？则彼朝死而夕忘之，然而从之，则是曾鸟兽之不若也，夫焉能相与群居而不乱乎？将由夫修饰之君子与？则三年之丧，二十五月而毕。若驷之过隙，然而遂之，则是无穷也。故先王焉为之立中制节，壹使足以成文理，则释之矣。观此，则三年之丧，乃令贤者俯就，原非过情，而毁之者，不知礼意也。又如丧礼繁文,皆有所为,或厌而欲去之,其极则反天下之心,天下不堪。然试观《檀弓》载子游之言,则是丧礼有不可妄訾者。其言曰:有子与子游立,见孺子慕者。有子谓子游曰:予壹不知夫丧之踊也,予欲去之久矣;情在于斯,其是也夫。子游曰:礼有微情者,有以故兴物者,有直情而径行者,戎狄之道也。礼道则不然,人喜则斯陶,陶斯咏,咏斯犹,犹斯舞;愠斯戚,戚斯叹,叹斯辟,辟斯踊矣;品节斯,斯之谓礼。人死,斯恶之矣;无能也,斯倍之矣。是故制绞衾,设蒌翣,为使人忽恶也;始死,脯醢之奠;将行,遣而行之;既葬而食之,未有见其飨之者也;自上世以来,未之有舍也,为使人勿倍也。故子之所刺于礼者,亦非礼之訾也。观此,则丧礼仪文,无不具有微意;后世虽不能尽行,而不可以是非古人也。自《传》《记》之后,师儒能言礼意者多矣,要以郑君为最精。如陈兰甫所举二条可见。即孔、贾二疏推明《经》注之微旨者,亦复不少。此外先儒所论,能燕前疑;如何平叔之论嫂叔无服,云:男女相为服,不有骨肉之亲,则有尊卑之异;嫂叔亲非骨肉,不异尊卑,恐有混交之失,推使无服也。元行冲之论父在为母期,云:圣人制服降之理,岂不知母恩之深?但尊祖贵祢,欲其远别禽兽,近异夷狄。此皆言简而精,究洞圣人之微旨也。何谓礼具?《周礼》一经,数言辨其名物;凡吉凶、礼乐,自非物曲,固不足以行之。是故祭有祭器,丧有丧器,射有射器,宾有宾器;及其辨等威,成节文,则宫室、车旗、衣服、饮食,皆礼之所寓。虽玉帛、钟鼓,非礼乐之至精,舍之则礼乐亦无所因而见。故曰:德俭而有度,登降有数,文物以纪之,声明以发之。知此义也,则《三礼》名物,必当精究;辨是非而考异同,然后礼意可得而明也。今夫堂、庭、房、室,古宫室之制,不与今同者也;冠、弁、带、绂,古衣服之制,不与今同者也;饮、羞、珍、酱,古饮食之制,不与今同者也;几、席、尊、彝,古器用之制,不与今同者也；考之未明，则礼文触处窒碍矣。礼器制度，昉于汉初叔孙通；其有图，则始于郑氏。后来学者，迭相增改，古制浸以茫昧。至《博古》《集古》诸书出，大抵妄傅古名，或乃推尊赝器，益令学者疑矣。今宜据《经》《记》之文，稽注、疏之言，考之聂氏旧图，参以近师所绘；其不可强通者，疑以传疑可也。兹举一例：《周官》六尊中，有牺、象，《周礼》牺作献。依先郑说，则献读为羲；羲尊，饰以翡翠；象尊，以象凤皇。后郑则云：羲读如沙，羲尊，刻画凤皇；象尊，饰以象骨。阮谌《礼图》：牺尊，饰以牛；象尊，饰以象；于尊腹之上，画为牛、象之形。此各殊异，本难质正。然参之鸡彝、鸟彝、虎彝、蜼彝，皆是刻画其形于彝腹，则牺、象，必非全刻牛、象之形，可比例而明矣。王肃乃云：太和中，鲁郡于地中得齐大夫子尾送女器，有牺尊，以牺牛为尊；然则象尊，尊为象形也。聂崇义云：王肃以牺、象两尊，并全刻牛、象之形，凿背为尊；今祭器内有作牛、象之形，背上各刻莲华；坐又与尊不连。此与王义大同而小异。黄以周云：《说文》，牺训宗庙之牲，亦为牲之总名，不必定为牛；古人禽亦称牺，不特牛、羊、豕。昭二十二年：雄鸡自惮其牺，服注：昭二十五年《左传》云：三牺，雁、鹜、雉也。阮谌见羲字有从牛，遂谓饰以牛；王肃更以为象形。于是伪器日出，而齐之子尾送女，有牛形之器，亦未必定为羲尊。且羲尊以木为之，不以金；《庄子》《淮南》之文可据。后人作《博古图》者，每沿阮、王两说，见有牛形文，即题为羲象尊，是未知周璞之为鼠矣。案黄氏之言，最为有识。凡据新掊之器以傅往古之名，必宜谨而言之也。若夫明堂之制，难证讹字于《考工》；深衣之行，莫改明文于《戴记》；前师既无定论，承学又何瞢焉。何谓礼文？节文度数之详，是也。荀卿有言：礼者，以财物为用，以贵贱为文，以多少为异，以隆杀为要。文理繁，情用省，是礼之隆也。文理省，情用繁，是礼之杀也。文理、情用，相为内外表里，并行而杂，是礼之中流也。故君子上致其隆，下尽其杀，而中处其中。由此言之：文有繁省，未有废之者也。故曰至备，情文俱尽；其次，情文代胜；其上，复情以归太一。然礼器言，礼之近人情，非其至；而《檀弓》以直情径行为夷狄之道。是则丧虽主哀，祭虽主敬，苟无礼物威仪以将之，哀敬之情亦无所显示矣。夫七介以相见，不然，则已悫；三辞、三让而至，不然，则已蹙；礼有摈诏，乐有相步，皆为温藉重礼也。礼之失，则或专重仪文而忘其本意；故传以为讥。鲁昭公如晋，自郊劳至于赠贿，无失礼。晋侯谓女叔齐曰：鲁侯不亦善于礼乎？对曰：鲁侯焉知礼？是仪也，非礼也。屑屑焉习仪以亟，言善于礼，不亦远乎。赵简子见子大叔，而问揖让周旋之礼。子大叔亦以是仪非礼为对，似仪文度数为礼之粗迹者。顾刘子又言：动作、礼义、威仪之则，所以定命，传以失仪而致诮者，不可悉数，是则人而无仪，亦不可以行礼矣。治礼学者，每苦仪文之烦碎，是故必佐之以图，然后能明。郑、贾作注、作疏时，盖先绘图。陈澧说。今则不可见。至宋而杨复作《仪礼图》，清张惠言继之。于是进退之度，揖让之节，秩然可观；循图读经，事半功倍矣。若夫拜有九拜，而鲁人招稽首之责；祭有九祭，而庆封致泛祭之讥；或得或失，其辨微矣。后人不憭其仪，往往致误。故《士冠礼》，冠者见母，母拜。《通典》以为渎乱人伦；而又云：九拜之仪，肃拜，今揖也；尊属欣其备礼，念其成人，以揖示敬，非爽。不知母答拜子，犹之祭礼，主人之拜嗣子，礼本无嫌；肃拜为妇人之正礼，凡言拜未有不跪者。误始于先郑，以肃拜为但俯下首，君卿沿其谬耳。且妇人于丈夫，无不侠拜；故《士冠礼》注云：虽其子，犹侠拜；必以拜为嫌，则侠拜尤重矣。是故礼例不明，则如治丝而棼，入山而迷途。礼例明，则其经纬、途径，固井井不乱也。学者考之以图，审之以例，则礼文同异，与夫详略、降杀之故，始可了然于心；而先哲制礼之意，虽历千载而犹有可窥见者,庶几免于轻议礼之失也已。

诵《诗》者,不可以强言《礼》;《礼》之难言,久矣! 后世之儒,或缘时世迁流,古制难复;或因节文繁碎,俗所惮行,遂致讥于古礼,抑又惑矣。《通典》四十八。议祭立尸曰:古之人朴质,中华与夷狄同;有祭立尸焉,有以人殉葬焉,有茹毛饮血焉,有巢居穴处焉,有不封不树焉,有手抟食焉,有同姓婚娶焉,有不讳名焉。中华地中而气正,人性和而才惠,继生圣哲,渐革鄙风。今四夷诸国,地偏犷气,则多仍旧;自周以前,天地、宗庙、社稷一切祭享,凡皆立尸;秦、汉以降,中华则无矣。或有是古者犹言祭尸礼重,亦可习之,斯岂非甚滞执者乎。杜氏自注,引后魏之先,及周时巴、梁间蛮夷。又唐世柳道州,人有祭尸之遗法,以证古之中华与夷狄同。又《边防典序》自注,文尤详;厌繁不录。夫立尸之礼久废,诚难一旦复行;必欲援引蛮戎,自诬先世,不亦过欤? 又七十四。宾礼序曰:自古至周,天下封建,故盛朝聘之礼,重宾主之仪。天子、诸侯、卿、大夫、士,礼数、服章,皆降杀以两。秦皇帝荡平九国,宇内一家;以田氏篡齐,六卿分晋,由是臣强君弱,终成上替下陵;所以尊君、抑臣,置列郡县,易于临统,便俗适时。滞儒常情,非今是古;《礼经》章句,名数尤繁,诸家解释,注疏庞杂;方今不行之典,于时无用之仪,空事钻研,竞为封执;与夫从宜之旨,不亦异乎? 案君卿此言,良为纰缪;于时无用,何害钻研? 徇俗惑经,是今非古,亦失平之甚矣。讥礼文烦碎者,盖始于晏婴;其沮齐景公封孔子,以为孔子盛容饰,繁登降之礼,趋详之节,累世不能殚其学,当年不能究其礼。晋世葛洪则云:冠、婚、饮、射,何烦碎之甚耶? 好古官长,时或修之;至乃讲试累月,犹有过误,而欲以此为生民之常事,至难行也。《抱朴子·省烦篇》。不知制礼之初,仪文已非尽人可晓。是故大祭祀、会同、朝觐,大史先与群执事读礼书而协事;祭之日,执书以次位;常办事者考焉;将币之日,执书以诏王;

是皆临时考读执诏,犹惧其违,则其繁缛诚有甚者。至于春秋之际,孟僖子病不能相礼,而范武子不识殽烝;不待后世,而礼已欲废矣。窃谓礼之仪文,古今不可强同;礼之名物,古今亦难齐壹。鼎、俎、笾、豆,今非饮食之宜;弁、冕、带、裳,今非服用之物。高坐既设,何取席地之仪;单骑已行,焉用车战之法?必谓礼具、礼文,事必如旧,盖亦难已。若夫礼之意,如有不可尽亡者;《经解》曰:礼禁乱之所由生,犹坊止水之所自来也;故以旧坊为无所用而坏之者,必有水败;以旧礼为无所用而去之者,必有乱患。《礼运》曰:礼义也者,人之大端也;所以讲信、修睦,而固人之筋骸之会,肌肤之束也;所以养生、送死,事鬼神之大端也;所以达天道、顺人情之窦也;故唯圣人知礼之不可已也,故坏国、丧家、亡人,必先去其礼。乌呼!思深虑远,情见乎辞矣。

贾公彦序《周礼》废兴,引马融《传》云:秦自孝公已下,用商君之法,其政酷烈,与《周官》相反。故始皇禁挟书,特疾恶,欲绝灭之,搜求焚烧之独悉,是以隐藏百年。孝武帝始除挟书之律,开献书之路,既出于山岩屋壁,复入于秘府;五家之儒,莫得见焉。五家,盖谓高堂生、萧奋、孟卿、后仓、戴德、戴圣,《六艺论》所谓高堂生及五传弟子是也。至孝成皇帝,达才通人刘向子歆,校理秘书,始得列序。著于录略;而亡其《冬官》一篇,以《考工记》足之。时众儒并出,共排以为非是。唯歆独识,其年尚幼,务在广览博观,又多锐精于《春秋》;末年,乃知其周公致太平之道迹具在斯。奈遭天下仓卒,兵革并起,疾疫丧荒,弟子死丧;徒有里人河南缑氏杜子春尚在。永平之初,年且九十,家于南山,能通其读,颇识其说;郑众、贾逵,往受业焉。郑康成序云:斯道也,文、武所以纲纪周国,君临天下;周公定之,致隆平龙凤之瑞。据马、郑二文以求《周礼》,乃知此经六典,精密无间,非西周不能行,非周公不能作。虽马序废兴,独遗河间献王得《周官》

事;然据《左传》序疏云:汉武帝时,河间献王献《左氏》及《古文周官》;此则马所云出于山岩屋壁,复入于秘府者,即指献王之本矣。《史记·封禅书》曰:群儒采封禅《尚书》《周官》《王制》之望祀射牛事;此《周官》,非秘府之本则何乎?《周礼》,本古文之学,书既晚出;西汉之世,师说甚希。故五经家,如张禹、包咸、周生烈、何休,不信《周礼》为周公所作。表章之力,实赖子政、子骏二君。东汉之初,博士罢废;章帝时,尝与《古文尚书》《毛诗》同置弟子;见《后汉纪》。而通人达士,如二郑、卫、马、贾、许,皆明理于典籍,是以其学大行。林孝存乃以为武帝知《周官》末世渎乱不验之书,故作十论七难以排弃;何休亦以为六国阴谋之书。此皆妄奋论难,排挤古经;非得郑君,斯学将废。唐赵匡、陆淳,复谓此经为后人附益。宋、元诸儒,异论弥滋。至毛奇龄已知《大戴记·朝事》《礼记·内则》,与《周礼》文同,又知窦公献书即《大司乐》章之事;乃巧为攻难,谓《周礼》非圣经,非周公作,而亦不出于刘歆,出自战国。此即暗用何休、林硕之说,张载《横渠语录》云:《周礼》是的当之书,然必有末世增入者。此改末世渎乱为末世增入,语稍温藉耳。弥足以惑乱听闻。所谓乡曲之学,深可忿疾者,此也。汪中《周官征文》云:考之于古,凡得六征:《逸周书·职方篇》即《夏官·职方氏》文;一也。《艺文志》:孝文时窦公献其书,乃《周官·大宗伯》之《大司乐》章也;二也。《大戴记·朝事》载典瑞、大行人、小行人、司仪四职文;三也。《礼记·燕义》,夏官诸子职文;四也。《内则》食齐视春时以下,天官食医职文;春宜羔豚以下,庖人职文;牛夜鸣则庮以下,内饔职文;五也。《诗·生民》传:尝之日,涖卜来岁之芟以下,春官肆师职文;六也。汪喜孙曰:《孟子·滕文公篇》:且志曰,丧祭从先祖;赵注《周礼》:小史掌邦国之志曰:丧祭之事,各从其先祖之法。据此,则李氏未献以前,战国时固有人称述之者,不得谓此书源流无考。陈澧于汪中所举六条外，又考得四条：《礼记·杂记》下赞大行曰云云，郑注云：赞大行者，书说大行人之礼者名也；孔疏云：《周礼》有《大行人篇》，旧作《记》之前有人说书赞明大行人之事，谓之赞大行。《郊特牲》：缩酌用茅明酌也云云，孔疏云：此一节，记人总释《周礼》司尊彝泲二齐及郁鬯之事。《考工记》贾疏云：此记人所录众工，本拟亡篇六十而作。大司马，中冬教大阅群吏听誓于陈前；郑注云：《月令》：季秋，大子教于田猎以习五戎，司徒搢扑北面以誓之；此大阅礼实正岁之仲冬，而说季秋之政，于周为中冬，为《月令》者，失之矣。贾疏云：吕不韦以为此经中冬，为周之中冬，当夏之季秋，是失之矣。陈氏据此四条以补汪义。然又云：《逸周书·职方解》序言穆王所作，为《周礼》在周公之后之明征。又云：郑君亦不悉信《周礼》，引《职方》荆州浸颍湛注：以颍宜属豫州，在此非也；豫州浸波溠注：以溠宜属荆州，在此非也；谓此为郑君明言经文之非。又谓硩蔟氏，掌覆夭鸟之巢，以方书十日之号，十有二辰之号，十有二月之号，十有二岁之号，二有八星之号，县其巢上则去之，注云：其详未闻；以为郑君不信此事，故云未闻；此事甚迂怪，不足信，亦不必辨。案陈氏于经盖非醇儒，故虽明《周礼》为周代典制，终不能信为周公所作；不知《周书·职方》次《史记篇》之后，《史记》为穆王之书，故作序者亦以《职方》为穆王之书。然《周书》编次淆杂，序亦后人补作；孔晁知其不安，乃云穆王使有司钞出之；要之皆不足据。荆州浸颍湛，豫州浸波溠；不独颍溠互误，即湛水亦宜在豫，郑以为未闻，《水经注》云：湛水出犨县鱼齿山西北，于汝水九曲北入汝。波水亦宜在荆；郑以波为荥播之播，马融《广成颂》云：浸以波溠；波水下流合于滍水，故滍水兼波水之称，滍水与湛同入汝，而滍则在其南也。然则经文二句互误，乃传写之失，而非作经之过也。至硩蔟所云：郑云未闻；郑所未闻者多矣，岂皆其所不信者乎？以此为征，弥复疏矣。自汪、陈所举外，

《诗·毛传》《司马法》二书,与此经同者至多;其它文制与群经契合者,不可胜数。俗儒不察,妄有诘难,巧说衺辞,使天下学者疑,过已!

排《周礼》者,尚可云本之汉人;至《仪礼》,则从无异论。挽近乃有谬说二家出焉:其一直疑《仪礼》为伪书也,说始于宋之乐史,以为《仪礼》有可疑者五;其后徐积继之。而郑樵作《仪礼辨》,尤为愤乱,略谓:《仪礼》一书,当成王太平之日,周公损益三代之制,作为冠婚丧祭之仪,朝聘飨射之礼,行于朝廷乡党之间,名曰《仪礼》,而乐寓焉。此谓周公已名《仪礼》。汉兴,传《仪礼》者,出于高堂生,士礼十七篇,古经五十六篇。其十七篇与高堂生所传士礼同,而字尤多略;今三十九篇乃逸礼。案班固九流,刘歆七略,并不注《仪礼》,往往汉儒见高堂生所传十七篇,遂模效礼经而作之。此谓今之《仪礼》乃模效高堂生之士礼。而范氏作《后汉书》云:《礼》古经与《周官经》,前世传其书,未有名家者;中兴以后,郑众、马融为《周官》作传,并不及《仪礼》。此又不知《仪礼》即《礼经》,乃歧之为二。则《仪礼》一书,盖晚出无疑。故《聘礼》所记宾、介、饔、饩之物,禾、米、薪、刍之数,笾、豆、簠、簋之实,铏、壶、鼎、饔之列,考于《周官》掌客之礼,皆不相合。《丧服》一篇,凡发"传曰"以释其义者,十有三;又有问者曰:"何以、何也"之辞,盖出于讲师设为问难以相解释;此皆后儒之所增益明矣。案郑氏不知《仪礼》之名出于后之题署;疑始于郑君。古但名《礼》,或曰《礼经》,并《记》言之,则曰《礼记》。汉世十七篇,以《士冠》《士昏》《士相见》等冠首,故全书冢其称,曰《士礼》;郑君称之曰《曲礼》;见礼记目录。此皆名目偶异。郑则眩惑不辨,遽疑古经为晚出,良可诧也!若《聘礼》,与掌客不尽相合,此由掌客一经,文多讹舛,且有误中之误;其礼例难通处,疏家虽强为之说,终当在存疑之科;岂可据此驳文以讥《礼经》耶?又《丧服传》,相传以为子夏所为,以释正经,其引传曰者,乃子夏转引旧传以证己义;事出增益,何待烦言;并疑正经,将无瞀惑?清世毛奇龄,竟谓《周礼》《仪礼》,皆是战国人书;其《昏礼辨正》《丧礼吾说篇》《祭礼通俗谱》,诋斥《仪礼》,而自作礼文。故阎若璩诮其私造典礼,此亦妄人而已,何足辨乎?其一以十七篇为孔子所定,书本完具,无所谓阙也。说发于清之邵懿辰《礼经通论》,曰:汉初鲁高堂生传《礼经》十七篇,五传至戴德、戴圣,分为大戴、小戴之学,皆不言其有阙也;言仅存十七篇者,后人据汉《艺文志》及刘歆《七略》,因多《逸礼》三十九而言耳。夫高堂、后仓、二戴、庆普,不以十七篇为不全者,非专己而守残也,彼有所取证,证之所附之记焉耳。观《昏义》曰:夫礼始于冠,本于昏,重于丧、祭,尊于朝、聘,和于乡、射;故有《冠义》诸篇以释之,而无一篇之义出于十七篇之外者,是冠、昏、丧、祭、朝、聘、乡、射八者,约十七篇而言之也。更证之《礼运》,《礼运》尝两举八者以语子游,皆孔子之言也,特射乡讹为射、御耳。一则曰,达于丧、祭、射、乡、今本作御。冠、昏、朝、聘;再则曰,其行之以货力、辞让、饮食、冠、昏、丧、祭、射、乡、今本作御。朝、聘。而其证之尤为明确而可指者,通合于大戴十七篇之次序;自一至十六即冠昏至朝聘,而《丧服》之通乎上下者,附焉。疑自高堂生、后仓以来,而圣门相传篇序,固已如此也。孔子所为定礼乐,独取此十七篇以为教,配六艺而垂万世,则正以冠、昏、丧、祭、射、乡、朝、聘,为天下之达礼耳。皮锡瑞极赞邵说,犁然有当于人心。且举《檀弓》云:恤由之丧,哀公使孺悲学《士丧礼》于孔子,《士丧礼》于是乎书,以为《士丧》既出于孔子,馀篇亦出于孔子可知。案邵、皮二家,意在排摈《逸礼》,犹沿后仓等推《士礼》而致于天子之意。《郑志》有云:《礼记》后人所集,据时而言;明乎此义,则《昏义》《礼运》之言,宁知不出于大戴辈所窜入?且礼原作射御,邵氏辄易之以合其私,此与贿改兰台漆书之技,竟何异乎?《士丧》传自孔子,不得以为孔子所定,尤不得以证十七篇皆孔子所定;本师章氏驳之明矣。礼文不具,无可讳言;以十七篇为备者,其见,与谓《尚书》二十九篇配二十八宿及北斗者等。

《汉书·艺文志》曰:《礼》古经者,出于鲁淹中及孔氏,与十七_{原作"学七十",从刘敞说改。}篇文相似,多三十九篇。《论衡·佚文》篇曰:鲁共王发孔子宅,得礼三百;上言武帝,武帝遣吏发取。又云:河内女子发老屋,得《佚礼》一篇。此谓《逸礼》所出有二,而与《汉志》微异。其献之者,或以为河间献王;《汉书》本传所谓礼、记,《礼》即古文《经》,《记》即古文《记》也。或以为孔安国;刘歆《移太常博士》所言,是也。然《六艺论》云:后得孔氏壁中河间献工古文《礼》五十六篇;其篇数与《汉志》合。盖秘府所藏《逸礼》,原非一本,安国、献王,通得献之;唯河内女子所得之说,不知从来耳。《逸礼》既出于秘府,辍学之士抱残守缺,遂令其学与《尚书古文》《春秋左传》同见摈排,人间《礼》家独有鲁国桓公之学,与古文同,乃抑而未施。故刘韵亲近,欲建立《逸礼》立于学官,而博士不肯置对。王莽于元始时,征天下通《逸礼》者,亦未闻立之学官。盖其学在西汉之末,已微而将绝矣。惟《小戴记》尚载其《奔丧》《投壶》二篇,《杂记》中,有诸侯衅庙礼之文;而《大戴记》则亦有《投壶》,有《诸侯衅庙》,又有《诸侯迁庙》及《公冠》,而《保傅篇》又引学礼。自馀见于郑君之《礼》注、《诗》笺所引者,有《天子巡狩礼》《中霤礼》《烝尝礼》《军礼》《朝贡礼》《禘于大庙礼》《王居明堂礼》《逸奔丧礼》;见于《说文》者,有《鲁郊礼》;见于蔡邕集者,有《古大明堂之礼》;缪袭《皇览》亦有《逸礼》之篇;苓落殄馀,犹堪宝贵。虽其中兼关异代之礼,如《月令》注,引《王居明堂礼》曰:出十五里迎岁;郑君以为殷礼,周则近郊五十里。又四郊之兆里数,《逸礼》似本汉制而言;则亦间有后师增益。故郑注《三礼》，虽云引用，实有从违。假使全书具存，要必有足以裨补礼制者。而俗儒苟袭汉世今文师之馀习，动诋异己之书为伪，亦何为哉？《逸礼》不知何时失之；朱子之言最是。吴澄谓唐初尚存，非也。

《家语·礼运篇》云：达于丧、祭、乡、射、冠、昏、朝、聘；与《礼记·礼运篇》不同。此王肃所改，而邵懿辰本之，要皆不足据。此注补入《仪礼》异说条下。

《汉书·艺文志》，礼家之目，有《记》百卅一篇；自注云：七十子后学者所记也。又《明堂阴阳》三十三篇；自注云：古明堂之遗事。又《王史氏》廿一篇；自注云：七十子后学者。又《曲台后仓》九篇，《中庸说》二篇，《明堂阴阳说》五篇；又云：《礼》古经及《明堂阴阳》《王史氏记》所见，多天子诸侯卿大夫之制；虽不能备，犹瘉后仓等推士礼而致于天子之说。据此，是班氏所云：《记》及《明堂阴阳》《王史氏》，皆古文也；其今世所传《大小戴记》，《志》竟无一字及之。唯郑君《三礼目录》于《礼记》每篇下，必曰：此于《别录》属某。而《后汉书·桥玄传》云：七世祖仁从戴德当作圣学，著《礼记章句》四十九篇。此今本《礼记》篇数，塙由小戴所定；其所由著于《别录》而不见于《艺文志》者，殆以其拾掇群书，既已各著其本，则后出者，可从略也。郑君《六艺论》既云：后得孔氏壁中河间献王古文《礼》五十六篇，《记》百卅一篇，《释文序录》。又云：今《礼》行于世者，戴德、戴圣之学也。此为《仪礼》。戴德传《记》八十五篇，则《大戴礼》是也；戴圣传《礼》当作记。四十九篇，则此《礼记》是也。案二戴传《记》之文，皆冢上今《礼》之今字；则是两记，皆属今文，其与古文《记》百卅一篇，自不能强合。故《五经异义》引今《礼记》，即谓之《今礼》。然礼家实见古文《经》《记》，有所择取，故《礼记目录》《奔丧》下云：此于《别录》属丧服之礼矣，实逸《曲礼》即礼古经。之正篇也。汉兴,后得古文。而礼家又贪其说,因合于《礼记》耳。《投壶》下云:此于《别录》属吉礼,亦属《曲礼》之正篇也。据此二文,是今《礼记》有采及古文之证。郑《志》云:《礼记》后人所集,据时而言,或诸侯同天子,或天子与诸侯等,所施不同,故难据。《王制》之法,与周异者多,当以经为正。答临硕云:孟子当赧王之际,王制之作复在其后。卢植则直谓《王制》,即汉文帝令博士诸生所作之《王制》。又《三礼目录》《月令》下云:本《吕氏春秋》十二月纪之首章也;以礼家好事,钞合之,后人因题之,名曰《礼记》,言周公所作;其中官名、时事多不合周法,此于《别录》属《明堂阴阳记》。此《明堂阴阳记》,盖与《汉志》所说《明堂阴阳》不同。据此诸文,是今《礼记》不尽出于壁中古文之证。谨案《礼记》之起,盖在孔子之前。《史记·孔子世家》云:书传《礼记》自孔氏,乃折中夫子之意,非其实也。《文王世子》引《记》曰:虞、夏、商、周有师保,有疑丞;孔疏曰:作《记》之人,更言《记》曰:则是古有此《记》,作《记》者引之。《仪礼·丧服》疏衰期章,传更引传;贾疏曰:又云:"传曰"者,子夏引他旧传,证成己义。由此言之,《礼》之传记,更在宣尼之前,明矣。此如《大誓》未经圣定,而先有故;《穀梁》不亲受师,而闻之传;《易》之《文言》,远同于穆姜;《诗》之训诂,合符于《左氏》。诸经宜有旧传,亦不止《礼记》而已。若夫今之《礼记》,则自旧记而外,有本之孔子及七十子者,有七十子后学所为者,有秦、汉先师所附益者。是故或采古文《经》《记》,或采百家之书,或出后师所益。古文《经》《记》,略如前举。采百家之书者,则如《大戴》,取《曾子》十八篇之十篇,取《荀子》:《问五义》《三本》《劝学》《宥坐》数篇,取《贾子》:《保傅》诸篇,取《孔子》:《三朝记》七篇;《小戴》,则《三年问》《哀公问》诸篇,取诸《荀子》,《中庸》《表记》《坊记》《缁衣》,取诸《子思子》,刘瓛云:《缁衣》,公孙尼作;是又一说。《乐记》,取诸《公孙尼子》;此二戴杂集他书以说《礼》,非尽古文之《记》也。其出后师所益，如《大戴·公冠》载孝昭冠辞；而《小戴》记《王制》之言：周尺八寸，乃六国变乱法度之谬言；《礼器》之言：或素或青，乃赵高鹿马愚民之遗习；《记》出增益，亦有显征矣。古书残阙，得此两《记》，胜于求野已多。至孙炎为注，以类相从；魏征《类礼》，取便寻讨；颠倒古籍，失其本真，亦无取焉。

汉唐玄学论[①]

哲学之称，非吾土所固有；假借称谓，有名实乖牾之嫌；故从旧称，曰：玄学。肇自羲画，下戾爰兹，言玄理者，众矣。今但论汉、唐，中包六代；所以为此断限者，亦以此时玄学较难考论耳。

西京言玄者，绝稀。盖公之流，妌意治道。杨王孙所贵，亦唯裸葬一事，本之黄、老，其实至浅；而言论之玄妙，又无闻焉。至于黄生，与辕固争辩汤武革命，乃法家之言，与玄理初不相涉。此时道家言论可供甄采者，良堇堇也。西京儒者，以董仲舒、刘向为著。仲舒即阴阳之流裔，亦谶纬之先驱，蔽固已深，无闻胜义。更生所长，徒在编定群书，题目优劣。若《说苑》《新序》，特一时记录，以供谈论；如《吕览》，《淮南》《子钞》《意林》之为，自创高言，鲜矣。然则董、刘，虽号鸿儒，亦未闻于斯道也。此事造端，定在哀、平之世。虽扬雄《法言》、桓谭《新论》，多是常言，而《法言》屏除巫史，《新论》文质论核，皆有廓清埃雾之功；惜未能自持一义。故谓：扬子足继孟、荀，桓君山堪比素丞相；则又尊宠逾量尔。东汉作者，断推王充。《论衡》之作，取鬼神、阴阳及凡虚言、谰语，摧毁无余。自西京而降，至此时而有此作，正如久行荆棘，忽得康衢，欢忭宁有量

[①] 此文原载《时代公论》1933年6月出版的第1卷第11期。

耶！然窥其渊源所自，大抵推衍扬、桓，则亦非独创之解也。且破敌善矣，而无自立之能；陈列众言，加之评骘已耳。然其于玄理，终不可谓之无功云。

东汉言玄理之文，单篇散言，以延笃《仁孝论》最为明白；自徐王符、崔寔、仲长统、徐幹、荀悦诸人所言，仍在治道，旁皇乎儒法之间；论极精微者，不可数觏也。综论东汉诸贤，识虽未远，而持论必辨，指事必切。夫持论辨，则无肤理；指事切，则无游词。肤理、游词去，而后可与言玄理。上观西汉，下视魏、晋，斯时也，诚如潦水已尽，寒潭将清；浮云欲消，白日回耀已。真以玄理著见者，其在魏氏乎！试寻《国志》《晋书》《世说新语》，所载诸家论议，大率探本老、庄，时或独甄儒术；其余依傍名、墨，扶弱辅微；谈说纷纭，而纲维可晓；酬酢往复，而持论有方；则当时诸子之所能，后世所难企者也。嵇、阮、王弼诸人，本原老、庄以立论，既异汉世儒生之固，亦与黄、老不同；此道家之一变也。而裴𫖯《崇有论》，特与道家异撰；然持说坚确，亦有不可磨灭者。又刘劭《人物志》，则名家之余波；鲁胜《墨辩序》，实墨氏之嗣响；九流绝绪，至此一绵，异已！

书籍有真伪，学术但论是非。今之检核伪书者，往往并其中藏而一概未杀之，甚无谓也。论吾土中世玄学之书，以三伪书为最懿。其思想突驾前人，而启辟后来之途径者，不可忽也。魏、晋间，著作最大者，无如《列子》、伪《古文尚书》、《孔丛子》三书。《列子》之言，从不见汉人称道，而忽见于金行之世；虽未必即为处度所造，然其言皇子不信火浣布，乃依约魏文帝故事；知成书必在正始后矣。其书建理立论，乃以融通佛、老之为，陈义极其闳远。然亦言大易，言神仙，与王、何之伦又异。相其论旨，可称为中国之婆罗门。而依托重言，真名不显，惜夫！伪《古文尚书》，行之垂二千年，直至清儒惠、阎二君，始确断为伪作。然其中精理名言，纷纭挥霍，未可庋置而不谈也。作者迄不定其为何人；或言王肃，而伪传与肃龃龉者甚众；师说以为郑冲为之，亦难质言也。"人心惟危"四语，出伪书《大禹谟》；宋世儒者，则以为尧、舜相传之心法；近人则以为不过剽袭荀卿。要之谓心法者，推之过隆；谓剽袭者，伤于大直；若以为伪作者思想敏锐，直凑单微，亦非溢量之誉也。书意与荀卿本意实不尽同，试取两书对绎自知。《孔丛子》者，或疑为子雍所造，较之《尚书》出自肃手者，略为的当。其中最精一言云："心之精神是谓圣"，盖本之伏生《书传》。宋世杨慈湖最重之，以此下开心学一派；其关系亦奇矣！借如论者之言，伪《书》、《孔丛子》皆出肃手，则子雍非廑经儒，又为玄学巨子；此足以对抗康成，平其宿忿者也。

僧祐所撰集之《弘明集》，虽浮屠之籍，而亦有所独创，仍宜目为此上之言；唯其附会老、庄，多为粉饰佛乘，不能如《列子》之自成一家。然观支道林解庄生，别立消摇之训；慧远虽名僧大德，乃为《诗》《礼》之经师；雷次宗经术，在晋宋间最为卓尔，亦佛之徒也。雷之经术，即受远公。是知尔时儒术、玄言，并与浮屠相齐和；是故论中世玄学，不得舍《弘明》而不谈。六朝佛、老之争，至为激烈。如周颙、顾欢，以佛、老高下相倾，语多矜伐。顾以夷夏为说，类于唐宋之辟佛，今世顽固者之底泰西，亦陋见也。况欢又自附黄巾米道者乎！然谓之无关于玄理，则又奚可？梁世范缜，作《神灭》之论，此为佛说入中土后，儒生对彼首发难端。反之者，挟帝王之威势，务以必胜为归。然果持佛说以衡量之，则范固谤佛；反范者，亦未必即得佛旨也。盖范所云神灭，是断见之流；而言神不灭者，亦堕于常见。佛说所以独据玄言上流者，正以离去边见耳；一堕边见，虽胜义，亦终成土苴而已矣！且范氏之说，亦自王充、阮瞻来；更上推之，则太史公云："学者多言无鬼神"；又上推之，《祭义》明言："鬼神即魂魄，魂魄即形神。"是吾土至言，本主张无鬼之论；范则代表儒生,以樘柱异教,宜无罪焉尔。

自魏氏以来,训释儒言,颇变汉代经师拘守家法之习,一也;参以玄言,二也;受浮屠之渐染,三也;自下新义,四也。故经说纷纭,极于宋、明,而实滥觞于魏、晋。今举其能下新义者,如下三书:王氏之《易》,大抵自季长转变,故亦以费《易》为名。其明于庶物,察于人伦,实驾前人之上;是以六代列学,与郑并行;至唐遂岿然独在,非无因也。观其《易略例》《明象》《明爻》诸篇,其思虑纲维,秩然不紊,殆有非周末诸子庸庸者所可庶几!即《易注》中,推迹人事治乱之由,如:说《睽》上九,说《履》六三,精密无比;不审英年早秀,何由照知事理如彼其明!信所谓天挺异资,不同常律者乎!干氏之《易》,又与王氏殊科。虽远本京房,世应游归,初无深义;然说序卦:有天地然后万物生,则力驳老氏:有物混成,先天地生之说;至比王、何之流为逸说弥行。说杂卦之末,不以反对次序之理,则与《易》终未济之理吻合。此在当时,亦不失为说经一家也。皇氏《论语义疏》所集,多晋末旧说,自来经生持佛理以解儒书者,殆莫先于是书也。其中所用名言,多由佛籍转化。至宋人:虚灵不灭等言语,又《义疏》之云礽已。其说圣人无梦与钓弋,皆非本事,纯由示现而为。此直刻画瞿昙,唐突洙泗矣!然美言络驿,终属异书。唐世学术中衰,而玄言尤为稀简。三教并立,实则皆无异观。浮屠之伦,舍昌明自教,掊击他宗外,殆无余暇。其于和会众说,自立门庭,有所未能。假令舍弃梵言,彰立殊义,弥不敢已。今论唐氏玄学,于此悉从删焉。

儒术在唐,凡有二类:一则抄撮、义疏,不能自作精诣之言。其稍有异材者,若徐旷,尝从沈重受业,不数日而舍去;乃曰:"先生所说皆纸上语耳!若奥境,彼有所未见。"相其议论,盖有意于玄妙深微;惜书无传,卒无以测其所诣之深浅耳。次为陆德明,本一经生,然尝与道士刘进善、浮屠慧乘,对议三教,随方立义,遍析其要。此则经儒亦非无能述玄理者;惜其言绝不传于后,今无述焉。一则攻难先儒,自名其学。始王绩以其兄通比仲尼;通仿古作《六经》,又为《中说》以拟《论语》;当时不为诸儒称道。盖学术初漓,而笃厚之风,独未能一旦泯绝也。武德时,王玄度注《尚书》《毛诗》,抵排孔、郑,几立学官。开元时,元行冲为魏征《类礼》作疏,《小戴记》危遭废斥。自是唐之儒业,亦渐变矣。故有啖助、赵匡、陆淳说《春秋》,施士匄说《诗》,仲子陵、袁彝、韦彤说《礼》,蔡广成说《易》,强蒙说《论语》;皆自名其学,诋斥旧闻,而名理甚疏;宋祁讥之,曰:"诬且固",亦焉用苟攻前人为也? 王通《中说》,盖有善言,而多夸饰,即其说论,犹是老生常谈。流波及于韩愈、柳宗元、刘禹锡、吕温之伦,文章华采郅优,而持论不可检核以形名之学。韩氏盖常言性,然三品之说,出于漆雕开、世硕、公孙尼;而王充亦尝祖述之;何名胜义乎? 猥以虚言,上比孟、荀,谈何容易耶!

唐世治道家之言者:王绩床头,但有三玄,犹是晋、宋旧风;孙思邈亦廑以老、庄为说。其余号称道士有学者,如吴筠、司马承祯,皆受学于潘师正;师正自言受陶弘景正一之法,是五斗米道也。筠、承祯,乃时述老、庄微言,特自所发明者,绝无耳。惟有张游朝,通庄、列,能为《象罔》《白马证》诸篇;盖既精玄理,又擅辩学者,此在唐世,真难能而可贵也。

大抵吾土玄学,多论人生,而少谈宇宙。至世界成立,万物由来,心行缘起,益鲜论述。《易》中稍露萌芽,其余众籍,并此句蘖亦不存焉。中古弥复简略;《庄子》载冉有问孔子曰:"未有天地可知耶?"孔子曰:"可,古犹今也。"此为殊胜妙义。盖穷诘世界根源,既堕邪见。故中凷理家,十斯亦斩截葛藤焉。尝谓方外哲学,思精,每过华土先贤;识大,则不逮远已! 此中国玄学与外国哲学之别也。汉、唐之学,罕言理气。而宋人则视为进塾之语;中世玄学,既不迷宇宙之根源,而宋世如朱子,且曰:"天之上更有何物?"当时叹以为奇妙,不悟其思智之纷纭,议论之支离,皆坐此。唐以前,无是也。此中古玄学、近世玄学之别也。

春秋名字解诂补谊

高邮王君为《春秋名字解诂》，训谊确固，信美矣。盖阙而不说者，无虑二十事。德清俞君作为《补谊》，犹未尽诠明。湘潭胡元玉者，奋笔正王君之误，此二十事，亦赫然具陈，然穿穴傅会，徒以破字为卹，卒又自乱其例；如谓楚公子贞之贞为腾之叚籍。盖无足观。侃以为名虽有五，字则要曰自证其名之谊。故《白虎通德论》曰："闻名即知其字，闻字即知其名。"亮非回互缴绕，使人难通；破字而谊章，孰与拘牵而谊晦。矧以声音转迻，简册变易，本字如是，何道知之？明明王君，盖非元玉所可议也。居多暇日，于此二十事，亦尝为之考索；又时有所闻于师。俞君旧解，颇有增易；要求其是，不敢自谓能补二君之阙。次而录之，以待正于大雅宏达之君子。著雍涒滩修祸之月。山居少书比对，未审所说与前人同否。然绝非剿袭。胡元玉不知师法，于其说未尝征引。

晋寺人勃鞮，字伯楚，《晋语》。**一名披。**僖五年《左传》。案勃鞮之合声为披。

侃谨案：披与柀通。柀，《说文》："一曰，析也。"经传训析、训分、训解、训散者，皆以披为之。《说文》："柀，櫖也。"《尔雅·释木》："柀，黏。"案此误字。注："似松，生江南。"楚者，《说文》："楚，丛木也，一名荆。"名柀，字楚，取其同类。

宋公子目夷，字子鱼。僖八年《左传》。

侃谨案：《老子》："视之不见曰夷。"夷，盖无色之谓。《尔雅·释畜》："马二目白，鱼。"白即无色矣。又章先生引《庄子》注曰："鱼在水中不见水。"疑晋惠公夷吾、管夷吾，皆取斯义。鱼、吾，声通故也。《水经》济水注："鱼山即吾山也。"

鲁公子买，字子丛。僖二十八年《左传》。

侃谨案：买、密，声转得通。襄三十一年《左传》："莒密州字买朱鉏。"密者，买之声转，州者，朱鉏之合声。密有聚谊。《易》："密云"，是也。丛者，《说文》云："聚也"；《汉书·酷吏传》："罔密事丛"；密、丛对举，显谊通已。又密训闭，《乐记》注。丛训收，《广雅·释诂》。收、闭，谊亦近。《诗·旱麓》："瑟彼柞棫"传："瑟，众貌。"古同声之字，谊多通。

公子婴齐，字子重。宣十一年《左传》注。

侃谨案：《说文》："赗，颈饰也，从二贝"；"婴，颈饰也，从女赗"；"赗，贝连也。"齐者，整也，《周语》注。列也。《淮南·原道训》注。命名之谊在斯。重者，《广雅·释言》："重，再也。"《说文》："缙，增益也。"重、缙通。

楚公子贞，字子囊。成十五年《左传》注。

侃谨案：《广雅·释诂一》："贞，正也。"囊，读为叡。《说文》"叡，乱也，从爻工交叩。"乱者，治也。《礼记·大传》注曰："治，正也。"商书曰："殷其弗或乱正四方。"乱、正盖一谊。此不同太史公谊。

郑良宵，字伯有。襄十一年《左氏经》注。

侃谨案：宵读为消。《说文》："消，尽也。"《墨子·经说上》："宵，尽荡也。"消、宵亦通。有者，《说文》："有，不宜有也。"引《春秋传》曰："日月有食之。"此不误，亦非约文，章先生有说。或曰，有，富有之有，与消相反为谊。或曰，宵读为稍，《说文》："稍，出物有渐也。"

郑罕婴齐，字子齹。昭十六年《左传》注。

侃谨案：婴齐，谊如前说。齹者，《说文》："齹，参差"；"齼，齿差跌貌。"引《春秋传》："郑有子齼。"是齹、齼，字通谊同。引申为凡参差不齐之训。名齐，字齹，相反为谊。或曰，齹，从差声，谊同差；《说文》："差，贰也"；"差，不相值也。"据前训则相应，据后训则相反，并通。

楚伍员，字子胥。昭二十年《左传》注。

侃谨案：俞君说是也。或曰，员，物数也。《说文》。胥与疋通，疋，记也。《说文》。又与疏通，《汉书·苏武传》集注："疏，谓条录之。"

鲁季公亥，字若。昭二十五年《左传》。

侃谨案：亥与孩通。《广雅·释诂三》："孩，小也。"若者，顺也，善也。并见《尔雅》。名孩，字若，譬犹陈公良孺字子正矣。此用俞君谊。

宋乐祁，字子梁。定八年《左传》。

侃谨案：昭二十七年、定六年，三家经文，并作乐祁犁。齐杞殖，字梁，王君《解诂》读殖为植，是也。侃谓植者，祁犁之合声。《尔雅·释宫》："植谓之传，宋庙谓之梁，楣谓之梁。"此亦本王君说。并宫中物，故名植字梁也。

卫公孙弥牟，字子之。哀十二年《左传》注。

侃谨案：章先生说：见《春秋左传读》中，此约其文。弥牟者，蠛蠓之声转。《尔雅·释虫》："蠓，蠛蠓"，注："小虫，似蚋，喜乱飞。"之读为翡，《说文》："翡，飞盛貌。"名蠛蠓，字翡，以其能为字也。侃以为豁然塙斯，不可易矣。

齐颜浊聚，字庚。哀二十三年《左传》注。

侃谨案：浊聚字诸书不同，《汉书·古今人表》作烛雏，本或作浊邹；《晏子春秋·外篇》作烛雏；《淮南·氾论训》作啄聚，啄盖啄之误；《孟子》作雠由；《说苑·正谏》作烛趋。并声转得通。其合声为续,《说文》:"续,联也。"古文赓,从庚。庚亦续也。《诗毛传》。名续,字庚,谊正相应。或曰,其合声为《立政》"克由绎之"之由,由与榴通,《说文》:"榴,引也";庚者,续也;续,引谊通。

宋乐茷,字子潞。哀二十六年《左传》。

侃谨案:茷与旆通。《诗·六月》"白旆央央",定四年《左传》:"绩茷",茷,即旆也。古者将帅所建,载之于车;故《左传》曰:"拔旆投衡"。又曰:"以兵车旆之。"潞读为路车之路,《释名·释车》:"路,亦车也。"名旆,字路,连类为谊。

晋士芮,字子舆。《晋语》注。

侃谨案:俞君说是也。或曰,芮读为軜;《说文》:"軜,车驾具也。"此朱骏声说。

晋祁奚,字黄羊。《吕氏春秋·去私篇》注。

侃谨案:俞君说是也。䤜与羰同类,《尔雅》羰羊黄羊。故或以为名字。或曰,奚读为騱;《说文》:"騱,骓騱也"又读为良马奚斯之奚。奚又作鸡,《淮南·道应训》注:"鸡斯,神马也。"《艺文类聚》兽部,引《六韬》曰:"太公与散宜生得犬戎文马,毫毛朱鬣,目如黄金,名鸡斯之乘。"鲁公子奚斯,字子鱼;鱼吾虞通,《淮南》云"骓虞鸡斯之乘",是也。黄羊者,疑即乘黄。《周书·王会》曰:"乘黄者,似骐,从原本。背上有两角。"《海外西经》:"白民乘黄。"殆即鸡斯。黄者,朱鬣目如黄金之谓。羊者,殆以背有两角而名。简册无闻,不敢定耳。《汉书·礼乐志》曰:訾黄,疑訾者鸡斯之合音。

齐雠人巫,字易牙。《史记·齐世家》引贾逵《左传》注。

侃谨案:巫读为巫鼓之巫。《法言》注:"犹妄说也。"通作诬,《礼记》注:"诬,罔也",《乐记》注。"妄也。"《曾子问》注。易牙者,合声为雅。牙、雅同声,古在鱼类。雅者,正也。《毛诗序》。名巫,字雅,相反为谊。

鲁孔箕，字子京。《史记·孔子世家》。

侃谨案：俞君说是也。或曰，箕读为鲯；《说文》："鱿鲯鱼，出东莱。"鲯，鱼名。京读为鲸，《说文》："鱷，海大鱼也。"或作鲸。

鲁冉雍，字仲弓。以下并见《史记·仲尼弟子列传》。

侃谨案：仪征刘申叔说："雍者，辟廱，弓与宫通；躬或作躳，营或作营，冬蒸之转。宫者，頖宫；《王制》曰：天子曰辟廱，诸侯曰頖宫。"侃以为审也。

武城澹台灭明，字子羽。

侃谨案：灭明与弥牟，皆蠛蠓之声转；字羽者，与弥牟字之略同。《诗》曰："蜉蝣之羽。"蜚虫之翼，故可名羽。

江东矫疵，字子庸。

侃谨案：疵与呰通；《说文》："呰，苛也。"《汉书·地理志》徐广注曰："呰苛，苟且惰嬾之谓也。"庸者，《方言三》："庸谓之倯。"名呰，字庸，故同谊矣。《汉书·儒林传》作桥庇，桥矫声通，庇误字。

淳于光羽，字子乘。

侃谨案：光者，明也；光羽，犹言熠耀其羽；《诗郑笺》："熠耀，鲜明貌。"此取于鸟为名。乘者，《方言六》："飞鸟曰双，雁曰乘"；《聘礼记》曰："宰夫始归乘禽"；注："乘禽，乘行之禽也，谓雁鹜之属，其归之以双为数。"然记又曰："士中日则二双"，是双、乘通名。字乘者，取鸟之数也。

鲁公夏首，字乘。

侃谨案：首有上谊，《易·大过》虞注："顶，首也。"《方言》："顶，上也。"以此知首可训上。乘亦有上谊；《吕氏春秋·贵直篇》注："乘，陵也"；《周语》注："上，陵也。"乘、上同训，以此知乘可训上。故名首，字乘。或曰：首也者，直也；《郊特牲》文。乘与绳通，《诗·緜》："其绳则直"，笺："乘，声之误。"当为绳也。绳者，直也。《广雅·释诂三》。

鲁县成，**字子祺**。上与荣旂字子祺相连，疑因此误衍字子祺三字。

侃谨案：俞君说：成者，终也；祺，读为基，始也。俞君并推以解成然字子旗之谊。侃谓成者，善也；《檀弓》注。祺者，祥也；《尔雅·释言》。《说文》："祥，一曰：善也"；是祥、善谊通。名成，字祺，不破字亦得。

卫谦絜，**字庸**。

侃谨案：絜者，修整也。《荀子·不苟篇》注。又《周语》："姑洗，所以修洁百物。"《释名·释言》："洁，确也，确然不群貌也。"庸者，凡庸也。《齐语》注。名絜，字庸，相反为谊。

鲁公西葴，**字子上**。上与公西舆如字子上相连，疑因此误衍字子上三字。

侃谨案：王君说是也。或曰：葴读为减；《说文》："减，省也"；上者，与尚通，《广雅·释诂二》："尚，加也。"名减，字尚，亦相反为谊。

释　侠[①]

　　世宙晦塞,民生多艰,平均之象,俯兆而弗见,则怨讟之声,闻于九天。其谁拯之？时维侠乎。侠之名,在昔恒与儒拟。儒行所言,固侠之模略。虽危起居,竟信其志,犹将不忘百姓之病。非人侠其孰能与于斯？古之圣哲,悲世之沉沦,哀烝民之失职,穷厄不变其救天下之心,此侠之操也。自击刺之萌,闾里之尚气者兴,侠之眕固少少削矣。然而势足以惊强御,力足以制豪雄,亦民之慈父也。夷考侠字之谊,实曰夹人,而浽长释之曰俜。俜之训轻,何足以蔽侠哉！尚览古文字,大氐原于声音,音通而义即相函。故余取其同声之字,钩索而比附之,以定斯字之谊。我不敢知。曰先民之侠道尽乎此,抑小子之所知,则宁敢外是？世有侠者,教而诲之。谨陈其谊于下：

　　侠者,以夹辅群生为志者也。爰初生民,其道平均。五官百骸,其体同也；饮食男女,其欲同也；捍患御灾,其力同也。夫惟其同,则一群之内,如登春台,其乐融融。世渐浇讹,则不同于是。于胎始,强弱判而无力者危；贫富悬而无赀者殆；贵贱分而无势者困；智愚辨而无知者伤。于斯时也,底厉锋锷,抑彼优者,而伸此烝民

[①] 此文原载1907年《民报》第18期,笔名运甓。

之屈，则侠者其人也。夫异种相残，虔刘无艺，及其震叠威力，厥角若崩焉。乃暴虐贪残，肆于民上，稍有蠢动，则遭芟夷，斯侠者夹辅弱族之时也。若乃枭雄奸位，作福作威，凡厥官司，废为残贼，乃饬军旅，为王爪牙。民处是邦，若居牢陛。或者豪民与政，高据要津，政以贿成，议以众制，互分朋党，罔恤民依。哀哉下民，无所控诉。斯侠者夹辅平民之秋也。至于豪右兼并，田连阡陌，夺攘土地，以肥其身，役仆常民，亦骄亦虐，既富且贵，居国上流。贫者无辜，死于寒饿。斯侠者夹辅劳人之日也。抟抟大地，自西自东，自南自北，苟强种不除，暴政不戢，富人不死，侠其得群黎百姓之心乎？抑神州之今日，东陬貉子，僭弄在上，虐政之夥，屈指难终，而富贫不均之象，乃者益为明著。我仪图之，侠顾不重哉！杀其渠可以警群顽，除其巨可以举群细。我启其途，人步其武；我为其先，人缵其绪。必使其疲于奔命以死，而皇汉之民庶几有生之望。荆轲、聂政之事，盖胜于陈涉、吴广。不杀不辜，不扰黎庶，而以一人之颈血，易同类之休祥，事孰有便于是者？施由亲始，我愿吾党以夹辅群生之志，先用之于我轩辕氏之子孙。

侠者，有所挟持以行其意者也。据侠之心，气为其先，奏功之时，器为其要。诚令我民之心，动于真挚，凄怆恻怛，以赴其愿，所谓能得仇人而甘心者，必将含笑以就诛夷，畏死悁懦之情，弃捐惟恐弗速。勒铭金石，令闻不忘之念，亦不复存诸脑胸之中。其所挟持，固知必济，仇人之魄，既早夺矣。刀剑在手，义愤填膺，若蹴华岳以压柔条，决海水以沃爝火，有何不灭者哉！懿侠者举事，志在必成，利其器用，亦为先务。是故西欧民党，北露贤豪，虑皆持利器以成功，藉弹丸而得志，则其所挟持者，亦不可诬也。吾藏器待用，继自今其加之意哉。

侠者，其途径狭隘者也。救民之道，亦云众矣，独取诸暗杀，道不亦狭隘乎？夫孤身赴敌，则逸于群众之揭竿，忽得渠魁，则速于军旅之战伐。术不必受自他人，而谋不必咨之朋友，专心壹志，所谋者一事；左右伺候，所欲得者一人。其狭隘固矣，而其效或致震动天下，则何狭隘之足恤乎？故当其赴事也，宁拙毋巧；当其趋时也，宁淹毋速；当其袭人也，宁寡毋多；愈狭，则绩愈彰，前烈可睹也。

侠者，其心宁静，其事爽捷，其自藏幽瘗者也。心不静则扰其气，气扰而即于疲；事不捷则志摇，志摇而即于败；自藏不密则机露，机露则徒丧其身，罔裨大计。故夫侠者，欲有所为，先静其志，然后临事奋发，虽以千万人当之而不惊。若其相机得势，捷若猿猱，侦伺防维，尽归无益，此所以集事也。不然，暴君贵人之首，何以糜散如尘堁哉！至其自固之严，亢身之密，虽以露西亚警吏之智，犹有所不得志者，是可法也已。

侠之谊粗略如上。余又考之，相人偶为仁，而夹人为侠。仁侠异名而有一德。义者，宜也。济元元之困苦，宜孰大焉。儒者言仁义，仁义之大，舍侠者莫任矣。呜呼！光复之事，久不能集，凡我汉民，死丧无日，不平之气，充塞于禹甸之中。侠者其焉能忍此终古耶！俟河之清，人寿几何？誓捐一死，以少尽力于我同类，而剪除一仇敌，试权度之，当愈于沦为舆隶而死乎！封豕长蛇，荐食中土久矣！一其心，砺其器，以蕲一拯华域遗黎，予小子诚不敢不勉。诸友昆弟，未有不乐乎此也。